智能交通与可持续发展

田鸿泽◎著

天津出版传媒集团
天津科学技术出版社

图书在版编目(CIP)数据

智能交通与可持续发展 / 田鸿泽著. -- 天津 : 天津科学技术出版社, 2024.2

ISBN 978-7-5742-1793-5

Ⅰ. ①智… Ⅱ. ①田… Ⅲ. ①智能系统 - 应用 - 交通运输管理 - 可持续性发展 - 研究 Ⅳ. ①F502-39

中国国家版本馆CIP数据核字(2024)第045867号

智能交通与可持续发展
ZHINENG JIAOTONG YU KECHIXU FAZHAN

责任编辑：刘 鸫
责任印制：兰 毅
出　　版：天津出版传媒集团
　　　　　天津科学技术出版社
地　　址：天津市西康路35号
邮　　编：300051
电　　话：（022）23332377
网　　址：www.tjkjcbs.com.cn
发　　行：新华书店经销
印　　刷：河北万卷印刷有限公司

开本 710×1000　1/16　印张 17　字数 220 000
2024年2月第1版第1次印刷
定价：98.00元

前 言

随着社会的不断发展和科技的快速进步，智能交通作为现代交通领域的重要创新举措，已逐渐成为引领可持续发展的关键力量。笔者在交通行业工作多年，参与了河北交通行业从人工现金收费到手机移动支付，再到机器人自助缴费的各个阶段的工作，经历了撤销主线收费站、全国高速一张网及 ETC 广泛应用于高速内外各种场景等诸多事件，目睹了交通行业的变革和发展。车路协同和态势感知等前沿技术逐渐应用于交通行业，为交通系统的智能化提供了实践上的支持。智能交通系统作为可持续发展理念中的重要组成部分，在不断革新的场景下持续发挥着积极的作用。本书深入探讨了智能交通系统在可持续发展中的地位与作用，从概念到技术，从影响到实践，为读者呈现了一个精彩纷呈的知识体系。

本书着重探讨智能交通对经济、社会和环境的影响，以及它在可持续发展中扮演的角色；同时介绍智能交通的体系结构，从整体架构到发展趋势，深入阐述其核心组成部分；在技术方面，主要探讨交通信息的采集、传输、处理和发布与显示技术，为读者阐明智能交通的技术基础。此外，本书全面介绍了智能交通的主要功能系统，以期帮助读者全面理解智能交通的多维度应用。

本书提炼总结了智能交通与智慧城市的融合，讨论两者之间的关系，回顾车载网络、自动驾驶汽车和车辆云等领域的前沿发展。本书的末尾提供了智能交通与可持续发展的实践路径，从技术创新到人才培养，再到产业政策，以实现构建可持续发展城市的目标。

通过阅读本书，读者能够更好地理解智能交通在可持续发展中的重要性，深入了解其在经济、社会和环境方面的积极影响。无论是从理论还是实践的角度，本书都可为读者提供丰富的知识，帮助读者更好地应对日益复杂的城市交通挑战，共同迈向更加可持续发展的未来。

目 录

第一章　概述

第一节　智能交通基本概念及背景

一、智能交通的基本概念

智能交通是一种以先进的信息技术和通信技术为基础的交通领域的创新概念，其目标是通过将智能化技术与交通运输系统相结合，优化交通资源的利用，提高交通效率，提供更加安全、便捷、环保的出行方式，并解决城市交通拥堵、交通事故和环境污染等问题。这一概念涉及多个方面，包括智能交通系统、交通信息技术、智能交通管理、自动驾驶技术、交通互联网和电动交通等。

智能交通系统（Intelligent Traffic System, ITS）作为智能交通的核心，是一个综合性的系统，融合了交通管理、交通信息、交通控制、交通服务等多个功能。通过传感器和数据采集设备，智能交通系统能够收集实时的交通信息，包括交通流量、车速、车辆位置等。这些数据经过处理和分析后，帮助交通管理中心制定智能化的交通控制策略，优化信号灯的配时，调整路口通行顺序，从而减少拥堵现象，提高道路通行效率。智能交通的一个重要组成部分是自动驾驶技术，通过在车辆上安装包括激光雷达在内的传感器和应用计算机视觉技术，使车辆能够自动感知周围环境，并做出智能驾驶决策，包括车辆的加减速、转向和避让等动作。自动驾驶技术的应用可以大大减少人为驾驶失误引起的交通事故，提高道路交通安全性。电动交通也是智能交通发展的一个重要方向。电动车辆以其零排放和低能源消耗的特点，被认为是未来城市交通的主要发展趋势之一。智能交通鼓励电动交通的普及和推广，以减少传统燃油车辆对环境的污染，改善空气质量，降低交通运输的碳排放。

为了实现智能交通，交通互联网是必不可少的。交通互联网将车辆、道路设施和交通管理中心等交通要素相互连接，形成一个高度智能化的交通网络。通过交通互联网，驾驶员和交通管理中心可以实时共享交通信息，包括实时交通状况、路况预测、交通事故报告等。这使得驾驶员可以更好地规划出行路线，避开拥堵区域，减少通勤时间。

智能交通作为一种综合性的创新概念，致力于利用先进的信息技术和通信技术来优化交通系统，提高交通效率和安全性，减少交通拥堵和事故，降低交通对环境的影响，为居民提供更加便捷、安全和环保的交通出行方式。通过智能交通的实现，我们可以建立一个更加智慧和可持续的交通系统，为城市发展和居民生活带来积极的影响。

智能交通系统是未来交通系统发展的重要方向，它将先进的信息技术、数据通信传输技术、电子传感技术、控制技术以及计算机技术等有效地集成应用于整个地面交通管理系统，构建一个实时、准确和高效的综合交通运输管理系统。智能交通系统在大范围内全方位地发挥作用，能够有效地利用现有交通设施，减轻交通负荷和环境污染，保障交通安全，并提高交通运输效率。因此，各国对智能交通系统越来越重视并予以广泛应用。

智能交通系统将是21世纪交通发展的主流，它具有两个特点：一是着眼于交通信息的广泛应用与服务；二是着眼于提高既有交通设施的运行效率。与一般技术系统相比，智能交通系统建设过程中的整体性要求更加严格，这种整体性体现在以下三个方面。

一是构建智能交通系统是一个复杂的大型工程项目，它涉及多个行业领域，并需要社会各界的广泛参与，这也导致了各行业之间协调问题的复杂性。

二是智能交通系统是交通工程、信息工程、通信技术、控制工程、计算机技术等多个科学领域成果的集合，其建设需要各个领域的技术专家共同协作。

三是政府、企业、科研机构以及高等教育机构的共同参与是必要的，各方的正确角色定位和任务分配是智能交通系统能够有效运行的关键先决条件。

二、智能交通的发展背景

智能交通作为交通领域的一项前沿技术，是信息技术与通信技术在交通运输领域的应用和拓展，它源于全球城市化的快速发展和日益严重的交通问题。随着城市化进程的推进，人口不断增加，车辆数量急剧增长，交通流量大幅增加，交通拥堵、事故频发等问题日益严重，给城市经济、环境和社会带来了巨大的压力。同时，传统的交通管理方式已经无法满足居民日益增长的出行需求。

智能交通的兴起与信息技术、通信技术的快速发展密不可分。20 世纪末至 21 世纪初，信息技术和通信技术取得了巨大的进步，互联网的普及和移动通信技术的飞速发展使人们可以随时获取和传递信息。传感器技术、数据存储和处理能力的提高，以及人工智能和机器学习等技术的兴起，为智能交通的实现提供了坚实的技术基础。

在这种背景下，智能交通的概念被提出并逐渐被广泛关注和研究。1991 年，美国交通部成立了智能交通系统联合计划，标志着智能交通正式成为交通领域的研究热点。智能交通的核心目标是通过运用先进的信息技术与通信技术，对交通系统进行优化和升级，以提高交通效率、提高交通安全性、减少交通拥堵、改善居民出行体验，并为城市的可持续发展做出贡献。

智能交通的关键技术和应用包括交通数据采集与处理、交通管理系统、车联网技术、导航与路径规划、自动驾驶汽车技术、公共交通智能化、交通大数据分析等。传感器、摄像头、车载设备等收集交通相关数据，并利用数据处理技术进行分析和预测；交通管理系统实时监测和调度交通流量，优化交通信号控制，减少交通拥堵；车联网技术实现车辆之间的通信，促进车辆自主协同行驶，提高道路安全性；导航与路径规划为驾驶员提供实时交通信息和最佳路径规划，缩短路程和减少时间浪费；自动驾驶汽车技术通过传感器、人工智能和自主导航技术实现车辆的自动驾驶，降低交通事故风险；公共交通智能化提高公共交通系统的可用性和可靠性，推动公共交通网络智能化发展；交通大数据分析通过挖掘交通系统中隐藏的规律和信息，为交通决策提供支持。

智能交通技术的广泛应用已经在全球范围内取得显著效益。通过智能交通系统的应用，交通效率能够得到提高，交通拥堵可以得到缓解，交通安全得到保障，城市环境污染可以降低，居民出行体验可以改善，同时促进城市可持续发展。然而，智能交通的发展仍面临一系列挑战，如隐私保护、数据安全、技术标准统一等问题，需要相关各界共同合作，持续推进智能交通技术的发展和应用，以构建更加智能、高效、安全和可持续的交通系统。

三、智能交通的基础功能

智能交通系统是一个综合性服务系统，基于现代电子信息技术并专注于交通运输领域。它主要依赖于信息的收集、处理、发布、交换、分析和使用，并为交通使用者提供各种服务。

（一）信息收集

信息收集是智能交通系统的基础功能。智能交通系统通过各类传感器和监测设备获取交通状况的相关信息，如车辆位置、速度、数量，天气状况等，这种实时和准确的信息收集是智能交通系统能够正常运行的重要前提。信息收集不仅仅局限于道路交通状况，还包括公交、地铁等公共交通工具的运行状况，以及停车场的车位信息等。

（二）信息处理

信息处理是智能交通系统的另一个关键功能。智能交通系统通过先进的算法和计算机技术对收集的大量信息进行处理，形成有用的交通数据。例如，对交通流量进行预测，发现并预警交通堵塞，实时调整交通信号灯的配时，以达到提高道路交通运行效率的目的。信息处理还可以通过算法分析，提供如最佳出行路线、最佳出行时间等建议，进一步方便用户的出行。

（三）信息发布

信息发布和交换则是智能交通系统的另一个重要功能。智能交通系统会将处理后的信息及时发布，通过电子屏幕、手机应用、互联网等方式传递给用户。例如，公共交通实时运行信息、道路交通状况、停车信息等，能够帮助用户做出更准确的出行决策。信息交换还能够实现跨地域、跨系统的信息共享，增强交通管理的整体效果。

在这个过程中，信息分析和利用起着关键的作用。通过对大量的交通数据进行深入分析，智能交通系统可以发现交通运行的规律和问题，从而提出改善方案。例如，通过分析交通流量数据，可以找出交通拥堵的高发区域和时间段，然后进行相应的道路改造或者交通管理；通过对公共交通使用情况的分析，可以优化公共交通线路和班次，提高公共交通的吸引力。此外，智能交通系统还可以通过对个体出行习惯的学习和分析，提供个性化的出行建议，进一步提升用户的出行体验。

智能交通系统包括的子系统有车辆控制系统、交通监控系统、运营车辆高度管理系统和旅行信息系统等，它们各自承担着不同的功能，共同构成智能交通系统的完整体系。车辆控制系统主要负责对车辆进行精确控制，以实现自动驾驶、保证车辆安全、车辆追踪等功能；交通监控系统主要用于对交通流量、交通违章等进行实时监控，以提高交通运行的安全性和效率；运营车辆高度管理系统主要用于对公共交通、物流运输等运营车辆进行高度管理，以实现调度优化、降低运营成本；旅行信息系统则主要用于提供包括出行建议、交通预报、导航等在内的旅行信息，以方便用户的出行。

随着科技的进步，智能交通系统的功能还将进一步增强，为未来的交通管理提供更多可能性。

第二节　智能交通发展现状与趋势

智能交通系统是近年来随着科技进步和城市化发展应运而生的创新领域。智能交通系统旨在基于诸多领域的先进技术，包括信息技术、通信技术、数据分析、云计算、人工智能等，实现全方位的交通管理和优化，为用户和管理者提供更加有效、安全、便捷和环保的出行和管理方式。

一、智能交通发展现状

当前，智能交通的发展现状可以从几个关键的方向来进行分析。

（一）自动驾驶汽车技术的发展为智能交通的推进提供了重要动力

自动驾驶汽车技术的发展与应用无疑已经成为智能交通发展的关键所在。自谷歌自动驾驶汽车项目的早期实验开始，这一技术已经历了长时间的发展，取得了显著的进步。我们可以观察到，现代的自动驾驶汽车技术，如特斯拉的 Autopilot 系统，已经使车辆具备了自我导航、自我学习以及诸多应对复杂路况的能力。

自动驾驶汽车的主要优势在于其可以根据路况进行自动驾驶，这种能力可以在很大程度上减少由于人为驾驶失误造成的交通事故。此外，自动驾驶汽车在道路上的行驶效率也较高，这是因为这些车辆可以根据道路状况进行优化行驶，有效提高了道路的使用效率，从而在总体上提高了交通效率。

尽管自动驾驶汽车技术的优势显而易见，然而在将其广泛应用于社会中的过程中，仍然面临着一些重要的挑战。一是自动驾驶汽车的广泛应用需要有一套完备的法律法规体系进行规范，在自动驾驶汽车与人为驾驶汽车并行的情况下，如何确定交通事故的责任，以及如何制定相关的法规都是亟待解决的问题。二是自动驾驶汽车的安全性问题也一直备受关注。虽然自动驾驶汽车有望减少交通事故，但其在面对复杂、突发的交通情况时，是否能够做出正确的判断和响应，仍然是一个问题。三是自动驾驶汽车的道德伦理问题也被广泛讨论。例如，当面临需要选择伤害乘客或者伤害行人的紧急情况时，自动驾驶汽车应该如何选择，是一个充满道德伦理挑战的问题。

（二）无人驾驶飞行车辆也是智能交通发展的重要方向

无人驾驶飞行车辆被认为是解决城市交通拥堵问题、提高交通效率的潜在解决方案。虽然其研发和测试已取得一定成果，但仍面临诸多挑战。空域管理需要建立有效的交通管制系统，以确保飞行车辆之间和飞行车辆与其他空中交通的安全协调；安全性问题需要得到彻底解决，防止潜在的事故和意外发生。另外，噪声污染也是一项重要的考虑因素，需要寻求低噪声解决方案以减少对居民的干扰。只有克服这些问题，无人驾驶飞行车辆才能真正成为改善城市交通的可行选择。

（三）智能交通管理系统是实现智能交通的重要组成部分

智能交通管理系统借助车辆探测器、信号控制器、信息发布设备等硬件设备，以及云计算、大数据分析和人工智能等软件技术，能够实时收集、处理和分析交通信息。通过这些手段，智能交通管理系统可以全面监测道路状况，识别交通瓶颈和拥堵点，并对交通流进行智能优化管理。这样，道路通行能力得以提升，交通拥堵现象得以减少，城市交通效率得到显著提高。智能交通管理系统的强大功能为城市交通带来了新的希望，使得交通规划和运行更加智能化和高效化，为人们提供更便捷、可靠的出行体验。

（四）公共交通系统的智能化也是智能交通发展的重要组成部分

智能公交系统和智能轨道交通系统采用先进的技术手段，如实时数据收集、大数据分析和人工智能，以提高公共交通的服务水平。智能公交系统和智能轨道交通系统通过预测公共交通工具到达时间，使乘客能够更加准确地规划出行路线，减少等待时间，提高出行效率。优化公交线路能够更好地满足乘客的需求，为其提供更便捷、高效的出行选择。智能公共交通系统还能根据乘客的出行习惯和需求，提供个性化的旅行建议，让每位乘客都能获得最佳的出行方案。这些创新技术推动了公共交通的发展，使其成为城市出行的首选，减少了交通拥堵，降低了环境污染，同时提高了城市居民的出行便利性和舒适度。智能公交系统和智能轨道交通系统的发展必将进一步促进城市可持续发展和提升居民的出行体验。

二、智能交通发展趋势

未来，智能交通的发展趋势可能会朝以下几个方向进行。一是自动驾驶汽车的发展可能会进入一个新的阶段。随着技术的进步和相关法规的完善，自动驾驶汽车技术可能会在更大范围内得到应用，成为人们日常出行的主要方式。二是无人驾驶飞行车辆可能会得到更广泛的使用。随着技术的发展和社会接受度提高，无人驾驶飞行车辆可能会在短途出行、货物运输等领域得到应用。三是智能交通管理系统和公共交通系统的智能化可能会得到进一步的优化和升级。随着数据分析、人工智能等技术的发展，智能交通管理系统和公共交通系统可能会实现更精细化、个性化的管理和服务。

智能交通的发展对于提高城市交通效率、减少交通拥堵、保障交通安全、改善环境质量、提高公众出行效率等都具有重要意义。随着科技的进步和社会的发展，智能交通可能会在未来的交通系统中发挥更大的作用，为人们的出行提供更便捷、高效、安全的服务。

第三节　可持续发展简述

一、可持续发展的定义

可持续发展概念由“可持续”与“发展”两个子概念构成。第二次世界大战后经济学家和社会学家曾就两个子概念进行争论，目前大多数学者基本认同“发展”的定义。发展指生活于绝对贫困线以下人数不上升和收入分配不平等程度不增大的条件下，国家实际人均收入的长期增加过程。因此，现在的关键是定义“可持续”这个子概念，不同专业背景的学者对“可持续”的理解不同，导致“可持续发展”的定义差异很大。

（一）可持续发展的生态学定义

可持续发展的生态学定义涉及生态学原理和可持续发展目标的结合。生态学是研究生物与环境之间相互作用的学科，而可持续发展则强调在满足当前需求的同时不损害未来世代的资源和环境。将二者结合起来，可持续发展的生态学定义可表述如下：可持续发展的生态学是一种追求现代社会生态健康与资源的永续利用的学科，旨在维护地球的生态平衡、生物多样性和生态系统功能。它强调将社会经济活动与自然环境紧密结合，以确保人类的需求得到满足，同时保护和增加自然界的可持续资源。

可持续发展的生态学关注生态系统的稳定性和弹性。生态系统是由生物群落、生物种类和非生物要素（如土壤、水和气候）相互作用形成的。可持续发展强调保护和维护生态系统的结构和功能，以确保它们能够持续地满足人类和其他生物的生存和发展需要。生物多样性是地球上各种生物种类的丰富程度和多样性，生态学家认识到生物多样性对生态系统的稳定和适应能力至关重要。因此，可持续发展致力于保护各种生物物种，防止物种灭绝和生态系统的衰退。可持续发展的生态学关注资源的可持续利用，生态学研究如何在资源有限的情况下使人类满足自身需求，且不对环境造成不可逆转的损害。这包括合理管理森林、土地、水资源和渔业资源，以及推动绿色能源和循环经济的发展。

可持续发展的生态学强调生态系统的适应能力和恢复力。生态系统遭受各种压力，如气候变化、污染和自然灾害等，它们必须具备适应和恢复的能力。可持续发展鼓励增强生态系统的适应能力和恢复力，以应对外部压力并减轻对环境的影响。

可持续发展的生态学也涉及社会和政策方面，它强调环境教育水平和公众意识的提高，以推动人们采取更环保的行动。政府、企业和公民都有责任参与到可持续发展的实践中，并制定相应的政策和措施来促进生态学原则的应用。

可持续发展的生态学定义是一个综合性的概念，它涵盖了维护生态系统稳定性、保护生物多样性、合理利用资源和提高环境适应能力和恢复力的目标。通过生态学原理的应用，可持续发展的生态学旨在实现人与自然的和谐共存，创造一个可持续发展的未来。这需要全球范围内人类的共同努力，以确保地球上的生态系统能够持续发展，为未来世代创造更好的生活条件。

（二）可持续发展的经济学定义

可持续发展的经济学是研究如何在满足当前世代需求的同时，不损害或极小程度地影响未来世代满足其需求的学科。它强调经济增长、社会公平和环境保护之间的平衡与协调。这一经济学流派的核心目标是促进社会经济的持续增长，同时确保资源的合理利用和环境的可持续性，以满足现代社会的需求，而不妨碍未来世代满足他们自己的需求。可持续发展经济学试图在经济活动和发展中融入社会、环境和经济的三重目标。

可持续发展经济学的一些重要原则和观点如下。

（1）经济活动应当考虑自然资源的有限性，并在可持续的范围内利用这些资源。

（2）经济增长应当是有限和符合生态原则的，而不应无限制地追求。

（3）社会公平和公正是可持续发展的基础，贫富差距应当缩小，机会平等应得到保障。

（4）经济决策应当考虑长期影响，而不能局限于短期利益。

（5）环境保护和生态平衡应当是经济发展的重要组成部分，而不是牺牲的对象。

可持续发展经济学的理念在国际社会中得到广泛关注，许多国家和组织都将可持续发展作为政策目标，并努力取得经济增长和环境保护之间的平衡。这种经济学观点的发展也在引导企业和个人的经济行为朝着更加可持续的方向发展。

（三）可持续发展的社会学定义

可持续发展的社会学是研究社会组织、社会结构和社会行为，以促进社会公平、社会稳定和社会进步，同时确保在满足当前世代需求的同时不损害未来世代需求的学科。

在可持续发展的社会学中，一些重要的概念和观点如下。

1. 社会公平

可持续发展的社会学强调实现社会公平和社会正义，这意味着在社会组织中减少贫困、不平等和社会排斥，让每个人都能够享有基本的权利和机会。

2. 社会稳定

可持续发展社会学关注社会的稳定和和谐。社会的稳定是实现可持续发展的前提，因为社会动荡和冲突可能破坏经济和环境的平衡。

3. 社会参与和合作

社会学强调社会成员之间的合作和参与，包括政府、企业、非政府组织和公民社会的合作。只有通过共同努力，才能在可持续发展的道路上取得成功。

4. 文化和社会价值观

可持续发展的社会学考虑不同文化和社会价值观对发展的可持续性的影响。理解和尊重不同的文化是实现可持续发展的重要因素。

5. 教育和意识提升

可持续发展的社会学强调教育和提升公众意识的重要性。加深公众对可持续发展问题的认识和理解，能够鼓励人们采取积极的行动。

可持续发展的社会学与其他学科相互交叉，如环境学、经济学和政治学等，它们共同努力为实现社会的可持续发展提供综合性的解决方案。这一学科的目标是推动社会的长期稳定和增进民生福祉，同时保护人类生存环境和提升人类的生存条件，以满足现代社会的需求，而不损害未来世代的权益。

二、可持续发展的历史背景

可持续发展的历史背景可以追溯到20世纪中叶。在这一时期，工业化和城市化的快速发展带来了经济繁荣，但也引发了环境问题和资源浪费的问题。20世纪60至70年代，一系列环境灾难如1969年美国克利夫兰的凯霍加河着火和1972年在斯德哥尔摩召开的联合国人类环境会议，引发了全球对环境问题的关注。

在人们环境意识觉醒的推动下，20世纪70至80年代出现了可持续发展的概念。学者、政府和环保组织开始提出将经济、社会和环境三者结合的发展理念，以实现全球的长期可持续发展。1972年联合国人类环境会议将环境问题纳入全球议程。

在接下来的20世纪80至90年代，可持续发展得到了国际认可。1987年，世界环境与发展委员会在报告《我们共同的未来》中将可持续发展定义为“既满足当代人的需要，又不损害后代满足其需求能力的发展”。这一定义为可持续发展的实现奠定了基础。随后，一系列国际会议和协议如1992年的地球峰会和联合国可持续发展峰会进一步推动了可持续发展理念的传播和实施。

进入21世纪，随着经济全球化的加剧和资源紧缺的挑战，可持续发展成为全球共识。2000年联合国确定的千年发展目标（MDGs）和2015年后的可持续发展目标（SDGs）标志着国际社会对可持续发展的共同承诺。可持续发展的历史背景反映了人类对环境和资源问题日益增长的关注，推动了全球范围内人类的合作和努力，以实现经济、社会和环境的协调发展。通过可持续发展，人们期望能够在满足当前需求的基础上，为未来的世代创造更加美好和可持续的生活。

三、可持续发展的实施

可持续发展是一项全球性的长期目标，旨在在满足当前世代的经济、社会和环境需求的同时，确保不危及未来世代满足其需求的能力。这一理念的出现源于对日益严重的环境问题和资源压力的认识，对人类生存和发展的长期稳定关切，以及对不断增长的全球人口和经济活动带来的挑战的思考。

在国际层面，可持续发展需要国际合作与协调。各国需要共同制定可持续发展的目标和行动计划，通过技术转让、知识共享和资源合作等方式，在全球范围内推动可持续发展。联合国可持续发展目标是当前最重要的国际合作框架之一，各国可以在此基础上共同制定战略和政策。同时，国际社会还需要提供资金支持，帮助发展中国家实现可持续发展。

在国家层面，实施可持续发展需要制定相应的战略和政策。各国应根据本国的国情和发展需求，制定有关环境保护、经济增长、社会公平和资源管理等各个领域的政策。为了保障可持续发展的实施，国家还需要建立健全的法律和制度，包括环境法律、资源管理制度和社会保障体系等，为可持续发展提供法律保障和政策支持。

在地方和社区层面，实施可持续发展需要地方政府和社区积极参与和治理。地方政府和社区可以根据本地情况制定可持续发展方案，并推动其落实。在城乡一体化发展过程中，需要考虑环境、经济和社会的均衡发展，确保城乡居民都能够享受到可持续发展带来的好处。同时，地方政府和社区还需要积极参与生态保护和修复工作，保护自然资源和生物多样性，创造绿色生态环境。

在个人层面，实施可持续发展需要每个人的参与和贡献。个人可以通过环保行为和改变消费取向来减轻环境的负担，如节约能源、减少废物产生和使用环保产品等。同时，个人还可以积极参与公共事务，参与可持续发展的决策和行动。个人的参与和行动有助于形成可持续发展的社会合力。教育和意识提升也是重要的一环，个人应加强对可持续发展的学习和认知，提高对环境和社会问题的关注，增强可持续发展的意识。

实施可持续发展需要各个层面的共同努力，涵盖了政府、企业、非政府组织、社会团体和个人等各个方面。只有全社会共同参与，才能实现可持续发展的目标，为人类和地球的未来带来更美好、更可持续的发展。通过国际合作、国家政策制定、地方治理和个人参与的紧密结合，各方可以共同为可持续发展的实现而努力。

第二章　智能交通对可持续发展的影响

第一节　智能交通对经济发展的影响

智能交通作为现代交通系统的重要组成部分，对经济发展产生着深远的影响。智能交通技术的应用与发展，不仅可以提升交通运输的效率和便利性，还能降低交通事故率，减少资源浪费，促进产业升级，推动经济的可持续发展。在以下几个方面，我们可以看到智能交通对经济发展所产生的积极影响。

一、促进交通服务升级

智能交通技术的应用使得交通服务更加智能化和个性化，通过车辆探测器、信号控制器、信息发布设备等硬件设施，以及云计算、大数据分析、人工智能等软件技术，智能交通管理系统可以实时收集、处理和分析交通信息，提供个性化旅行建议。这使得公共交通的服务水平得以提升，满足人们多样化的出行需求，提升城市的形象和吸引力，促进旅游业和服务业的发展。

二、降低交通事故率

智能交通技术可以通过车联网、自动驾驶汽车技术等手段，实现车辆间、车辆与基础设施间的互联互通。这有助于提高交通安全性，减少交通事故的发生。自动驾驶汽车技术的推广和应用，可以大大减少人为驾驶因素引发的交通事故，降低交通事故的发生率，减少人员伤亡和财产损失。

三、促进产业升级与创新

智能交通技术的应用不仅改变了传统交通行业的经营模式，还催生了新的产业链和商业模式。智能交通的发展需要大量的信息技术、通信技术、传感器技术等，推动了科技产业的创新与发展。同时，智能交通的应用还促进了汽车制造业、电子信息产业和互联网产业的融合，推动了产业升级和转型。

四、优化城市规划和土地利用

智能交通技术的应用可以为城市规划和土地利用提供更多数据支持。通过交通信息的收集和分析，可以了解城市交通状况，优化交通网络和城市布局，提高土地的利用效率。这有助于打造更加智能化、高效率和宜居的城市环境，提高城市的竞争力和吸引力，促进城市的经济繁荣。

五、推动智能交通产业的发展

智能交通技术的推广和应用，推动了智能交通产业的发展。智能交通产业包括车联网技术、智能交通管理系统、智能交通设备制造等多个领域，涉及信息技术、通信技术、车辆制造等多个领域。这为相关产业的发展带来了新的机遇和市场空间，为经济增长和就业创造了新的契机。

智能交通对经济发展具有重要的积极影响，它提高了交通运输的效率和便利性，降低了交通事故率，减少了资源浪费，促进了产业升级，推动了经济的可持续发展。同时，智能交通的应用也带动了相关产业的发展，为经济增长和就业创造了新的机遇。随着智能交通技术的不断创新与发展，其对经济的推动作用将愈加显著。因此，各国应积极推动智能交通技术的应用和发展，共同迎接智能交通时代的到来。

第二节　智能交通对社会公平的影响

智能交通系统对社会公平有着重要的影响，其对社会公平的影响主要体现在以下几个方面。

一、减少交通拥堵，提高出行公平

智能交通技术通过各种先进的技术手段实现交通信号优化、车流管理、公共交通优先等功能，对于减少交通拥堵、提高道路通行能力具有重要作用。

交通信号优化是通过对交通信号控制系统进行智能化管理，实现信号灯的合理配时和优化控制，有助于缓解交通拥堵、提高道路通行能力。车流管理则是通过对道路上的车流进行实时监测和分析，合理调整车辆行驶的路线和速度，降低交通压力。公共交通优先是通过向公共交通车辆提供优先通行权，加快公交车、地铁等公共交通工具的运行速度，促使更多的人选择乘坐公共交通工具出行，从而缓解私家车造成的交通拥堵。

这些智能交通技术不仅可以减少交通拥堵，提高道路通行能力，还有助于提高出行公平性。通过允许公交车、地铁等公共交通工具优先通行，可以让更多的人享受到高效、便捷的交通服务，这对于缓解城市交通压力、促进城市的可持续发展具有重要意义。同时，通过公共交通优先的措施，可以鼓励更多的人选择乘坐公共交通工具出行，从而降低私家车的使用率，减少交通污染，促进城市的绿色发展。

二、增加公共交通的吸引力，提高交通服务公平

智能交通技术的应用能够在多个方面提高公共交通的吸引力，促使更多人乘坐公共交通工具出行，进而有助于提高交通服务的公平性，让更多的人享受到便捷、经济的交通服务。

实时信息发布是智能交通技术的重要应用之一。通过交通信息发布系统，乘客可以实时了解公交车、地铁等公共交通工具的运行状态、到站时间、线路信息等。这种实时的信息发布可以帮助乘客更加准确地规划出行路线，避免因为不了解交通状况而导致的行程延误，还可以降低公共交通使用的不确定性，提高公共交通的吸引力。

车辆调度也是智能交通技术的重要应用。通过对公交车、地铁等公共交通工具进行实时监测和调度，可以有效缓解交通拥堵、提高公共交通的运行效率。智能调度可以确保公共交通工具按照预定的时间和路线运行，减少交通拥堵、意外事件等原因导致的行程延误。这可以增加公共交通的准时性，提高公共交通的吸引力。

智能交通技术的应用可以从多个方面提高公共交通的吸引力，促使更多的人乘坐公共交通工具出行，这不仅有助于提高交通服务的公平性，让更多的人享受到便捷、经济的交通服务，对于缓解城市交通压力、促进城市的可持续发展也具有重要意义。

三、促进出行方式的多样化，提高交通选择公平性

智能交通技术的应用有助于提供多模式出行信息服务和共享出行服务，进而促进出行方式的多样化。多模式出行信息服务可以整合公交、地铁、自行车、步行等多种出行方式的信息，为用户提供综合的出行建议。通过智能交通技术的支持，用户可以根据自己的需求、时间、费用等因素，选择最适合自己的出行方式。

共享出行服务也得益于智能交通技术的发展。共享单车、共享汽车等共享出行方式可以为用户提供更加灵活、便捷的出行选择。通过智能交通技术，共享出行服务可以更加高效地进行车辆调度、费用结算等操作。

这些多样化的出行方式有助于提高交通选择公平性，让更多的人能够根据自身的需要选择合适的出行方式。无论是没有私家车的居民，还是想要更加环保、节约的用户，都能够找到合适的出行方式。这有助于缓解城市交通压力，减少交通拥堵和污染，提高城市的可持续发展水平。

四、降低交通事故率，提高交通安全水平

智能交通技术的应用在很大程度上有助于降低交通事故的发生率，进一步提升交通安全水平。通过车辆间通信技术，车辆可以相互发送和接收数据，实现实时的交互和信息共享。例如，当一辆车在高速公路上突然刹车时，它可以通过车辆间通信技术向后方车辆发送警告信息，使得后方车辆能够提前做出应对措施，降低追尾事故的发生概率。

道路危险提醒系统也是智能交通技术的重要组成部分。通过部署在路面上的传感器，该系统可以实时监测路面情况，如湿滑、结冰、积水等，并将这些信息实时发送到车辆和交通管理中心。这有助于司机提前了解路面情况，做好应对措施，减少路面原因导致的交通事故。

通过降低交通事故的发生率，智能交通技术可以有效提高交通安全水平，无论是驾驶员、乘客还是行人，都能享受到更加安全的出行环境。这有助于保护人们的生命财产安全，提升社会福祉，促进社会和谐稳定发展。

第三节　智能交通对环境保护的影响

智能交通系统对环境保护产生了积极的影响。智能交通系统采用现代通信、计算机、传感器等技术，对交通流进行实时监控、预测、调度和控制，提高道路通行能力和交通安全性，改善交通状况，从而对环境保护产生积极的作用。具体体现在以下几个方面。

一、减少交通拥堵，降低碳排放

交通拥堵是现代城市普遍面临的问题，它不仅降低了道路的通行能力，增加了人们的出行时间，而且还加重了城市的空气污染。拥堵导致汽车频繁地加速、减速和怠速时间增加，这将导致车辆的油耗增加和碳排放的提升，从而加剧环境污染。智能交通系统的应用可以有效缓解交通拥堵，有利于降低碳排放。

智能交通系统可以通过优化交通信号来实现车辆的平稳行驶，减少车辆的怠速、加速和减速次数，从而降低油耗和碳排放。此外，通过实时监测和调度车流，智能交通系统可以合理分配道路资源，避免车辆集中，缓解交通拥堵，减少碳排放。智能交通系统还可以提高公共交通服务的质量，鼓励人们选择公共交通工具出行，减少私家车的使用，从而降低碳排放。

二、减少油耗，降低能源消耗

智能交通系统通过集成先进的通信、计算机和控制技术，能够对交通流进行实时监测、分析和管理，从而提高交通效率和降低能源消耗。在这方面，智能交通系统采取了多种措施来降低汽车的能源消耗。

一方面，智能交通系统可以优化路线，为驾驶员提供最短、最快、最省的路线选择。通过减少行驶距离和时间，可以减少能源消耗。另一方面，智能交通系统可以提供实时的交通信息，包括交通流量、拥堵情况、交通事故等，帮助驾驶员避开拥堵路段和事故多发地点，从而减少怠速时间、加速和减速次数，降低能源消耗。

智能交通系统可以通过智能交通信号控制、自适应交通控制等技术，提高交通效率，缩短停车和等待时间，从而降低能源消耗。智能交通系统还可以通过鼓励公共交通、共享出行、自行车出行等方式，减少私家车的使用，降低能源消耗。

三、降低交通事故发生率，减少环境污染

智能交通系统是一种采用先进的信息通信技术和数据处理技术对交通情况进行实时监测、调度和管理的系统。通过智能交通系统，可以提供多模式出行信息服务，为出行者提供多种交通方式的信息，包括公共交通、自行车、步行、共享出行等，帮助出行者根据自身需求选择最合适的出行方式。此外，智能交通系统还可以推广共享出行服务，促进资源共享，减少私人车辆的使用，减少道路拥堵，提高交通效率。

智能交通系统通过多模式出行信息服务和共享出行服务的推广，可以促进出行方式的多样化。出行方式的多样化可以降低人们的出行对自然资源的依赖，因为公共交通、共享出行等出行方式相对于私人车辆更加节能、环保。例如，公交车、地铁等公共交通工具可以承载更多的乘

客，相对于私人车辆更加高效，对燃料和道路资源的需求也更低。共享出行服务可以减少私人车辆的使用，减少车辆的空驶和停车，降低能源消耗和碳排放。

智能交通系统的应用对环境保护产生了积极的影响，通过减少交通拥堵、降低碳排放、减少能源消耗、提高交通运输效率、减少资源浪费、促进出行方式的多样化、降低对自然资源的依赖、降低交通事故发生率、减少环境污染等，为环境保护注入了新的活力。

第三章　智能交通系统体系结构

第一节　智能交通系统体系结构简介

一、智能交通系统体系结构的内涵

（一）基本概念

智能交通系统是一个大型、跨领域的复合系统，由多个相互连接的子系统组成。为了确保其顺利并高效地建设，需要一个长时期和分阶段的策略，遵循统筹规划、逐步推进的原则。为此，确定一个宏观和指导性的技术文档至关重要，它应明确智能交通系统的未来规划，并定义系统内部的数据交换和接口标准，确保各部分能够在一个统一框架下整合，并与其他地区的智能交通系统实现信息共享与互联。

智能交通系统体系结构就是这样一个适应国家发展计划和支持开发研究，标准化的不同技术成果的通用框架[①]，它定义了系统用户所需的功能、系统包含的子系统及其所应具备的功能，以及各个子系统之间的相

① 陈旭梅，智能运输系统[M].北京：中国铁道出版社，2007：88.

互关系和集成方式，其设计必须包含实现用户功能的全部子系统的设计。智能交通系统体系结构阐述了其结构体系，列出了用户服务功能，定义了实现用户服务功能的各个子系统，并阐述了各个子系统之间的通信方式以及如何协调工作和实现智能运输系统的系统功能。

智能交通系统体系结构旨在最大化地利用现有的交通和信息资源。为了达到这个目的，必须对其进行全面描述，并确保系统集成过程既可控又连贯。智能交通系统体系框架为此提供了保障，它不是简单的设计文档、技术说明或体系结构的发展过程，而是一个指导整个标准制定过程的框架，确保标准中没有遗漏、重复或不一致之处。这一框架基于逻辑和物理需求，明确了标准的制定原则和评估工具。科技专家可以根据这些标准来设计、开发和管理智能交通系统，并根据实际需求开发新的功能，进一步完善体系结构和国家标准。

（二）功能意义

在现代社会中，随着城市化的加速以及交通需求的快速增长，传统的交通管理方式已经难以满足人们的出行需求。交通拥堵、环境污染、交通事故频发等问题日益凸显。为解决这些问题，智能交通系统体系结构应运而生。这种体系结构不仅代表了交通行业的技术进步，而且在功能上具有重要的意义，为现代城市交通管理提供了全新的方案。

1. 智能交通系统体系结构是对现代交通管理模式的一种创新

智能交通系统体系结构的引入是传统交通管理的一大进步。在过去，交通决策主要依赖经验和直观判断，容易受主观因素影响，效率较低。然而，智能交通系统体系结构的集成信息技术、传感器和通信设备等，为交通管理带来了颠覆性的改变。

通过实时收集、分析和处理大量交通数据，智能交通系统体系结构为决策者提供了更科学、精准的依据，使决策过程更客观、准确。这种基于数据的决策方式大大提高了交通管理的效率，使得交通系统可以更加高效地运行。此外，智能交通系统体系结构的应用还大大提升了交通系统的灵活性和适应性，通过实时监测交通状况，决策者能够更及时地做出调整，更好地应对突发情况，降低交通拥堵和事故发生的可能性。这种灵活性使得交通系统能够更好地适应日益增长的交通需求和城市发展的变化。智能交通系统体系结构的引入为交通管理带来了巨大的变革，基于数据的决策方式不仅提高了效率，还增强了交通系统的灵活性和适应性，为城市交通发展和出行提供了更可持续、便捷、安全的解决方案。

2. 智能交通系统体系结构有助于提高交通安全

智能交通系统的实时监控和数据分析功能为交通管理带来了卓越的优势。通过对交通流量、路况、天气等信息的持续监控，智能交通系统体系结构可以迅速发现并预警各种交通风险，如交通拥堵、交通事故以及恶劣天气条件等。

通过与车辆通信系统的连接，智能交通系统不仅能为驾驶员提供实时的路况信息，还能为他们提供准确的驾驶建议，使驾驶员能够做出明智的决策，避免潜在的事故和选择最佳路线。除了为驾驶员提供个性化服务，智能交通系统还通过对交通事故数据的深入分析，为城市规划和交通设施建设提供宝贵的参考意见。通过识别事故易发区域和道路瓶颈，决策者可以制定更有效的交通改进措施，从根本上降低交通风险，提高城市交通系统的整体安全性和流畅性。智能交通系统体系结构的应用为交通管理带来了全新的范式，通过实时监控和数据分析，它能够对交通风险进行预警、提供驾驶建议，同时为城市规划提供重要参考，从而营造更安全、高效的交通环境，实现城市交通的可持续发展。

3. 智能交通系统体系结构为绿色交通和环境保护做出了贡献

通过对交通流量、车辆尾气排放、能源消耗等数据的分析，智能交通系统可以为城市提供更为环保、节能的交通方案，如公共交通优先、绿波控制、电动车充电设施规划等。这不仅有助于减少交通对环境的压力，还可以推动城市朝着更为可持续发展的方向前进。

4. 智能交通系统体系结构对于提高公众的出行体验也起到了重要的作用

通过智能交通系统，人们可以获得更为准确、实时的出行信息，如路况、交通建议、停车信息等。这不仅可以帮助他们更加顺利地完成出行任务，还可以为他们提供更多的出行选择和便利，从而大大提高他们的出行满意度。

智能交通系统体系结构在功能上具有多重重要意义，不仅对现代城市交通管理提供了全新的方案，还为实现交通的安全、高效、绿色和便利做出了重要的贡献。随着技术的进步和智能交通系统体系结构的进一步完善，相信未来的城市交通将更加智慧、高效和人性化。

二、智能交通系统体系结构的重要性

系统体系结构开发在智能交通系统规划和设计中扮演着至关重要的角色，自 1994 年第一届智能交通系统世界大会至 1999 年第六届大会，系统体系结构一直是研讨的重要专题。在美国 1994 年至 1995 年的智能交通系统优先项目中，系统体系结构开发被列为首要任务。美国国家智能车辆道路系统 / 智能交通系统体系结构开发项目耗资 2500 万美元，在 1999 年末，完成了第二版。日本在 1998 年开始系统体系结构开发计划，并于 1999 年完成。欧盟的 T-TAP 计划（1994—1998 年）在系统体系结构研究与实践方面取得进展，但直到 1998 年 4 月才启动了欧盟的 KAREN 项目，全面展开智能交通系统体系结构研究。这些例子充分说明系统体系结构在智能交通系统中的重要性和显著地位。

系统体系结构是一个稳定的基础，为有用且可用的系统提供支持。其中，关键词包括可用的、有用的、基础、稳定的和系统。

系统体系结构是由相互作用和相互依赖的多个组成部分结合而成的

有机整体，是“可用的”，具有特定功能。每个组成部分有自身的功能，而整个系统的功能不仅仅是各组成部分功能的简单总和，其效果大于各组成部分功能的综合。在智能交通系统中，往往涉及多个子系统的集成，简单地组合子系统可能导致无效的系统，因此需要对系统体系结构进行规划来确保系统的稳定和高效运行。

“有用的”系统是指一个能够完成所有预定功能的系统。它的每一个部分都能有效地执行其任务，并且各部分之间能够协同工作，确保整体性能达到最佳。

系统的“基础”是指系统的核心结构与组成部分。这不仅涵盖了构建系统的硬件设备及其功能实现方式，还包括系统内的软件内容。这些软件既有技术层面的，如信息交流方式；也有公众理解层面的，比如系统的目标以及维护系统时必需的规则和协议。

对于一个预期寿命为数十年的系统，它的基础必须是稳定的，以避免频繁的重大改动。智能交通系统的开发通常周期长且以逐步的扩展和升级为标志。尽管每个实施阶段都可能有新技术和新的应用领域涌现，这都带来了对现有系统进行修改的可能性，但是，系统的核心结构不应频繁更改。因此，系统开发之初应确立一个稳定的基础，同时确保其开放性、可扩展性和灵活性。这意味着，虽然系统的核心要素保持不变，但其具体操作可以根据需要逐渐扩展和更新。

当我们为高速公路收费站创建一个电子收费系统或为运输公司设计一个全球定位系统（GPS）车辆追踪系统时，虽然实现了智能交通系统的部分功能，但这种局部的智能只能解决部分交通问题。真正的智能交通系统往往是复杂的大型系统，像美国、日本和欧洲主导的智能交通系统项目，都是涉及国家或洲际的大规模项目。这类大规模、资金密集、开发周期长且范围广的系统，如果在开发前没有进行充分的系统结构研究和规划，很难保证其各部分能高效协同工作。因此，在开发智能交通系统之前必须先进行总体规划，其中一个关键步骤就是系统结构的研究。

三、智能交通系统体系结构的构成

各国和地区的智能交通系统体系结构主要包含用户服务、逻辑体系结构、物理体系结构、通信体系结构、标准化工作、效益分析评价和实施策略等关键组成部分。

（一）用户服务

在智能交通系统体系结构中，用户服务部分旨在识别智能交通系统的用户和他们的需求。它区分了各个子系统的目标用户，并通过调查和访谈来确定需求。在对用户需求进行排序后，这些信息将指导系统的实施顺序。

（二）逻辑体系结构

逻辑体系结构（或称功能体系结构）定义了系统为满足用户需求所需的功能。在智能交通系统中，逻辑体系结构细致地描绘了各个子系统的功能和它们之间的数据流动。这个结构阐释了智能交通系统如何实现用户需求的功能，并展现了这些功能是如何与外部环境，特别是用户连接的。此外，它还描述了智能交通系统使用的数据种类。基于用户服务的具体定义，可以建立系统的逻辑体系结构，即明确提供特定用户服务所需的功能领域。

智能交通系统的逻辑体系结构通过多个功能领域进行描述，其中每个功能领域明确了其功能和相关数据库。这些数据库通过数据流与不同的终端连接。这些终端可能是个人、系统或其他物理实体，并可为系统提供数据。终端描绘了系统预期与外部世界的互动方式，并指明了它能提供的数据以及系统为其提供的数据。

逻辑体系结构为每个功能领域制定了数据流图，这些图揭示了如何将各功能细分为高级和低级、这些功能如何相互连接、如何与各种数据库关联以及如何与终端通过数据流进行联系。所有逻辑体系结构都与用户需求紧密相关，为系统模块与用户需求提供了桥梁。利用逻辑体系结构，用户可以根据他们的兴趣选择特定的用户需求，并识别逻辑体系结构中的相关部分。

（三）物理体系结构

物理体系结构阐述了逻辑体系结构中定义的功能如何组合并构建为一个系统。这些系统可能由硬件、软件或二者结合实现，并可以通过展示一系列示例系统来展现逻辑体系结构在构建特定系统中的应用。

每个系统由至少两个子系统构成，其中每个子系统执行特定的任务，并可能作为一个商业产品出售。每个子系统都是逻辑体系结构的一部分。为了正常运行，子系统需要与其他子系统和一个或多个终端进行通信。这种通信是通过物理数据流实现的，该数据流由多个功能领域数据流组合而成。

子系统可以细分为两个或更多模块。可以通过一个参考表格来展示逻辑体系结构和物理体系结构之间的联系，如显示在物理体系结构的各个系统中哪些逻辑体系结构功能领域是可用的。此外，也可以通过图形来表示两者之间的关系。

（四）通信体系结构

智能交通系统的通信体系结构是确保信息在整个系统中有效流动的关键部分。它涉及的是智能交通体系中各种子系统和组件之间的通信链接和协议。以下是通信体系结构的基本要点。

1. 信息的流动方式

信息的流动方式是指在信息传递和通信过程中采用的不同传输方式。其中，点对点通信是直接从一个节点发送到另一个节点，实现一对一传输；广播通信将信息传送给网络中的所有节点，实现一对多传输；而多播通信则将信息传送给特定的一组节点，实现一对多或多对多传输。通过这些不同的流动方式，我们可以高效地在网络中传递和分享信息，满足不同场景下的通信需求。

2. 通信技术和载体

信息的流动方式涉及具体的通信技术和载体，如光纤、无线、卫星、细胞网络等。光纤传输快速稳定，适用于长距离通信；无线技术实现便捷的移动通信；卫星通信覆盖广阔地区，适用于偏远地区；细胞网络支持移动通信与互联网接入。这些多样化的技术和载体相互配合，构成了信息传输网络，满足了现代社会对信息交流的多样化需求。

3. 通信协议

为了保证信息的顺利交换，通信系统需要定义一系列的协议。这些协议规定了数据的封装方式、传输规则、接收处理方法和解封装过程。通过协议的统一规范，不同设备和网络可以互相理解和交流，确保信息在传输过程中的可靠性、安全性和高效性。常见的协议包括 TCP/IP、HTTP、SMTP 等，它们在互联网和其他通信系统中发挥着重要作用。

4. 带宽和延迟

实时性要求高效的交通系统，如紧急车辆优先通过，必须保障高带宽和最小延迟。高带宽确保大量数据传输，实时传送车辆位置与状态信息；最小延迟确保指令及时生效，保障紧急车辆优先通行的实时性。通过高效的通信网络和优化的协议，能够确保紧急情况下交通系统的快速响应，最大限度地保障交通安全与效率。

5. 安全和隐私

保护交通数据和个人信息的安全与隐私至关重要。因此，通信体系结构必须采用加密技术和其他多层安全措施，使用强大的加密算法，确保数据在传输过程中得到加密保护，防止未授权访问和信息泄露。同时，采用身份验证、访问控制、防火墙等措施，有效防范网络攻击和数据恶意篡改。这样的安全措施能够加强交通系统的可信度和稳定性，保护用户数据和隐私不受侵犯。

6. 数据格式和标准

确定数据交换的格式和标准是为了确保不同来源的数据可以被统一解读和处理。通过制定通用的数据格式和标准化规范，如 XML、JSON、CSV 等，不同系统和应用能够共同理解数据的结构和含义。这样一来，数据交换变得无障碍，信息能够在不同平台和设备间高效传递，实现数据的互通互联，提升整体数据处理的效率与准确性。

智能交通系统的通信体系结构是一个复杂的领域，需要考虑到众多的技术、标准和要求，以确保交通信息可以有效地在整个系统中流动。

7. 互操作性

为了确保不同智能交通系统应用和设备之间顺利通信，必须解决互操作性问题。

互操作性指各设备能相互连接、交换信息，并正确解释数据的能力，通过制定统一的通信协议、数据格式和标准化规范，实现设备之间的互联互通。互操作性促进了不同智能交通系统的互相配合，提高了交通信息的交换和共享效率，推动了智能交通系统技术的发展和应用。

（五）标准化工作

智能交通系统所需关键技术的标准需求是指已被认可的、指导数据传输的技术规定或准则。为确保子系统间的整合性，必须标准化子系统间的界面。标准化需求文件详细描述智能交通系统的标准需求及对应的标准结构信息，但不包括标准化进程的时间表。标准化制定机构可利用需求文件起草标准文件。有了标准化需求文件，相关公司和个人才能够聚集进行实质性的标准化工作。需要强调的是，标准化制定机构只会处理成员感兴趣的工作。

智能交通系统需要整合多个交通系统，为了保障其顺利实施，必须建立一套适用的标准体系。推荐采用目前成熟的技术标准或提出标准需求，以确保各个交通系统能够良好地结合在一起，实现智能交通系统的有效运作和互联互通。标准体系的建立将有助于提高智能交通系统的整体性、安全性和可靠性，促进交通行业的发展和创新。

（六）效益分析评价

智能交通系统的实施对经济和社会产生重要影响，因此对项目进行效益分析评价至关重要。智能交通系统效益评价包括技术可行性、经济效益、对社会和环境影响的评估，为智能交通系统项目的可行性研究、方案比选、实施效果分析以及对已有系统的优化提供科学依据。这种评价是研究和应用中不可或缺的关键组成部分，有助于确保智能交通系统的顺利实施和运作，最大限度地发挥其社会和经济效益。

（七）实施策略

目前交通运输的组织管理部门较多，管理体制上存在一定弊端。为确保智能交通系统的有效实施，建议在体系框架中建立和实施包括智能交通系统建设的组织体系和发展策略。这些体系和策略可作为未来实施智能交通系统时的建议或参考，以优化管理结构，推动智能交通系统的顺利发展。

第二节 智能交通系统体系结构开发

一、智能交通系统体系结构开发的内容

系统体系结构开发为系统提供稳定的基础，包括组成部分、功能及它们之间的关系，为后续设计和开发提供重要指导。通常从不同侧面（子体系结构）描绘系统基本结构，包括参考模型、信息体系结构、功能体系结构、数据通信体系结构和物理体系结构。参考模型描述整体视图；信息体系结构涵盖广泛信息；功能体系结构描述功能要素及信息流；数据通信体系结构为通信协议综合结构；物理体系结构为系统构筑蓝图。这些体系结构为深入理解、讨论和优化系统提供便利。

（一）参考模型

参考模型的重要性在于描述系统的整体视图，通常用水平或竖直层次结构图描述。例如，城市间道路交通管理系统的参考模型可由“国家网络、区域网络、链路、路段、点、数据”构成的竖直结构描述；城市交通管理系统集成多个交通控制与管理系统的参考模型可由若干重要集成原则构成逻辑描述；交通信息服务系统的参考模型可通过一般服务项目（用户服务）来描述。参考模型为理解和描述系统提供了整体框架。

（二）信息体系结构

建立信息体系结构的目的是识别系统中广泛运用的数据和信息的内容和性质，通常使用公共的数据字典表达。信息体系结构在需要进行信息交换的系统中尤为重要。例如，道路交通信息交换网络系统的信息体

系结构应包含道路网络拓扑信息、监控设施安装位置信息、实时交通条件、道路条件和环境条件等独立的静态信息和动态信息。信息体系结构的建立有助于确保信息在各部分间的有效交换和共享。

（三）功能体系结构

建立功能体系结构是为了回答系统能做什么的问题，功能体系结构将参考模型分解细化，并用功能处理模块及其逻辑数据交换来描述系统。功能体系结构与特定的硬件和软件技术无关，随技术进步即可保持稳定性随。在设计中应注重功能体系结构的柔性，即不破坏现有结构而实现新功能的特性。这样的功能体系结构有助于理解系统功能和实现功能的灵活性。

（四）数据通信体系结构

数据通信体系结构是一组通信协议的集合，通过不同的网络拓扑实现各种应用的透明通信。在智能交通系统中，需要考虑固定设备间、移动设备间以及两者之间的通信，包括交通中心之间、路边设备和交通中心之间、移动车辆之间、交通中心和移动车辆之间、路边设备和车辆之间的通信等。同时要考虑公有网络与私有网络之间的联结。因此，智能交通系统的数据通信体系结构相当复杂。

（五）物理体系结构

建立物理体系结构是为了回答系统如何实现的问题。物理体系结构将系统的功能、信息和数据通信体系结构映射到一个物理基础设施集合上，通过选择通用结构中的独立组件及其接口来描述系统。它为系统下一步的工程实现提供结构蓝图，是将系统设计转化为实际建设的关键步骤。物理体系结构考虑了系统的硬件、设备和物理连接，确保系统在实际运行中能够有效地实现其功能和目标。

一个国家的智能交通系统可以被视为一个大规模的信息系统，其系统体系结构可以分为三大部分：用户服务、逻辑体系结构和物理体系结构。用户服务部分涵盖参考模型，逻辑体系结构涵盖信息体系结构、功能体系结构和数据通信体系结构，而物理体系结构涵盖实际的硬件、设备和物理连接。这三大部分共同构成了完整的智能交通系统体系结构。

二、智能交通系统体系结构开发的方法与步骤

智能交通系统体系结构开发是一个复杂而系统性的过程。以下是一般情况下智能交通系统体系结构开发的方法与步骤。

（一）需求分析

在智能交通系统的开发中，必须明确功能需求、性能需求和安全需求等方面的要求。为了确保系统的成功实现，与利益相关者，如用户、政府部门、技术提供商等，进行充分沟通是必不可少的。通过深入了解各方的需求和期望，可以有效地进行系统设计，提高用户满意度，保障系统的可靠性和安全性。这样的需求分析和沟通是智能交通系统开发过程中的关键环节。

（二）参考模型建立

为确保智能交通系统的有效实施，需要确定系统的整体结构，将其划分为不同的组成部分，并建立参考模型。参考模型提供整体视图和指导，为系统的设计与实现提供稳定的基础。通过参考模型，我们能够清晰地了解系统的组织结构和各部分之间的关系，使得系统开发过程更加系统化和有序，从而推动智能交通系统的顺利实施和高效运行。

（三）信息体系结构、功能体系结构、数据通信体系结构的制定

智能交通系统的逻辑体系结构要做到分别识别系统中广泛运用的数据和信息的内容与性质，回答系统能够实现的功能，以及给出通信协议

的集合。通过这样的逻辑体系结构，工作人员可以清楚地了解系统所涉及的数据和信息类型，确定系统的功能范围，以及系统通信需要的协议集合。这样的逻辑体系结构有助于系统的合理设计和优化，确保智能交通系统在各方面的有效运行。

（四）物理体系结构设计

将逻辑体系结构映射到具体的物理基础设施集合上是为了确定智能交通系统的硬件、设备和物理连接。这一步骤，为系统的工程实现提供结构蓝图，确保系统的实际建设与运行能够顺利进行。这包括确定需要的服务器、传感器、通信设备等硬件，以及它们之间的物理连接方式，确保系统的物理架构能够满足系统设计和功能要求，为智能交通系统的成功实施打下坚实的基础。

（五）组合与集成

将逻辑体系结构和物理体系结构相结合，确保智能交通系统各个子系统和组件能够有效地集成，各部分能够协同工作，实现系统的整体功能。这样的整合过程涉及系统的软硬件组件之间的连接和交互，以确保智能交通系统在实际运行中能够高效地实现其功能和目标。这是系统实现阶段的关键步骤，对系统的顺利运行和发展至关重要。

（六）安全性和可靠性考虑

在智能交通系统开发过程中，对系统的安全性和可靠性进行评估至关重要。通过综合考虑潜在的风险和安全威胁，确定相应的安全策略和措施。这包括身份认证、访问控制、数据加密、漏洞修补等措施，以确保系统在运行过程中的安全性和稳定性。这样的安全评估和防护措施是保障智能交通系统少受攻击少出故障，保护用户数据安全和公共利益的重要保障措施。

（七）验证和测试

系统全面验证和测试是智能交通系统开发的关键环节。通过针对功能、性能、安全性等方面的测试，来验证系统的各项功能符合需求，达到预期效果。测试过程还包括模拟真实场景，验证系统的稳定性和可靠性。系统测试是为了保证系统能够满足用户的期望和需求，提供高质量的服务和体验。只有经过全面的验证和测试，智能交通系统才能在实际应用中顺利运行，为用户提供更好的交通管理和出行服务。

（八）系统优化

根据测试结果和用户反馈，持续进行智能交通系统的优化和改进。通过分析测试数据和用户意见，发现潜在问题并进行修复，进一步提升系统性能和用户体验。优化可能包括功能增强、性能优化、界面改进等方面，确保系统逐步满足用户的期望和需求。不断的优化和改进是智能交通系统持续发展的关键，以适应不断变化的交通需求和技术进步，提供更好的服务和用户体验。

（九）系统实施和维护

根据开发的体系结构，进行智能交通系统的实施和部署。确保系统在现实环境中正确配置和安装，以实现系统的功能和性能要求。随着时间的推移，持续进行系统维护和更新，保持系统的稳定性和安全性。这包括故障排除、性能监测、软件更新和安全补丁等。持续的维护和更新是确保系统持续运行和发展的关键，以适应不断变化的需求和技术进步，保持系统的最佳状态并提供更优质的服务。

智能交通系统体系结构开发需要系统性的规划和设计，涉及多个方面的考虑和协调。通过合理的方法与步骤，可以确保智能交通系统的顺利实施和运行。

第三节 智能交通系统体系结构发展趋势

智能交通系统体系结构的发展是一个持续演进的过程，不断受到科技进步、市场需求和社会发展的影响。随着技术的迅速发展，智能交通体系结构正朝着更加智能化、高效化、可持续的方向发展。

智能交通系统体系结构趋于更加互联互通，随着交通设施和设备的不断增加，各个子系统之间的互联互通变得尤为重要，智能交通系统的实现需要各个部门、企业和技术提供商之间的密切合作，以实现数据共享和通信互联，从而实现更高效的交通管理和出行体验。智能交通系统体系结构越来越依赖大数据和人工智能技术的应用，通过对大量交通数据的收集、处理和分析，智能交通系统可以提供更加精准的交通管理和出行服务，同时，人工智能的智能决策和学习能力使得智能交通系统能够自动优化调整，提高交通运行效率。

自动驾驶技术也是智能交通系统体系结构发展的重要方向，自动驾驶技术的成熟和应用，使得交通系统可以实现自动驾驶车辆与其他交通设施的协同运行。智能交通系统将成为支持自动驾驶车辆安全、高效运行的关键基础。另外，物联网技术的普及和 5G 通信技术的应用将推动智能交通系统体系结构向更高级的智能化发展，大量连接的传感器和设备将实现车辆与基础设施的实时交互，提供更准确的信息和更及时的服务。

可持续发展也是智能交通系统体系结构发展的重要考虑因素，绿色出行、智慧能源管理等可持续发展理念将融入交通系统体系结构，推动智能交通系统向更环保、更节能的方向发展。在智能交通系统体系结构的发展中，信息安全与隐私保护是至关重要的，采取先进的加密和安全技术，保障交通数据和个人信息的安全性。同时，建立适当的隐私保护措施，确保用户的信息不被滥用。

灵活性和可扩展性也是智能交通系统体系结构的重要特点，不同地区、不同场景的需求各有不同，系统将提供更多可配置的模块和服务，便于满足各种需求和适应各种应用场景。智能交通系统体系结构将与智能城市体系相互融合，形成一体化智慧城市，智能交通系统作为智慧城市的重要组成部分，将与其他智慧城市子系统（如智能能源、智能环保等）无缝连接，共同构建智慧城市的未来。

服务优先是智能交通系统体系结构发展的重要理念，用户需求将成为系统设计和优化的重要依据，提供更贴近用户需求的智能交通服务。

智能交通系统体系结构的发展不仅仅局限于国内，也涉及国际合作与标准化。全球范围内的智能交通系统体系结构合作将加强，促进技术和经验的共享，推动全球智能交通技术的发展。

智能交通系统体系结构的发展将持续受到多方面因素的影响，不断融入新的技术和理念，为未来智慧城市的建设和交通运行提供更智能、高效、可持续的解决方案。

第四章　智能交通技术基础

第一节　交通信息采集技术

交通信息采集技术是现代智能交通系统的核心组成部分，涵盖了一系列用于实时收集和分析交通数据的方法和工具。其中包括在路面上安装各种类型的传感器，如电磁、超声、红外或激光传感器，以检测车辆流量、速度和排队情况。视频监控技术也被广泛应用，通过闭路电视摄像机进行实时视频监控，交通管理中心可以方便地监测交通流量和发现任何异常情况。

车载 GPS 定位系统的应用也大大促进了交通信息的采集，车辆可以通过实时定位并将数据上传到中央系统，为交通模式分析和预测提供重要数据。与此同时，车牌识别技术通过捕捉并识别车辆车牌，识别出的信息用于交通流量统计和违规车辆追踪。近年来，浮动车数据采集也逐渐成为一种重要的信息采集手段。通过智能手机等移动设备中的 GPS 和移动通信技术，大量车辆的行驶数据可以实时获取，从而为交通流量分析和预测提供更为准确的实时数据。

这些采集技术共同为城市交通的有效管理提供了强大的支持，使得交通规划更为精确，缓解了城市交通拥堵问题，提高了整体的交通效率。通过对这些数据的智能分析和处理，交通管理部门能够更好地理解交通流动的模式，预测交通趋势，并据此采取相应的措施，实现交通的顺畅流动。

一、交通信息采集内容及特点

交通信息可以根据其变化频率分为静态和动态两种。相应地，交通信息的采集技术也分为静态和动态两大类。

（一）静态交通信息种类及特点

静态交通信息涵盖了城市交通的多个关键方面。

一是城市的基础空间数据，这包括地表模型和高清正射影像，提供了城市的物理外观和地形。

二是城市及其周边的基础地理信息，这些信息展示了城市的路网布局、交叉口的配置以及其他基础交通设施的情况。

三是道路交通网络的基础信息提供了关于道路的详细描述，如道路等级、长度和是否需要收费。

对于那些乘坐公共交通工具的人来说，道路交通客运信息非常关键，它包含了客运班线、票务、市区公交的相关信息以及车站的线路辐射图。此外，还有关于客运企业的详细信息和各种交通换乘点的资料。对于那些选择飞行或乘坐列车、船只的人来说，航班、列车和水运信息提供了必要的出行详情，如出发和到达时间。而对于驾车人士，停车场信息包括了停车场的位置、名称、总泊位数、开闭状态以及当前的空闲泊位数量，这些都是必不可少的。

交通管理信息对于确保交通安全和流畅至关重要，这方面的信息涉及警区的界限、安全界限、警力的分布情况以及各种交通管理岗位和设施。同时，还有交通抽样调查数据，加深了对交通流量和习惯的了解。

这些静态交通信息为城市的交通规划和管理提供了一个全面而翔实的视角，确保城市交通能够高效和安全地运行。

（二）动态交通信息种类及特点

动态交通信息是反映交通状况的实时或近实时数据，它随着时间和路况的变化而不断更新。以下是动态交通信息的种类及其特点。

1. 实时路况数据

这种数据准确地捕捉了道路上的实时交通情况，为用户呈现了车辆的数量、流动速度，甚至特定路段的停滞情况。通过对这些数据的持续监测，可以了解交通流量的高峰和低谷时段，为驾驶员提供更好的出行建议。此外，速度数据可以揭示是否存在超速或低速行驶的情况，这对于交通安全管理至关重要。而拥堵信息则为驾驶员提供了实时的交通预警，使他们能够提前规划路线、避开高峰或选择最佳的出行时间。这种数据为道路使用者和交通管理部门提供了一个全面、实时的交通画像，使他们能够做出更明智、更安全的决策。

特点：实时性强，能够及时反映当前路面的交通状态。

2. 车辆实时位置数据

车辆当前位置主要通过 GPS 或其他先进的位置追踪技术来获取。这些技术能够准确地定位车辆所在的经纬度，并通过信号传输将这些位置数据实时传送给监控中心或车主。通过这种实时追踪，车主可以轻松监控车辆行驶情况，保障车辆安全，并提高车辆调度和运营的效率。同时，这些技术还为车辆保险、紧急救援和防止盗窃等方面提供了有力支持，为现代交通管理和安全提供了宝贵的信息基础。

特点：精确性高，能为导航和紧急响应提供及时的信息。

3. 公交车和出租车运营数据

借助 GPS，用户能够获取车辆的当前位置、行驶路线、预计到站时间以及满载情况等关键信息。这些数据有助于实现对车辆的全面监控和管理，提高运输效率和安全性，并为车队管理者和调度人员提供实时的车辆状态和位置信息，以便做出及时决策和优化运营方案，进一步提升交通物流的效能和服务水平。

特点：提供用户所需的实时信息，帮助用户决策是否等待或选择其他交通方式。

4. 交通事故或施工信息

利用GPS，用户能够获取涉及事故发生的位置、原因、预计延误时间，以及提供替代路线建议，从而为应急救援和交通管理部门提供重要的实时信息，以便及时应对事故，减少交通影响，并确保公众安全和交通畅通。

特点：及时性至关重要，有助于减少交通拥堵和确保驾驶员安全。

5. 电子收费信息

通过实时支付系统，如电子收费技术，能够方便地获取高速公路通行费或停车费的实时支付情况。这种先进的支付方式可以实时记录车辆通过收费站或停车场的信息，并自动扣除费用，提高交易效率，减少交通堵塞，为用户带来便利，同时为交通管理部门提供精确数据以优化收费系统和道路规划。

特点：为交通管理部门提供即时的收费数据，同时帮助驾驶员了解费用情况。

6. 驾驶行为数据

通过车辆内置传感器和监控技术，我们可以实时获取驾驶员的驾驶习惯、车辆速度以及其他相关行为数据。这些数据可以包括急加速、急刹车、超速行驶等信息，帮助驾驶员评估驾驶安全性和车辆性能，并为驾驶员提供有关驾驶行为的反馈，从而促进驾驶行为的改善和道路安全的提升。此外，这些数据还可用于车辆保险评估和车辆运营管理等方面。

特点：有助于交通安全分析和未来的交通规划。

动态交通信息的主要特点是实时性和快速反应性。这些信息能够为驾驶员、乘客、交通管理者和其他相关方提供及时、准确的数据，帮助他们做出更好的决策，确保交通流畅并提高道路安全。

二、环形线圈检测器

环形线圈检测器是基于电磁感应原理的交通检测设备，目前在交通领域被广泛应用并具有高准确率。其传感器是一个埋在路面的带有交变电流的线圈。当车辆经过或停在该线圈上，会引起线圈电感的变化，从而使检测器能够侦测到车辆的存在。

（一）检测电磁量变化的方法

一种方法是通过相位锁存器和相位比较器来检测相位变化以确定车辆的经过和存在；另一种方法则是侦测环形线圈耦合电路的振荡频率来识别车辆的经过和存在。

（二）环形检测线圈的优点

该技术成熟、价格适中，且能够抵御外部环境和天气的影响，具有出色的抗干扰性能。其检测的交通参数准确率接近98%，表现稳定可靠，且故障率很低。

（三）环形检测线圈的缺点

1. 影响通行

在安装或维修线圈时，需要将其埋入车道，导致临时交通中断；此外，埋置线圈的位置可能使路面变薄并容易受损，特别是在受信号控制的十字路口，车辆的启动或制动可能加剧路面的损害。

2. 易受自然环境影响

感应线圈是一个敏感的交通检测设备，但它在某些自然环境下可能受到干扰。例如，在冰雪天气时，路面结冰可能对线圈的检测能力产生不良影响。当路基发生下沉，线圈与路面的相对位置可能改变，从而影响其准确性。此外，像盐碱这样的化学物质可能对线圈造成腐蚀，降低其使用寿命和检测效率。因此，尽管感应线圈在大多数环境中都能可靠地工作，但在遭遇特定的自然情境时，它的性能可能会受到影响。

3. 准确度不够

感应线圈是基于特定的测量原理设计的交通检测工具。然而，在实际应用中，它也存在一定的局限性，特别是在车流高峰期或拥堵状态下，车辆之间的距离可能缩短到小于 3 m。在这样的情况下，线圈的检测精度会明显降低。车间距的缩小可能导致线圈难以区分相邻的车辆，造成其准确性降低。在极端情况下，当车辆过于密集，感应线圈可能完全无法进行有效检测，这无疑对交通管理带来了挑战。

4. 对厂家产品的灵敏度要求较高

某些厂家的产品缺少逻辑识别线路功能，因此无法正确处理跨车道行驶的车辆。这要求在硬件上调整灵敏度或在软件上添加逻辑识别特性。

检测器的正常运作主要依赖其连接的感应线圈，线圈的关键参数包括材料、形状、尺寸和施工质量，相关的检测器布置图可以参考图 4-1。

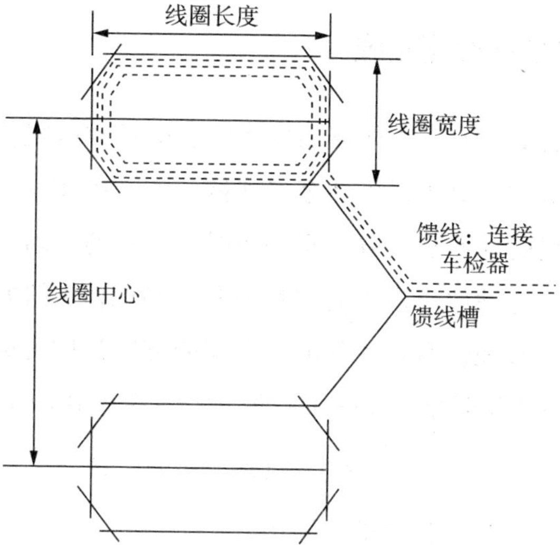

图 4-1　检测器布设结构示意图

检测器连接线圈后通电即可进入正常工作，可自动检测线圈是否正常连接，以及线圈的电感参数，并设定初始频率。

工作中实时监测线圈振荡频率。线圈地面埋设剖面示意图如图 4-2 所示。

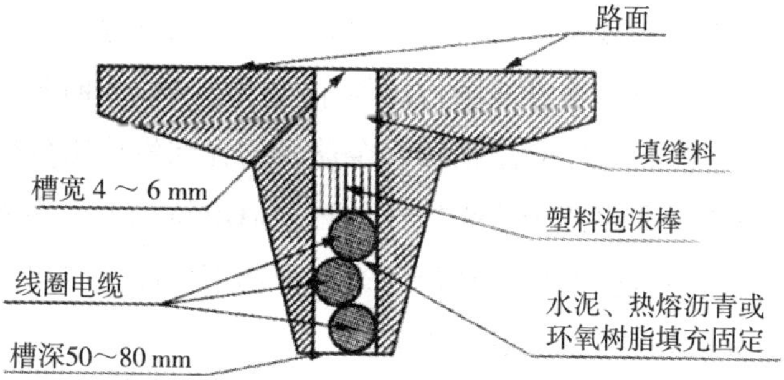

图 4-2　线圈地面埋设剖面示意图

三、地磁车辆检测系统

当对通电的金属或半导体施加磁场时，会导致电阻值发生变化，这被称为磁电阻效应。对于强磁性金属如铁、钴、镍及其合金，当外部磁场的方向与金属的内部磁化方向不一致时，金属的电阻会减少，这是异向性磁阻效应。这种效应表现为线性变化，与电流 I 的方向和磁化强度 M 的方向的夹角有关，而导致磁电阻效应的方向被称为敏感或磁感应方向，其中，电阻变化明显。如图 4-3 所示。其关系式如 4-1 所示。

$$\rho(\theta)=\rho_1(\theta)+\left(\rho_2-\rho_1\right)\cos^2\theta \tag{4-1}$$

式中，ρ_2 为电流 I 垂直于 M 的电阻率。

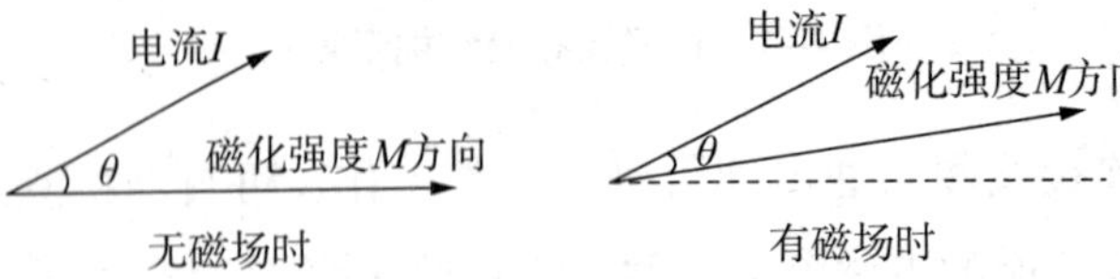

图 4-3　异向磁阻效应原理图

地球被一层强度为 0.5~0.6 Gs 的磁场包围，称为地磁场，它从北指南并在大范围内均匀分布。当大的铁磁物体经过这个磁场时，会导致磁场畸变。这种变化可以通过磁阻传感器来检测，从而判断是否有铁磁物体干扰磁场。地磁传感器利用铁镍合金薄膜的异向性磁阻效应来检测地磁场变化。该传感器由四个磁阻组成的惠斯通电桥构成，当磁场发生变化时，电桥的电阻也会变化，从而通过信号调理电路反映出磁场的强度和方向。内部电路原理如图 4-4 所示。

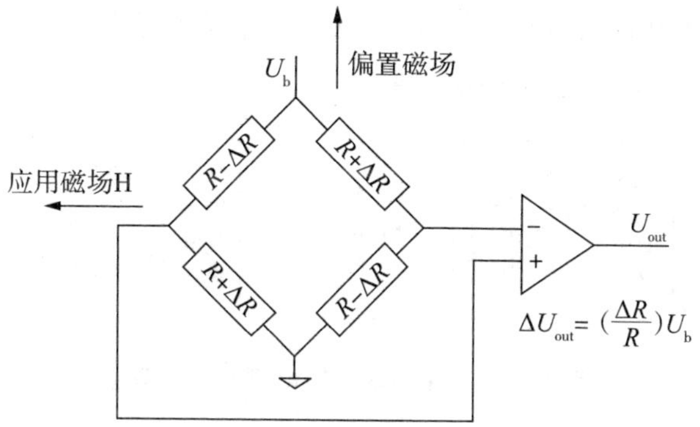

图 4-4　AMR 传感器的检测电路原理示意图

检测器的工作电源为 U_b，当有铁磁性物体通过检测器所在的特定区域时，相当于在电桥上施加了一个偏置磁场，使得 2 个相对放置的电阻条的磁化方向朝着电流方向转动，引起电阻阻值的增大；另外 2 个相对放置的电阻条的磁化方向背着电流方向转动，引起电阻阻值的减小，这样打破了惠斯通电桥的平衡，并将磁场的变化转换成差动输出电压，该输出电压 U_{out} 如关系式 4-2 所示。

$$U_{out}=\frac{\Delta R}{R}U_b \tag{4-2}$$

式中，R 为薄膜电阻；$\Delta R/R$ 为阻值的相对变化量；U_b 为传感器工作的电压。

通过放大和处理电桥的输出信号，可以获取传感器所感知的磁场变化信息。车辆可以被视为一个大的铁磁体。利用地下的单轴地磁传感器，可以检测车辆是否经过。当车辆靠近地磁检测器的区域时，地球的磁力线会被挤压和聚合，随着车辆的移动，磁力线从收缩状态逐渐发散，导致地磁场信号的变化。

地磁车辆检测器使用 AMR 磁阻传感器来探测车辆对地磁场的扰动。通过分析这些磁场变化，可以确定车辆的存在和其运动方向。进一步地，通过深入分析这些磁场扰动，还能实现车型的识别。图 4-5 展示了无线地磁车辆检测的工作原理，它利用 AMR 惠斯通电桥来捕捉磁场的变化，经过信号调理电路后，由处理器进行信号采集和逻辑分析，最后通过射频设备发送检测信息给无线接收器。

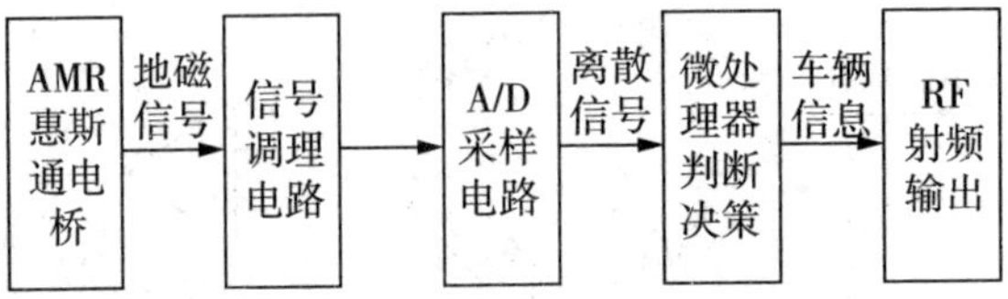

图 4–5　无线地磁车辆检测原理示意图

无线地磁车辆检测器安装使用简便，对地面损害少，能节约布线的施工费用。它具有防水、防雪、防腐和强抗干扰的特性，即使在雷雨天也能正常工作。

STF1000 是一款地埋式的无线地磁车辆检测系统，它可以替代传统的线圈型车辆检测器并能检测和统计车流信息。当车辆经过检测区域时，设备感应到周围磁场与地磁场的变化从而识别车辆的流动。接收器接收到的信号会传给系统以完成车辆的检测。这种检测器安装无须布线，不需要外部电源，施工过程简单，并具有在各种气象条件下进行交通信息收集和处理的能力。

地磁式车位检测器可以探测车位的地磁信号，从而获取车位的状态，并通过无线传输把这些信息发送至上层系统。这种检测器使用电池供电，并采用优化的通信协议和检测方法来减少能耗，从而增加电池寿命。由于其无线通信和电池供电特点，该检测器避免了大量布线，简化了停车场的安装过程。

检测模块外壳采用坚韧的 ABS 树脂材料，能够承受汽车碾压，同时在防水、防尘、防盗方面进行了相应处理，安全可靠，地埋式无线地磁车辆检测系统结构说明图如图 4–6 所示。HMC1002 是两维磁阻微电路，是封装在小型集成电路的双磁场传感器。两个传感器的敏感方向互相垂直。传感器 A 感应与外封装的长边方向平行的磁场，传感器 B 感应与外封装的长边方向垂直且与表面平行的磁场。在外磁场的作用下，磁阻的变化引起输出电压（OUT + 和 OUT- ）的变化，并直接表示磁场的强度。传感由 4 个 800~900 n 的磁阻臂组成惠斯通电桥，在 ± 2Oe 的范围内具有灵敏度为 2.6 mV/V/Oe 的线性输出，电桥的噪声密度在 1 Hz 以上为 25 nV/Hz。

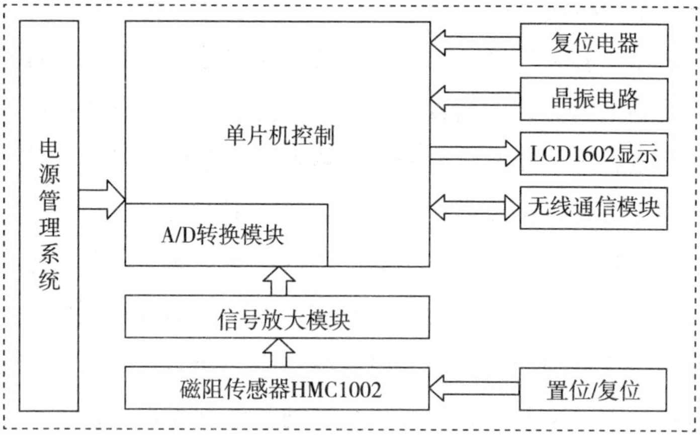

图 4-6　地埋式无线地磁车辆检测系统结构说明图

四、波频车辆检测器

波频车辆检测器是一种利用电磁波来检测车辆存在的设备，通过分析反射回的电磁波变化来确定车辆的位置和速度。

（一）超声波车辆检测器

超声波车辆检测器是一种利用超声波技术实现车辆检测与跟踪的装置。它通过发射超声波脉冲并根据其反射时间来计算目标车辆与检测器之间的距离，从而实现对车辆的定位和跟踪。这种技术被广泛应用于停车场管理、交通流量监控、智能交通系统等领域，其工作原理和应用价值使其成为现代城市车辆管理的重要工具。

超声波车辆检测器主要由超声波发射器、接收器、信号处理单元和数据输出单元等组成。发射器发出高频率的超声波脉冲，当这些脉冲遇到障碍物（如车辆）时会被反射回来，接收器接收并记录下这些反射信号。通过计算脉冲的发射和接收时间差，可以精准地确定车辆与检测器之间的距离。

超声波车辆检测器具有多种优点。一是它的工作原理简单且成本相对较低，适用于各种环境。二是超声波在大多数天气条件下都能正常工作，不会受到雨雪等自然因素的干扰。三是超声波检测器可以实现高精度的距离测量，对于需要精确控制车辆停车位置的场景尤为重要。它还可以实现实时监测和数据采集，为交通管理和规划提供有力支持。

在停车场管理中，超声波车辆检测器能够帮助车辆驶入停车位并精确停靠，减少了停车过程中的碰撞风险，提高了车位利用率；在交通流量监控方面，这种检测器可以实时监测道路上的车辆数量和流量，为交通管理者提供准确的数据，从而优化交通流畅度和道路设计。然而，超声波车辆检测器也存在一些限制。由于其工作原理的特殊性，可能在某些情况下会受到物体形状和材料的影响，导致距离测量误差。此外，超声波的传播速度受温度和湿度等因素的影响，可能会造成测量的不稳定性。

超声波车辆检测器作为一种重要的交通管理工具，在现代城市交通管理中发挥着关键作用。其简单的工作原理、可靠的性能和广泛的应用领域使其成为提高交通效率、优化城市交通规划不可或缺的技术之一。随着科技的不断进步，超声波车辆检测器有望在未来进一步完善和发展，为城市交通管理带来更多便利。

（二）红外检测器

反射式检测技术是一种广泛应用于交通监控领域的先进技术，该技术的核心构件是由红外发光管和红外接收管组成的探头。其操作原理基于调制脉冲发生器产生的调制脉冲，这些脉冲经由红外探头辐射到道路上，当车辆穿过时，红外线脉冲会从车辆表面反射回来，被探头中的接收管捕获。随后，经过红外解调器的解调处理，所获取的反射信号被传送至后续处理阶段，在后续处理中，信号经过选通、放大、整流以及滤波等处理，最终触发驱动器输出一个精确的检测信号。这个信号能够有效地指示车辆是否经过探头区域。

反射式检测技术的高效性和精准性使其在交通流量监测、信号控制和智能交通系统等领域得以广泛应用。其基于红外原理的工作机制，使得它能够在各种天气条件下稳定运行，为交通管理和道路安全提供了可靠的支持。

红外检测器系统工作示意图如图 4-7 所示。

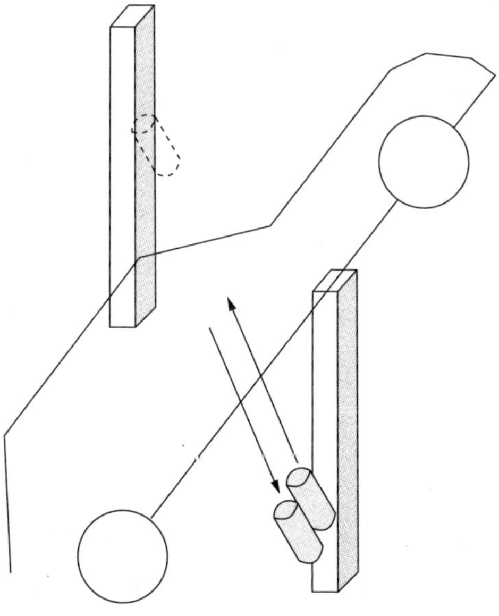

图 4-7　红外检测器的系统工作示意图

红外检测器具有许多优点。一是红外光在大多数天气条件下都能正常工作，不受雨雪等自然因素的干扰。二是红外检测器的响应速度非常快，能够在瞬间感知到车辆的存在，因此在需要实时监测车流情况的场景中特别有效。三是红外检测器也适用于各种不同形状和大小的车辆，具有一定的适应性。

然而，红外检测器也存在一些限制，它对于光照条件的要求较高，强烈的阳光或其他强光源可能会影响检测器的性能；由于红外光在传播过程中可能受到物体的遮挡或反射，因此在一些特殊情况下，可能会产生误判或漏检。

红外检测器在交通管理和停车场管理中发挥着重要作用，在交通管理方面，它可以用于交通信号灯的车辆检测，确保信号灯能够根据实际情况进行调控，优化交通流畅度；在停车场管理中，红外检测器可以实时监测车位的占用情况，提供精确的停车信息，帮助司机快速找到可用的停车位，提高车位利用率。

（三）微波车辆检测器

微波车辆检测器主要由微波发射、接收探头及其控制器、调制解调器等组成，一般采用侧向安装模式。

微波车辆检测器是一种高效的交通监测技术，其工作基于发射与接收微波信号的原理。通过发射中心频率为 10.525 GHz 或 24.200 GHz 的连续频率调制微波，该技术在道路表面创建一个微波带，其宽度在 3 到 4 m，长度则可达 64 m。这个微波投映区域具有精确的尺寸，旨在有效地覆盖车辆通行的路径。

当车辆通过微波投映区域时，车体与微波产生互动，引发微波信号的反射。这些反射信号由微波车辆检测器的接收器捕获。检测器随后分析接收到的反射微波信号，并计算接收频率和时间的变化参数。通过对这些参数的分析，系统能够精确地推断车辆的速度、长度等重要信息。微波车辆检测器在交通管理和智能交通系统中有着广泛的应用。其非接触性质使其能够在各种天气和光线条件下运行，具有高度稳定性。此外，其覆盖范围宽广，能够同时监测多条车道，提供准确的交通流量和车辆行驶状态数据，有助于实时交通流管理和拥堵减缓。

微波车辆检测器通过利用微波信号的发射与接收，实现了对车辆通行信息的高效捕捉和分析，为交通系统的优化和改进提供了重要的支持。

微波车辆检测器具有许多优点，使其在交通监测和管理领域得到广泛应用。以下是一些主要的优点。

高精度：微波车辆检测器能够准确地捕捉车辆的速度、长度、方向等信息，提供高精度的数据用于交通流量分析和管理。

具有非接触性：与传统的传感器不同，微波车辆检测器通过微波信号的反射来感知车辆，无须直接接触车辆，减少了车辆损坏和维护的可能性。

适应性强：微波技术在各种天气条件下都能够正常工作，不受雨、雪、雾等因素的影响，保证了持续稳定的监测性能。

能够多车道监测：一台微波车辆检测器可以同时监测多条车道，提供更全面的交通流量和车辆状态信息。

具有实时性：微波车辆检测器能够即时捕捉车辆通过的信息，并将数据实时传输给交通管理系统，支持快速的交通控制和决策。

低能耗：微波车辆检测器通常采用低功率微波发射，使其在长时间运行时能够保持低能耗。

长寿命：由于其非接触性和低能耗特点，微波车辆检测器具有相对较长的寿命，减少了设备更换和维护成本。

易于安装：微波车辆检测器通常采用侧向安装模式，安装相对简便，不会对道路造成过多干扰。

数据多样性：除了基本的交通流量数据，微波车辆检测器还能够提供车辆分类、轴重等更多细致的数据，为交通管理提供更全面的信息支持。

微波车辆检测器在准确性、可靠性、适应性等方面都具备显著的优势，使其成为现代交通监测和管理中不可或缺的重要工具。

五、视频交通车辆检测系统

（一）视频交通车辆检测系统基本原理

视频交通车辆检测系统是利用图像处理技术实现对交通目标检测的计算机处理系统。该系统以视频检测方式覆盖多个车道，通过实时检测道路交通状况与交通目标，自动统计行驶机动车数量、计算车速、车头时距、排队长度，并识别车辆类别等参数。从而监测道路状况，及时检测交通拥堵、红灯追尾、违法停车等事件，适用于公路交通量调查、信号配时、旅行时间检测等智能交通领域。

传统的车辆统计视频算法主要采用虚拟检测线或线圈方法和目标跟踪方法。这些方法通过摄像机在视频中设置检测区域，当车辆经过时，背景的灰度值会变化，表示车辆的通过。这种变化在数字化处理后可提供各种交通数据，如车型、车流量和车速等。运动车辆的视频检测是运动目标检测的一部分，其中有许多已知的理论和方法，如光流法、帧间差分法和背景差分法。但在交通视频检测中，背景差分法是主要的技术，因为它简单且易于实现。该方法通常使用固定摄像头，并包括四个主要步骤：预处理、背景建模、运动目标检测和形态学处理。算法流程图如图 4-8 所示。

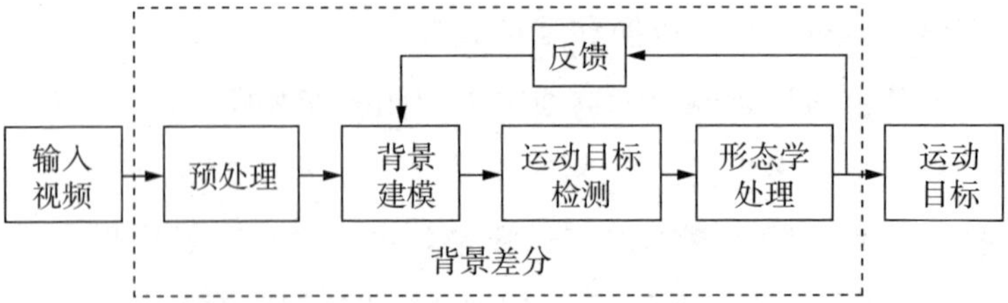

图 4-8　背景差分法流程图

为应对假牌和套牌车辆带来的安全隐患，我们需通过车牌号和车辆特征（如颜色、品牌和型号）与车驾管数据库进行信息匹配。通过对交通监控、卡口以及闯红灯捕捉的视频进行图像处理分析，实现车辆的目标检测和识别。这有助于打击此类违法行为。

比如，牌照识别是以汽车牌照为特定目标，应用计算机视觉和模式识别技术在智能交通系统领域应用的重要研究课题之一，识别过程主要包括车牌定位、车牌字符分割和车牌字符识别三个关键环节。

其识别流程如下。

1. 图像采集

利用高清摄像设备对车辆卡口通行和违规行为进行实时、连续的抓拍和记录。这种技术能够确保对车辆的清晰捕捉，包括过车瞬间和违章动作，为监管和证据收集提供可靠支持。

2. 对采集到的信息进行预处理

确保车辆识别的准确性与效率，关键在于优化高清摄像抓拍主机的图像质量。为此，必要的图像处理步骤是不可或缺的，通过噪声过滤、自动白平衡、自动曝光以及伽马校正，可以消除图像中的干扰因素，确保图像色彩和亮度的准确还原；通过边缘增强可以提升车辆轮廓的清晰度，有助于精准识别；对比度调整可以增强图像细节，使车辆特征更加显著。综合这些处理步骤，能够最大限度地提升图像质量，为车辆识别与违规行为监测提供可靠的基础。

3. 车牌定位

车牌定位的准确性对后续的字符分割和识别有直接影响，是决定整体车牌识别效果的关键环节。核心方法是基于纹理特征的分析定位。在对图像进行预处理后，对灰度图像进行行列扫描，首先确定可能存在车牌的列方向的候选区域，并确认这个区域的起始行坐标与高度。接着，对这个候选区域再进行列扫描，确定列坐标和宽度。这样就可以确定一个车牌的位置，进而实现对图像中所有车牌的定位。

4. 字符分割

在图像中成功定位车牌后，采用灰度化、灰度拉伸、二值化和边缘化技术来更精确地确定字符位置。接着，利用字符的尺寸特点，使用动态模板法进行字符分割，并对字符大小做归一化处理。

5. 字符识别

对已分割的字符进行缩放和特征提取，获取其特定的表现形态。然后，利用分类函数和规则，与字符数据库中的标准模板进行匹配，从而实现字符图像的识别。

6. 结果输出

车牌识别技术通过分析图像中的车牌区域，定位并识别出车牌上的各个字符。经过灰度化、特征提取和匹配等一系列精密的处理步骤后，系统成功解读了车牌信息，为了方便用户查看和进一步应用，这些解析出的车牌数字和字母将被整合并转化为文本格式。这种文本化的输出方式不仅便于存储和查询，而且可以轻松地与其他系统或应用进行集成，为后续的数据处理和分析提供基础。

（二）工作特点

优点：视频检测器通过高处摄像机捕捉大范围视图，仅通过监视器上设置虚拟检测点即可检测变化，同时提供实时视频图像。它允许用户根据需要移动检测线圈，并具有直观、可靠、安装与维护简便、价格合理等优点。在测速和交通量计数方面，其精度维持在较高水平：测速精度通常在 95% 以上，交通量计数精度约为 98%。

缺点：视频检测器易受恶劣天气、灯光和阴影等外部条件干扰，汽车的移动阴影也会导致误判，因此，视频交通车辆检测的精度仍需进一步优化。

六、计重检测器

计重收费系统是采用电子称重收费系统，根据车辆的载荷对公路磨损程度大小来确定收取车辆通行费的费额，然后根据通行车辆的车货总质量收取通行费，多拉多交，少拉少交，超限罚款，体现公平合理的原则，有效制止车辆的超限运输，对道路所造成的破坏也有所缓解。

通过位于收费车道前的秤台式动态称重系统，车辆的多种信息如质量、轴重、车型、速度等被采集并传送至中央控制计算机。该系统会基于车型和车重判断是否需要收费或是否超载，进而计算费用或发出超载警告。此外，系统还具备数据打印功能，并可根据货车实际重量计算通行费。

图 4-9 是专门用于高速公路收费站对过往车辆按总重划档的收费系统场景图。

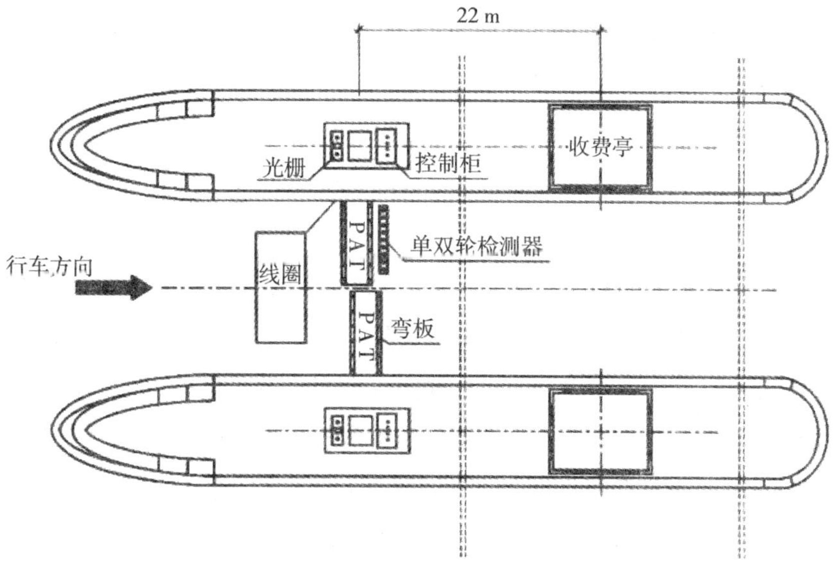

图 4-9　高速公路收费站计重收费系统

图 4-10 是计重收费系统结构布设示意图。

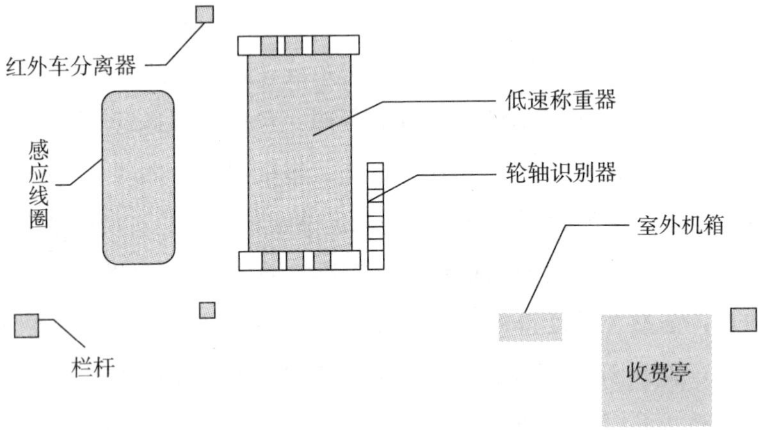

图 4-10　计重收费系统结构布设示意图

缺点：

在计重收费系统基础施工过程中，常出现基础设施的故障。动态汽车使用时，经常存在一个问题：同一车辆在同一秤台上多次称重，但数据之间的差异很大，出现明显的超出正常范围的情况。此外，车辆信息的丢失是计重收费系统的一个普遍问题，通常导致收费机上无信息显示，无法正常提供数据给收费人员。一旦出现此类问题，其他车辆的录入信息也可能丢失，这会直接降低收费数据处理的效率。

DAW100 称重系统是由徐州派特控制技术有限公司基于加拿大 IRD 公司的 PAT 产品在动态称重方面的经验，并结合我国的道路和收费站情况而开发的，该系统特别适合我国的实际情况。DAW100 称重系统由两块 WPS155 动态弯板式称重传感器（超宽车道则用 WPS175）、一个线圈、一套红外线车辆分离器、一个轮胎识别器和一个中心处理器组成。

弯板式称重传感器主要用于车轴的称重、速度测定和轴型的判断。

红外线车辆分离器负责车辆的分离，并提供开始和结束的信号。

线圈主要负责测速和检测倒车，结合红外线分离器，可以判断非车辆物体或人的通过情况，以降低错误率。

轮胎识别器主要负责检测每轴通过的轮胎数量。

中心处理器处理来自各传感器的信号和数据，并通过通信将相关数据传送给收费计算机。

根据客户需求，可以为他们定制上位机软件。该软件能显示车辆的详细信息，并提供车辆数据分析、统计查询及报表打印功能。

DAW100 称重系统构成示意图如图 4-11 所示。

DAW100 称重系统位于收费车道的入口或出口，是一个完备的、能够独立运行的子系统。由于收费车道内的车辆行驶情况复杂（如加速、减速、倒车），称重系统与收费软件需基于单辆车的流程进行交互。这意味着系统不仅要处理各种行驶情况，还必须确保精确地捕获每一辆车的数据，并确保数据在两个系统间完整匹配。

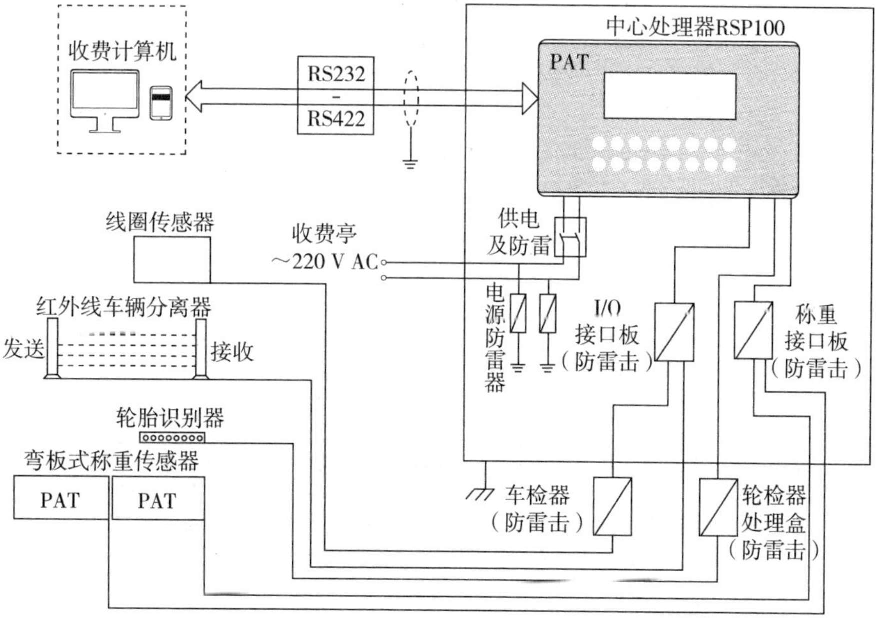

图 4-11　DAW100 称重系统构成示意图

系统设计确保了与收费软件的无缝集成。车道称重系统准确地检测每辆车，并按照先进先出（FIFO）方式在控制器中保存最多 10 组数据。根据收费系统的请求，车辆数据逐一发送，收费软件进行匹配并完成后续的报警任务。如果出现数据不匹配，收费系统可以调整称重系统的缓冲区，确保数据对应恢复正常。基本工作流程如图 4-12 所示。

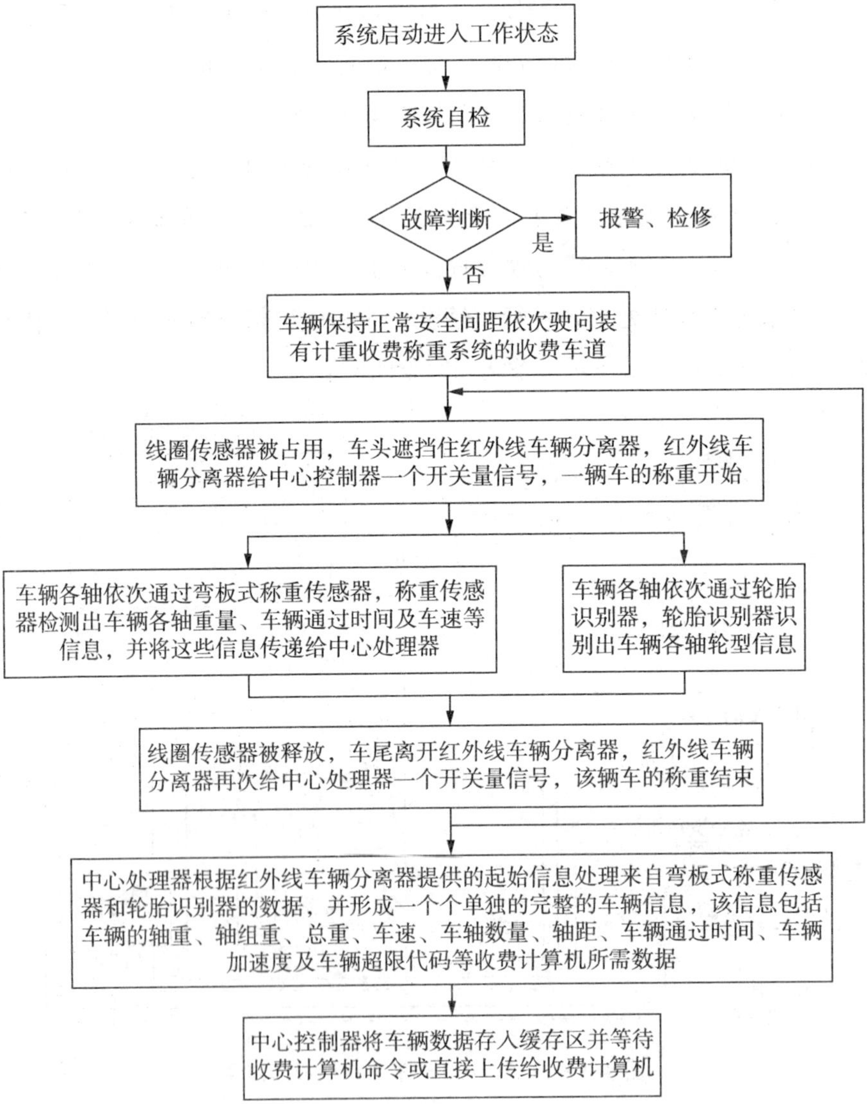

图 4-12　DAW100 称重系统基本工作流程图

DAW100 称重系统采用的是整体式弯板传感器，其特点如下。

（1）使用特殊合金材料成功解决了由非周期性交变应力引起的疲劳损伤，从而确保使用寿命超过 10 年。在交通领域，该产品的使用年限已经超过了 25 年。

（2）通过合理的弯板交错布置，能够有效解决车辆排队、完全倒车和不完全倒车等常见问题。该设计适用于速度范围为 0~30 km/h 的低速系统，但最大可以承受 200 km/h 的通过速度。

（3）两块交错布置的弯板宽度分别为 1550 mm 和超宽车道的 1750 mm，确保覆盖全部路面。这避免了因车辆偏离、轧边、不完全压实和跳跃引起的计量误差，保障了称重的精确性，并减少了车辆高速通过时对设备的冲击损害。

（4）弯板的行车方向宽 508 mm，能完整捕获车轮的重量信号曲线，这是直接检测，而不是像条状传感器的间接检测。这种设计不仅确保了 95% 以上的称重准确性，避免了轴丢失和多轴问题，还能检测车轮的动态、静态以及加速和减速情况，确保在速度变动时的测量精确性。

（5）整体式的弯板传感器不含机械部分，这避免了车辆过车时可能对机械造成的损害，大大减少了常规的维护和保养需求。

（6）在施工中，弯板式称重传感器首先设置弯板框架并与路面固定，接着将弯板安装于框架内。这种设计减少了路面变形的影响，避免了因形变导致的损伤，延长了使用寿命，并便于后续的维护和更换。

（7）弯板式称重传感器的表面采用了先进的硫化橡胶密封技术处理，这种处理方式为传感器提供了一个坚固的保护层。该技术能够确保防水性，无论是暴雨还是洪水，它都可以有效地防止水分渗入传感器内部。另外，这种处理方式还具有防尘功能，即使在多尘或沙尘暴环境中也能够有效保护设备。为了应对各种恶劣的气候条件和环境，传感器表面还具有防盐和防腐蚀的特点，这意味着在沿海或盐雾强烈的区域，传感器也能够长时间保持其最佳工作状态，不会因为盐分或其他腐蚀性物质而受到损害。

七、全球定位系统

全球定位系统（GPS）是一种通过一组卫星提供准确时间和空间信息的技术，用于在地球上确定位置、导航和定位的系统。

（一）天球坐标系

通常情况下，天球坐标系分为直角坐标系和天球球面坐标系两种。

天球空间直角坐标系的定义：地球质心 O 为坐标原点，Z 轴指向天球北极，X 轴指向春分点，Y 轴垂直于 XOZ 平面，与 X 轴和 Z 轴构成右手坐标系。则在此坐标系下，空间点的位置由坐标（X，Y，Z）来描述。

天球球面坐标系的定义：地球质心 O 为坐标原点，春分点轴与天轴所在平面为天球经度（赤经）测量基准——基准子午面，赤道为天球纬度测量基准而建立球面坐标。空间点的位置在天球坐标系下的表述为（r，α，δ）。

天球空间直角坐标系与天球球面坐标系的关系如图 4-13 所示。

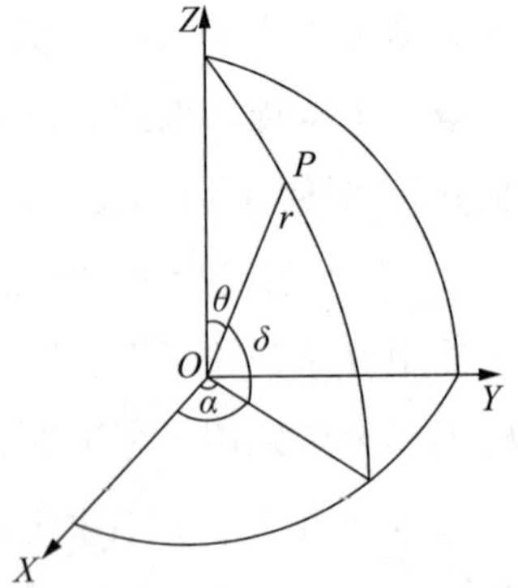

图 4-13　天球直角坐标系与天球球面坐标系示意图

对同一空间点，天球空间直角坐标系与其等效的天球球面坐标系参数间的转换关系：

$$\left.\begin{array}{l} X = r\cos\alpha\cos\delta \\ Y = r\sin\alpha\cos\delta \\ Z = r\sin\delta \end{array}\right\} \left.\begin{array}{l} r = \sqrt{X^2+Y^2+Z^2} \\ \alpha = \arctan(Y/X) \\ \delta = \arctan\left(Z/\sqrt{X^2+Y^2}\right) \end{array}\right\}$$

（二）地球直角坐标系的定义

地球坐标系通常有两种几何表达方式，一种是地球直角坐标系，另外一种是地球大地坐标系。

地球直角坐标系，通常被称为地心坐标系或地固坐标系，是一个用来描述地球上或其附近对象位置的坐标系。这个坐标系的定义如下：

原点 O：坐标系的原点是地球的质心。

X 轴：通常指向一个特定的参考点，如格林尼治子午线上的某个点。在某些版本的地球直角坐标系中，X 轴可能指向从地球质心出发，穿过格林尼治的方向。

Y 轴：通常在地球的赤道平面上，并垂直于 X 轴。这意味着如果 X 轴指向格林尼治，则 Y 轴大约指向东经 90° 的方向。

Z 轴：垂直于地球的赤道平面，通常指向北极。

一个对象在这个坐标系中的位置可以用 X、Y 和 Z 三个坐标来描述。这个坐标系是固定在地球上的，因此它随着地球的自转而旋转。地球直角坐标系和地球大地坐标系如图 4–14 所示。

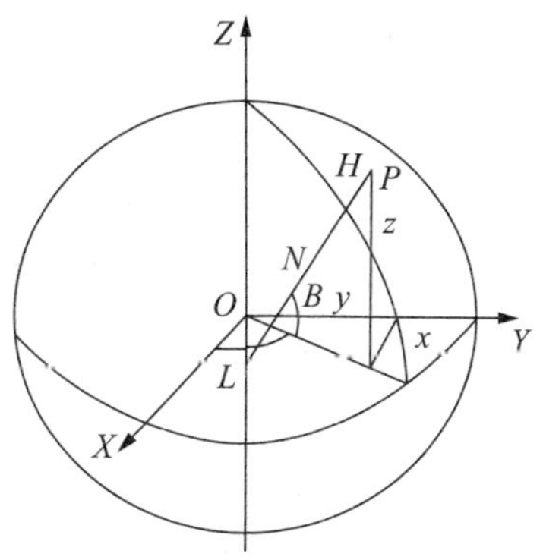

图 4–14　地球直角坐标系和地球大地坐标系

对同一空间点，地球直角坐标系与地球大地坐标系参数间的转换关系：

$$\left.\begin{aligned} X &= (N+H)\cos B\cos L \\ Y &= (N+H)\cos B\sin L \\ Z &= \left\{\left[N\left(1-e^2\right)+H\right]\sin B\right\} \end{aligned}\right\}$$

$$\left.\begin{aligned} L &= \arctan(Y/X) \\ B &= \arctan\left(Z(N+H)/\left(\sqrt{X^2+Y^2}\left(N\left(1-e^2\right)+H\right)\right)\right) \\ H &= Z/\sin B - N\left(1-e^2\right) \end{aligned}\right\}$$

式中，N——该点的卯酉圈曲率半径，$N = a/\sqrt{1-e^2\sin^2 B}$；

a，e——该大地坐标系对应椭球的长半径和第一偏心，$e^2 = \left(a^2-b^2\right)/a^2$。

（三）GPS 的组成

GPS 是一个全球导航卫星系统，它通常包括以下三个主要部分。

1. 空间部分

这部分由多颗卫星组成，它们围绕地球运行在精确的轨道上。这些卫星持续发出射频信号，每颗卫星的信号都包含了卫星的位置和发射时间信息。为了确保全球覆盖，GPS 系统至少需要 24 颗工作卫星，它们被均匀地分布在六个轨道平面上。

2. 控制部分

这部分由一系列地面站组成，这些地面站跟踪卫星、校准它们的时钟，以及维护卫星轨道信息。这个信息被传送到卫星，随后卫星再将这些信息广播给 GPS 接收器。控制部分确保整个系统的精确性和可靠性。

3. 用户部分

用户部分是指 GPS 接收器，这些接收器可以是手持设备、手机、汽车导航系统、飞机导航系统等。接收器捕捉从卫星发出的信号，然后计算它与至少四颗卫星的距离，从而确定其在三维空间中的精确位置（纬度、经度和高度）及时间。

通过这三个部分的合作，GPS 系统能够为用户提供全球范围内的定位、导航和计时服务。

GPS 接收机是 GPS 系统中的用户设备部分，其核心功能是捕获和跟踪选定的卫星信号，当接收到信号后，它能够测量从接收天线到卫星的伪距离及其变化率，并解调卫星的轨道参数。基于这些数据，接收机内的微处理计算机可以计算用户的位置，包括经纬度、高度、速度和时间。完整的 GPS 用户设备包括接收机的硬件、内置软件以及后处理软件包。GPS 接收机主要由两部分组成：天线单元和接收单元。它通常有两种电源——机内和机外电源，目的是在更换电源时保持连续观测，并在断电时保护数据不丢失。随着技术的发展，接收机变得越来越小巧、轻便，适合野外使用。尽管有单频和双频两种接收器，但由于成本，大多数普通用户更倾向于购买单频接收器。

（四）GPS 的工作原理

全球定位系统是一个复杂的卫星导航系统，能够为全球范围内的用户提供位置、速度和时间信息，它的工作原理基于时间、卫星的已知位置和信号传播时间的测量来确定用户的位置。在空中，至少有 24 颗 GPS 卫星在特定的轨道上围绕地球运行。每颗卫星都配备了一个高度精确的原子时钟，并持续发射包含其当前时间和位置的信号。这些信号以光速传播，覆盖了地球的大部分区域。当用户启动其 GPS 接收机（如智能手机、汽车导航仪或其他设备）时，接收机会开始搜索并捕获来自各个卫星的信号，为了准确地确定用户的三维位置，接收机需要从至少四颗卫星接收到信号。接收器捕获信号后会测量每个信号从卫星发射到被接收的时间差。由于信号的传播速度（光速）是已知的，这个时间差可以用来计算接收器与卫星之间的距离，当收到三颗卫星的信号时，接收器可以使用这些距离和卫星的位置信息进行三角测量，从而确定其在地球上的二维位置（经度和纬度）。当从第四颗卫星接收到信号时，接收器还可以确定其高度。

第四颗卫星的信号不仅提供了空间位置的额外精度，还允许接收器校正其内部时钟的误差，虽然许多现代GPS接收器的时钟已经相当准确，但它们仍然不能与卫星上的原子时钟相匹敌。通过使用第四颗卫星的数据，接收器可以调整其时钟，使其与卫星时间一致，从而进一步提高定位的准确性。除了位置信息外，GPS 还可以提供速度和方向信息。当接收器连续测量其位置时，它可以计算出移动的距离和方向，从而得出速度。

GPS 系统通过测量与卫星之间的距离，结合卫星的已知位置，实现了全球范围内的精确定位。这一技术的成功依赖卫星技术、高速数据处理和复杂的数学计算的结合。

每个卫星的无线传播距离计算公式如下：

$$\left[(x_1-x)^2+(y_1-y)^2+(z_1-z)^2\right]^{\frac{1}{2}}+c\left(v_{t_1}-v_{t_0}\right)=d_1$$

$$\left[(x_2-x)^2+(y_2-y)^2+(z_2-z)^2\right]^{\frac{1}{2}}+c\left(v_{t_2}-v_{t_0}\right)=d_2$$

$$\left[(x_3-x)^2+(y_3-y)^2+(z_3-z)^2\right]^{\frac{1}{2}}+c\left(v_{t_3}-v_{t_0}\right)=d_3$$

$$\left[(x_4-x)^2+(y_4-y)^2+(z_4-z)^2\right]^{\frac{1}{2}}+c\left(v_{t_4}-v_{t_0}\right)=d_4$$

上述 4 个方程式中待测点坐标 x、y、z 和 v_{t_0} 为未知参数，式中，$d_i=c\Delta t_i(i=1,2,3,4)$，$d_i(i=1,2,3,4)$ 分别为卫星 1、卫星 2、卫星 3、卫星 4 到接收机之间的距离；$\Delta t_i(i=1、2、3、4)$ 分别为卫星 1、卫星 2、卫星 3、卫星 4 的信号到达接收机所经历的时间；c 为 GPS 信号的传播速度（即光速）。

4 个方程式中各个参数意义如下。

（1）x、y、z 为待测点坐标的空间直角坐标。

（2）$x_i, y_i, z_i (i=1,2,3,4)$ 分别为卫星 1、卫星 2、卫星 3、卫星 4 在 t 时刻的空间直角坐标；可由卫星导航电文求得 $v_i (i=1,2,3,4)$ 分别为卫星 1、卫星 2、卫星 3、卫星 4 的卫星钟的钟差，由卫星星历提供 v_{t_0} 为接收机的钟差。由以上 4 个方程即可解算出待测点的坐标 x、y、z 和接收机的钟差 v_{t_0}。

（五）GPS 的工作特点

GPS 是一个卫星导航系统，它为全球范围的用户提供了实时的位置、速度和时间信息。以下是 GPS 的主要工作特点。

1. 全球覆盖

借助 GPS 卫星网络的全球布局，无论人们身处地球何处，只需视野无阻，即可接收到不少于四颗卫星发出的信号，因此能够实现高精度定位功能。无论是在遥远角落还是广阔平原，用户皆能借助这项技术确定准确位置。

2. 高精度

凭借多颗卫星数据及精密原子时钟，GPS 可实现米乃至厘米级的定位精度，为用户提供高精度定位服务。通过综合分析多源信号，系统能够准确测算位置，让定位精度达到前所未有的水平，从而广泛应用于导航、地理信息等领域。

3. 实时性

GPS 提供及时的位置信息，使其在导航、追踪及其他即时地理信息需求的应用中具有显著价值。通过实时接收卫星信号并计算位置，用户能够快速准确地确定自身位置，从而实现精准导航和追踪目标，无论是车辆导航、航空飞行，还是物流调度，GPS 的实时性都使其成为现代社会中不可或缺的工具，大幅提高了操作效率和位置感知的精度。

4. 多功能性

除了位置信息，GPS 还能够提供速度、方向、时间等多种数据，为各种应用提供丰富的信息支持。通过跟踪卫星信号的变化，系统能够计算出接收器的移动速度和前进方向，为导航、运输等领域提供实时动态信息。此外，GPS 的精确时间同步也广泛应用于金融、通信、科学研究等领域，确保事件的时间记录精准可靠。综合来看，GPS 不仅仅是位置定位工具，还是一个多功能的数据源，促进了现代社会各个领域的发展。

5. 可靠性

GPS 的构建充分考虑了冗余性，即使部分卫星遭遇故障，系统仍能保持正常运行和定位的高准确性。通过在轨卫星数量的多样性，系统确保了足够数量的卫星可见，即使个别卫星受损，仍有其他卫星补充提供数据。此外，GPS 还能不断监测卫星状态，及时调整信号传输和计算算法，保障用户持续获得稳定可靠的定位服务。这种冗余性设计使得 GPS 在面对挑战时能够保持鲁棒性，确保广泛领域的准确定位需求得以满足。

6. 无须费用

普通用户能够无须付费使用 GPS 接收信号并获得精确位置信息，这促使 GPS 设备及相关应用迅速普及并广泛应用。开放的使用模式不仅推动了技术的创新发展，还为个人、企业以及公共部门提供了精准导航、位置服务等帮助，促进了社会各方面的发展。

7. 兼容性

GPS 技术已融入多类设备，从专业测量器到日常手机和汽车导航，广泛应用。其开放信号标准允许第三方开发者创造多样应用，如地图、位置服务，拓展了技术的用途，满足人们导航、定位等需求。这种融合和开放性促进了创新，使得个人、企业和社会受益，丰富了人们的日常生活和商业活动。

（六）浮动车交通信息采集系统

目前，英国、德国、美国和日本都在积极开展浮动车交通信息采集系统的研发和应用推广。2004 年，北京交通信息中心与美国通用公司合作，完成了针对 2008 年北京奥运会浮动车交通信息采集系统的可行性研究。

2005 年，北京交通研究中心确立了“浮动车交通信息采集系统研究”项目，研究了全面的技术并建设了示范系统。他们确定了所需的浮动车数量，并针对我国复杂的城市路网开发了高效的数据匹配算法，成功解决了复杂地区的匹配问题。这一算法不仅实时高效，匹配准确率达到了 95%，同时，他们还建立了适用于不同数据间隔的速度估算方法，经验证明，其精度超过 90%。利用北京的出租车，他们创建了一个浮动车信息采集示范系统，用于实时路况、评估和出租车运营分析，为交通决策和管理提供了强大的数据支撑。

1. 浮动车交通信息采集系统工作原理

浮动车交通信息采集系统（FCD）是智能交通系统近几年应用的新技术，通过在车上装置如 GPS 的位置感知和如移动网络的通信设备，实时获得车辆的位置、速度和行驶方向等信息，并上传到中央服务器分析。这些数据可以评价交通堵塞情况、优化信号控制和提供实时导航，为城市交通和出行提供准确信息。

浮动车交通信息采集系统是一个创新的交通监测工具，主要通过配备定位和通信装置的车辆（如出租车、公交车、警车）来实时监测道路上的交通流动情况。这些车辆不仅行驶在城市的各个角落，还与交通数据中心进行实时的信息交换。通过这种方式，系统可以准确地收集到各种数据，包括车辆的位置、瞬时速度、行驶方向、运行状态及其他重要参数。这样的数据覆盖面广泛，多样性强且具有很高的准确性。有了这些宝贵的数据，交通管理部门可以更加精确地了解到城市的路网运行状况，及时分析交通拥堵的原因，为交通拥堵提供评价标准，制定疏堵方案，为决策者提供支持，并为公众提供交通诱导服务。这一系统已被广泛应用于交通信息服务、交通管理、交通规划以及相关研究领域。

基于浮动车运行数据进行实时旅行时间和平均速度估计及预测、拥堵状态判断的核心流程如图 4-15 所示。

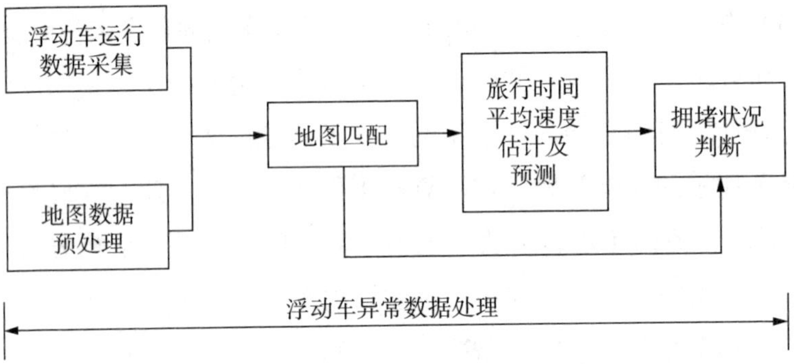

图 4-15　基于浮动车运行数据的旅行时间估计和拥堵状态判断核心流程

2. 浮动车系统采集技术工作特点

浮动车系统受到关注是因为其与传统固定检测方法有显著的不同特点。

（1）覆盖面广的浮动车系统不再局限于传统的点或线的数据采集方式，而是可以覆盖更广阔的区域，实现对整个面的信息收集。这种面向的采集方式大大增强了数据的综合性和完整性，为交通管理提供了更为全面的视角。

（2）投资省。浮动车系统在设计和实施时，通常与调度、诱导系统相结合，这种集成方法使得不同系统之间能高效协同工作。因此，整体投资得到了优化，减少了不必要的资源浪费和重复建设，为项目带来了经济效益，从而大大节约了资金投入。

（3）采集数据多样、准确。浮动车系统采集的数据，如路段的平均车速和旅行时间，为我们提供了宝贵的交通信息。这些信息参数不仅帮助我们深入了解实时的道路运行状况，还能为分析交通拥堵的深层原因提供支持。更进一步，这些数据对于制定交通诱导服务和优化交通流动策略都是无价之宝。

（七）基于电子标签的采集技术

射频识别（RFID）技术是一种先进的通信技术，它允许在没有机械或光学接触的情况下，通过无线电信号识别和读写特定目标的相关数据，这种技术特别适用于跟踪和管理应用，集成电路卡（IC 卡）采用了微电子芯片技术，将其嵌入一个符合 ISO 7816 标准的卡基中，形成了一个卡片状的物体，由于它的无线通信特性，它通常被称为射频卡或电子标签。近距离无线通信技术（NFC）是一种革命性的通信技术，由飞利浦公司和索尼公司共同推出。NFC 基于 RFID 技术，但提供了更多的功能和用途。它不仅支持传统的卡片读取操作，还支持点对点的数据通信，使得两个 NFC 设备可以直接进行数据交换。

NFC 技术为用户提供了一种简单、直观的方式来交换信息、访问内容和服务，特别是在消费电子产品、PC 和智能控制工具中。与 RFID 主要服务于生产、物流、跟踪和资产管理不同，NFC 更倾向于消费端应用，如公交、门禁和手机支付，成为现代生活中不可或缺的一部分。

1. RFID 系统组成

RFID 是一种无线系统，主要由一个阅读器和一个标签组成，用于监控、检测和追踪物体。一个基础的 RFID 系统包含三个核心部分。

（1）标签。标签（Tag，即射频卡）是射频识别系统中的关键组成部分，它由特定的耦合元件和微芯片构成。为了实现与射频天线的无线通信，这些标签配备了一个内置天线。这种天线与卡片内部的 LC 串联谐振电路相结合，使得在接收到读写器发出的特定频率的电磁波时，它可以产生共振。此共振使得电荷在电容内聚集，形成一个电势差。进一步，一个单向导通的电子泵帮助将这些电荷从一个电容传输到另一个电容进行存储。当累积的电荷量达到约 2 V 时，这个电容就可以充当电源，为标签内部的其他电路提供必要的工作电压。这种供电方式不仅允许标签将其内部存储的数据发送出去，还可以接收来自读写器的数据，使得双向通信成为可能。

（2）阅读器。读取设备是专门设计来捕获标签上的信息的工具。在更高级的读写卡系统中，这些设备不仅能读取标签上的数据，还具备将信息写入或修改标签中的数据的功能。这样的双向操作为多种应用提供了更大的灵活性和扩展性。

（3）天线。标签和读取器之间通过射频信号进行通信，当读取器发出一个特定的射频查询信号时，附近的标签会响应这个信号并发回其存储的信息。这种射频通信技术允许数据在标签与读取器之间无线地、迅速地、并在一定范围内有效地传输。

2. RFID 技术的基本工作原理

射频识别技术是一种先进的自动识别技术，通过使用无线电波进行数据通信，实现对附有标签的物体的自动识别和跟踪。RFID 系统的核心包括读取器和标签两部分，当读取器发射一个射频信号时，如果标签进入该信号的有效范围内，标签会被激活，被动式的 RFID 标签不具备内置电源，它们依赖从读取器发出的射频信号中抽取能量进行工作。与之不同，主动式的 RFID 标签配备有自己的电源，因此通常具有更远的工作范围和更大的数据存储能力。当标签被激活后，它会自动将其内部芯片上存储的信息通过无线电波发送回读取器。随后，读取器会将接收到的标签信息传输到后端的数据系统，进行进一步的处理和分析。这种技术的出现为物流、零售和其他多个行业提供了更为高效和准确的自动数据识别和收集方式。

3. RFID 卡分类

（1）按能源供给形式分。射频识别技术是一种自动识别技术，依据能源供应的方式，它可以被细分为无源、有源和半有源三类。无源 RFID 标签从读取器获取其工作所需的能量，通常具有较短的读写距离，并且在经济成本上相对较低。相反，有源 RFID 标签配备了内置电池，从而大大增加了其读写的距离，但这也使得它的成本相对较高，尤其适合于那些需要远距离读写能力的应用场景。此外，半有源 RFID 标签结合了无源和有源的特点，它通常在特定情况下使用内置的能源来增强其性能，填补了两者之间的差距。

车辆电子标识（EVI）是物联网中 RFID 技术的高级应用，针对交通管理进行了专门的优化和细化。这种技术借助 RFID 的出色精度和高度灵敏性，使得在机动车上装置的电子车牌标签成为车辆识别和信息存储的关键。这个标签不仅存储车辆的基本信息，还可以实时更新数据。当这些车辆驶过安装了特定授权的 RFID 读写器的路段，读写器便自动捕捉车辆的电子车牌数据。这种自动化的数据交互极大地提高了交通管理效率，确保了实时、准确的车辆追踪，有助于城市交通的安全与流畅。

（2）按结构分类。

①存储器卡。这种内置芯片的卡与普通串行 EPROM 存储器相似，信息存储简便、使用方便且价格低廉，可以在多数情况下替代磁卡。但由于其缺乏信息保密功能，只适用于对保密性要求不严格的场合。

②逻辑加密卡。逻辑加密卡采用了一个独特的设计，其内部的芯片除了存储功能之外，还增加了特定的控制逻辑。这种控制逻辑确保在尝试访问卡内的存储区时，用户或设备需要提供正确的密码，如果提供的密码不准确或不存在，存储区的内容将不会被访问或修改，这种密码验证机制大大提高了卡的信息安全性，确保数据不会轻易被未经授权的人员或设备访问。与此同时，尽管逻辑加密卡拥有这种增强的安全性，它的使用方式与普通的存储器卡非常相似，用户可以很容易地进行操作和管理。

③ CPU 卡。CPU 卡的内部芯片类似于专用的单片机，不仅集成了控制器、存储器和时序控制逻辑，还配备了算法单元和操作系统。得益于其高存储容量、强大的处理能力和优越的信息安全性，CPU 卡被广泛应用于对信息安全性有严格要求的场合。

④超级智能卡。这种卡内集成了微处理单元（MPU）和存储器，为用户提供更为丰富和直观的交互体验，它配备了键盘和液晶显示器。这不仅便于输入和数据展示，还增强了用户友好性。部分高端版本的卡还进一步增加了指纹识别装置，以增强安全性并提供个性化操作，确保信息的安全性和用户的便捷性得到了充分的结合。

（3）按界面分类。IC 卡按照与读写器的通信接口可以分类为接触式、非接触式和双界面卡。双界面卡结合了前两者的通信方式。非接触式 IC 卡，也被称为射频卡，它不需要接触即可通信，并且不需要内部电源，这在电子技术中是一个重要的创新。

（4）按频率分类。RFID 技术根据工作频率的不同可以被分类为几个主要类别。首先，低频（LF）的 RFID 主要操作在 135 kHz 以下的范围。其次，高频（HF）的 RFID 工作在 13.56 MHz 频段。再次，超高频（UHF）的 RFID 工作范围是在 860 MHz 至 960 MHz 之间。最后，微波（MW）的 RFID 则在 2.4 GHz 至 5.8 GHz 的频率范围内工作。这些不同的频率范围决定了 RFID 的应用领域和性能特点。

（八）基站定位与 LBS

1. 基站定位

移动设备如智能手机和平板电脑，为了实现通信和数据传输，依赖基站这些特定位置的无线电台站连接至网络。这些基站在地理上有固定的位置，是移动通信的核心，因为它们在移动设备和整个通信网络之间起到桥梁的作用。虽然每个基站都有其自身的覆盖范围，但它们并不是孤立地工作。它们彼此之间有所连接，共同形成了一个覆盖广泛的、连续的移动通信网。由于频率干扰可能会影响通信的清晰度和效率，邻近的基站通常会采用不同的频率进行操作。COO 定位技术依靠当前设备连接的基站位置来估算设备的大致位置，其定位精度与所在蜂窝小区的覆盖面积有关。而在全球移动通信系统 GSM 中，任何连接的设备都能够获取到与之连接的基站的独特标识符，这通常被称作基站 ID 或 Cell ID。另外，基于电波传播时间的 TOA 和 TDOA 技术，需要三个或更多的基站同时合作，以获得更准确的设备位置信息。

当移动设备，如智能手机，插入 SIM 卡并开机时，它并不是被动地等待连接，而是积极地搜索其周边的所有可用基站。这个搜索的过程确保了设备能够与周围环境中的最佳基站建立连接，通常基于距离的近远和信号的强度。设备会评估并选取信号最强、距离最近的基站作为其主要的通信节点。此外，为了进一步优化通信和位置服务，移动电话会持续测量与多个基站之间的下行导频信号。通过获取不同基站下行导频的到达时间（TOA）或到达时间差（TDOA），设备能够精确地计算出自己与每个基站的相对位置。这种测量并不是孤立的，而是需要结合已知的基站坐标来完成。基于这些数据，可以使用三角公式或相关的定位算法来估算移动设备的实际位置，从而为用户提供更准确的服务和体验。

移动设备 MS 与基站 BS1、BS2 和 BS3 的位置如图 4-16 所示，相互之间的距离为 $R1$、$R2$、$R3$，设两个基站 BS1 与 BS2 之间的距离差为 $R1R2$，基站 BS3 与 BS1 之间的距离差为 $R1-R3$，根据双曲线的定义，MS 处于以基站 BS1、BS2 为焦点，与两焦点之间的距离之差恒等于 $R1R2$ 的双曲线上，如图 4-16 中的实线。同理，MS 处于以基站 BS1、BS3 为焦点，与两焦点之间的距离之差恒等于 R1-R3 的双曲线上，如图 4-16 中的虚线。虚线与实线的交点位置即为 MS 的位置估计。

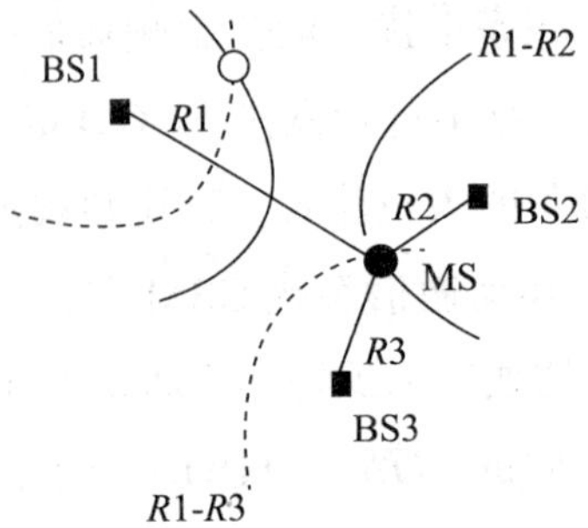

图 4-16 定位原理图

1996 年，美国通信委员会（FCC）发布了 E911 行政命令，旨在建立一个公众安全网络，确保无论何时何地都可以通过无线信号定位用户。于是产生了移动位置服务。E911 分为有线和无线两种。有线 E911 与有线网络相关，由 ISUP 协议保障。无线 E911 则有两个版本：第一个版本规定运营商必须通过本地 PSAP（公共安全应答点）鉴定呼叫权限，并获取主叫用户的号码以及其基站位置；第二个版本进一步规定，运营商必须提供主叫用户的具体位置，精确度为 50~300 m。

无线 E911 第二版最重要的是用户位置的定位。对于位置定位有以下几种方法。

（1）AOA（ Angle of Arrival）。当移动台进行通信时，会与周围的基站交互。通过测量这个移动台与至少两个基站的信号强度或时间差，可以确定它与每个基站的相对位置。然后，通过这两个基站的交集，也就是两个圆或椭圆的重叠区域，可以精确地推断出移动台的大致位置。这种方法利用两个基站的信息，将定位范围缩小到两者的交集区域。

（2）TDOA（ Time Difference of Arrival）。工作原理类似于全球定位系统，基于基站的定位方法利用信号的时间差异进行定位。在这种系统中，一个移动台（如智能手机或其他无线设备）与周边的多个基站进行通信。当移动台发送或接收信号时，这些基站记录信号到达的时间。由于信号传播的速度是已知的，通过测量移动台与各个基站之间的信号传播时间差，可以确定该设备与每个基站的距离。当从三个或更多基站获取距离信息时，可以利用三角测量法精确地确定移动台的位置。这种定位方法结合了时间和空间的信息来提供准确的位置数据。

（3）位置标记（Location Signature）。通过对每一个位置区域分配一个独特的标识符或编码，我们可以追踪和确定移动台或任何设备的具体位置。当设备进入一个新的位置区域时，它会识别并与这个特定的标识符或编码进行交互，从而使系统知道其当前的精确位置。这种方法依赖预先定义的位置区的标识来进行定位和追踪。

（4）Wi- Fi 定位。每个 Wi-Fi 接入点（AP 或无线路由器）都有独特的 MAC 地址，并被认为在一段时间内位置固定。当 AP 广播时，它会发送其 MAC 地址。位置服务提供商收集 AP 的 MAC 地址和信号强度信息，创建一个 MAC 到地理位置的映射。当设备连接到这样的网络时，它会发送检测到的 AP 信息到位置服务器。服务器使用这些信息和信号强度，确定设备的准确位置并返回给用户。此外，可以通过信号的角度、相位和时间差分析来进一步确定设备相对于 AP 的方向、角度和距离。

AP 位置映射数据的采集主要分为主动采集和用户提交两种方式。谷歌的街景拍摄车在捕捉街景图像的同时，采集了沿途的无线信号，并通过 GPS 定位其坐标，然后上传至服务器。Skyhook 公司也使用这种方法。当 Android 手机用户启用“使用无线网络定位”功能时，系统会询问是否同意使用谷歌的定位服务。用户同意后，谷歌将收集用户的位置信息。而 iPhone 自动收集 Wi-Fi 的 MAC 地址、GPS 位置数据及运营商基站编码等信息，并上传至服务器。

（5）AGPS 定位。AGPS 系统结合了传统 GPS 与辅助定位服务器，为用户提供更优化的定位体验。这种结合不仅加强了接收器的定位能力，而且显著提高了定位的速度和精度。与普通 GPS 相比，AGPS 的明显优势是其快速的响应时间：在 AGPS 系统中，首次捕获 GPS 信号的速度令人印象深刻，通常只需短短几秒，相较于传统 GPS 的 2 到 3 分钟。此外，

AGPS 能够提供几米之内的高精度定位。最关键的是，AGPS 接收器直接从辅助服务器获取必要的导航数据，从而避免了下载和解码卫星导航数据的需要，使其更为高效。而且，AGPS 技术与 2G、2.5G 和 3G、4G、5G 网络完美兼容，确保能广泛应用及其可靠性。

AGPS 系统，与传统的 GPS 相比具有一大特色：它引入了一个辅助定位服务器以增强定位能力。在这个增强的系统中，AGPS 的接收器与辅助服务器紧密协作，大大提高了定位的效率和速度。例如，当启动定位时，AGPS 能够在短短几秒内捕获到 GPS 信号，而传统的 GPS 接收机可能需要 2~3 分钟。更令人印象深刻的是，AGPS 定位的精度可以达到几米，这比普通 GPS 的精度更高。由于 AGPS 接收器不必花费时间下载和解码卫星的导航数据，它可以更集中地追踪 GPS 信号，这不仅缩短了定位时间，还增强了其灵敏度。此外，这种技术也适用于 2G、2.5G 和 3G、4G、5G 的移动通信网络。

AGPS 定位基本步骤如下。

① AGPS 手机在启动定位时，首先会识别并捕获其所在的移动基站地址信息。这一步是为了快速确定手机的大致位置范围。然后，这些基站地址信息会被快速地通过移动网络传输到定位服务器。服务器接收到这些数据后，会进一步与其他定位数据结合，以提高定位的准确性和响应速度。这个过程大大加快了 AGPS 手机的定位速度，使其比传统 GPS 更为高效。

②当定位服务器接收到 AGPS 手机提供的基站地址信息后，它会首先计算出手机的大概地理位置，利用这个粗略位置，服务器随后会筛选与该地区相关的 GPS 辅助信息。这些辅助信息包含了周围 GPS 卫星的星历、方位、俯仰角等关键数据。接着，这些精确的辅助数据会被迅速地传输回手机。通过这些数据，手机可以更快速更准确地锁定 GPS 卫星，从而提高定位的精度和效率。这个过程使 AGPS 系统相较于传统 GPS 更具有优势。

③当 AGPS 手机接收到来自定位服务器的辅助信息后，其内部的 AGPS 模块会立即利用这些数据。这些辅助信息主要作用是为了加速和提高 GPS 信号第一次锁定的准确性。通过辅助信息，AGPS 模块能够更快地和准确地识别、锁定周围的 GPS 卫星。这样，不仅减少了用户等待的时间，还提高了定位的精确性和稳定性。这种加速锁定的特性使得 AGPS 在城市高楼大厦、树木或其他可能导致 GPS 信号受阻的场景中表现尤为出色。

④当手机捕捉到 GPS 的原始信号后，其内部系统开始对这些信号进行解调和分析。解调过程能够获取重要的信息，如手机与 GPS 卫星之间的通信时间。然后，基于这些数据，手机会计算所谓的伪距，这是手机到卫星的实际距离和理论距离之间的差值，通常由于大气干扰、电离层效应等原因造成的。为了进一步提高定位的准确性，手机会将这些计算得到的伪距以及其他相关信息通过网络发送到定位服务器。该服务器拥有更强大的计算能力和更详尽的数据，能够进一步修正这些误差，提供更准确的位置信息。

⑤定位服务器在接收到手机传来的 GPS 伪距信息后，开始与其他先进的定位设备进行交互。一些设备，如差分 GPS 基准站，可以提供额外的数据和校准信号，进一步增强定位准确性。服务器通过对比、分析和处理这些数据，融合多源信息，使得位置计算更为精确。然后，利用复杂的算法和模型，服务器估算出手机的确切位置。这个位置是基于伪距校正和其他辅助数据所得出的，为用户提供了高精度和可靠的位置信息。

⑥当定位服务器成功地计算出手机的位置后，它会立即开始传输过程。这些位置数据被编码并发送到专门的定位网关或其他应用平台，这些平台可能是特定的设备或软件，如手机上的 GPS 应用程序。这些平台在收到数据后解码并在地图上为用户可视化地展示该手机的确切位置。这个流程确保用户能够实时、迅速且准确地获取他们的地理位置，为他们提供了更多的便利性和实用性。

2. LBS

基于位置的服务（LBS）是一种增值业务，通过无线电通信网络（如GSM、CDMA）或外部定位系统如GPS获取用户的移动终端位置信息。在地理信息系统平台的辅助下，为用户提供与其位置相关的服务。其网络服务工作原理如图4-17所示。

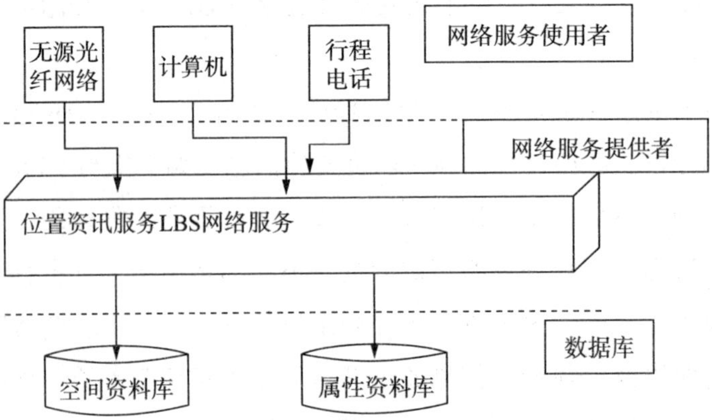

图4-17　LBS网络服务工作结构示意图

由北京大学、北京交通发展研究中心、清华大学联合进行的“十二五”国家科技支撑计划项目研究了基于移动定位设备和互联网的城市居民出行行为。他们建立了一个北京市居民的日常活动和交通出行调查平台，并在处理GPS轨迹的缺失点、噪声点及匹配GPS轨迹与居民出行信息的技术上实现了创新。

基于中国移动手机用户的数据和蜂窝位置技术，已建立“北京市市民出行动态信息平台”来实时监控用户活动。该平台可以分析特定区域的人口分布及其随时间的流动，助力政府进行交通和人口管理规划。此外，该系统还可能开发个性化服务，通过提供实时出行信息，提高市民的出行效率并减少交通拥堵。

该平台分为四层：数据采集层、信息处理层、应用展现层和业务感知层。通过移动通信网络采集原始信令数据，利用数据中心和计算中心的能力处理并分析这些大量数据。分析结果在应用层被展示，然后以定制化的方式为用户提供。用户根据需求选择和使用这些服务。该项目为我们提供了关于居民的居住和工作模式、特定区域的人口分布以及其日常流动的详细信息。通过发布实时的出行信息，该项目旨在提升市民的出行效率并有效地减轻交通拥堵。

当用户手机开机时，它会在基站上注册。基于基站的信号，工作人员可以轻易判断用户的移动距离和大概方向。

通过基站信号和后台分析，工作人员可以确定特定区域的人口分布和流动模式，准确了解市民的出行习惯，包括使用的交通方式如地铁或公交，以及哪些路线流量较大或未充分利用。这些详细的数据分析有助于进一步优化城市的公交网络。

方案的目标是分析并整理动态的出行信息，然后个性化地提供给市民，使他们能够实时掌握交通情况，选择最划算的出行方式和路线。但用户仍需基于个人需求来选择和使用这些服务，从而解决过去出行数据采集的困难、时效性和准确性问题。

（九）地理信息系统

地理信息系统（GIS）不仅仅是一个管理和分析空间数据的计算机系统，它更是空间数据科学的核心技术。根据美国国家地理信息与分析中心（NCGIA）的描述，GIS 被构建为一个先进的计算机化数据库管理系统，其主要目的是对地理数据进行深入的捕获、存储、检索和分析，得益于高端的计算机软硬件技术，GIS 不仅能处理大量的空间数据，还能实现对数据的细致管理、高效处理和精准分析。它的能力不止于记录空间实体，更能揭示这些实体间的复杂关系。借助 GIS，专家能够整合和分析多层次的信息，从而迅速获得深入的洞见，并以图形、数据和文字的形式呈现这些洞见，为决策提供有力支持。

位置和地理信息是LBS的关键和基石。一个纯经纬度坐标在赋予具体的地理背景后，如标识某地或方位，才具有对用户的意义。当用户利用地理信息技术获取位置时，他们还可以查询和分析所处地点的地理和环境特征，为其行动提供必要的信息和服务。

交通设施、人员与物品的流动与其地理位置和时间紧密关联。利用GIS结合空间和属性数据，可以实现交通动态的可视化，使数据管理和应用更加直观和简单。通过GPS和车辆电子标签收集车辆的位置和速度，再通过通信网络如3G、4G、5G发送到数据中心。在GIS中，这些数据与道路网络匹配，从而判别交通状态，实现实时的车辆管理、交通管理和信息服务。此外，GIS为导航、交通规划、设施管理、各种车辆的监控和调度、共享车服务、物流以及浮动车信息采集等提供了基础信息管理支持。

第二节　交通信息传输技术

交通信息传输技术是现代交通管理和服务系统的核心，用于收集、处理和传输交通相关的数据信息。这些技术通常包括多种传感器，如闭路电视摄像机、交通流量检测器和GPS接收器，用于实时监控交通状况。数据通过各种通信网络（如3G、4G、5G、无线局域网和专用无线网络）传输到交通管理中心。高级的数据分析算法和软件对数据进行处理，从而实时生成交通流量、路况和意外情况的更新。此外，交通信息也可以通过广播、移动应用、导航系统或智能交通系统的动态路牌传达给公众。这些信息帮助决策者优化交通流动，并为公众提供更好的出行建议，从而提高整体的交通效率和安全性。

一、交通信息通信技术

（一）GSM 通信技术

全球移动通信系统（GSM）是一个由欧洲电信标准组织（ETSI）制定的数字移动通信标准，利用时分多址技术进行空中接口通信。这一系统是由欧洲的主要电信运营商和制造商联合创建的标准化委员会设计的，基于蜂窝系统进行发展。GSM 包括如 GSM900 MHz、GSM1800 MHz 和 GSM1900 MHz 等不同频段。

GSM 系统的重要特点多样且功能强大，具体特点如下。①加密性强。通过先进的加密算法确保通话和数据传输的安全性。②网络容量大，能够支持大量用户同时进行通信。③号码资源丰富，方便用户选择和使用。④通话清晰，数字化技术保证了音质的高清晰度。⑤稳定性强不易受干扰，提供了可靠的通信体验。⑥信息灵敏，使得通信快速响应。⑦通话死角少，广泛的覆盖减少了信号不良区域。⑧手机耗电量低，有助于提高终端设备的使用寿命和便携性。这些优势共同使 GSM 成为全球移动通信的主流标准之一。

通用分组无线服务技术（GPRS）是基于 GSM 系统的一种移动数据传输技术。不同于传统的连续流数据传输方式，GPRS 采用分组方式进行数据传送。这种封包式的传输模式允许多个用户在同一频道上共享资源，从而提高了网络的使用效率并降低了通信延迟，为 GSM 移动电话用户提供了更快速更稳定的数据服务体验。

（二）3G 通信技术

3G，全称为第三代移动通信技术，标志着移动通信从模拟到数字的完全演变，并从语音导向转向了多媒体服务的全面发展。与其前代 2G 相比，3G 技术提供了更高的数据传输速率，支持视频电话、移动 TV、视频会议和互联网高速浏览等多媒体应用。

3G 技术的核心是宽带无线接入，其速度一般可达 384 Kbps 至 2 Mbps，远超过 2G 网络。这为用户提供了无缝的网络体验，使得下载、流媒体播放和在线游戏变得更为流畅。其网络覆盖也相对广泛，使得用户在移动中也能保持高速的网络连接。为了满足全球各地的需求和政策，产生了几种不同的 3G 技术标准，包括 WCDMA、CDMA2000 和 TD-SCDMA。其中，WCDMA 在欧洲和亚洲部分地区最为盛行，而 CDMA2000 则在北美和部分亚洲地区被广泛使用。TD-SCDMA 则是中国自主研发的 3G 技术标准。尽管 3G 技术带来了许多创新和便利，随着技术的发展，4G 和 5G 技术逐步取代了 3G，提供了更快速、更稳定的网络连接和更高的数据传输速率，但 3G 在移动通信历史上仍然占有重要的地位。目前 3G 存在 3 种标准：CDMA2000、WCDMA、TD - SCDMA。

CDMA 是码分多址技术，其中 CDMA2000 是从 CDMAIS95 发展而来的宽带 CDMA 技术，衍生自窄频 CDMAOne 标准。WCDMA 基于扩频通信技术，是一种先进且成熟的无线通信技术，满足了对移动通信高容量和高品质的市场需求，具有众多优点，如高频谱利用率、优质话音、强保密性、低掉话率、小电磁辐射、大容量和广覆盖范围等。它是当前全球最广泛使用的 3G 标准，拥有超过 80% 的市场份额。另外，TD-SCDMA 是由中国制定的 3G 标准，由大唐电信提出，结合了智能无线、同步 CDMA 和软件无线电等尖端技术，具有频谱高利用率、业务支持灵活性和低辐射等独特优势。

（三）4G 通信技术

国际电信联盟（ITU）为 4G 制定了明确的标准，要求其在移动环境下至少能达到 100 Mbps 的传输数据速度。2012 年，ITU 正式审议并通过了新一代的 4G 标准，即 IMT-Advanced 标准，其中 LTE-Advanced 是长期演进 LTE 的进一步发展和完善。与 LTE 相比，LTE-Advanced 提供了更高的数据传输速度和更加稳定的网络连接。

LTE-Advanced 技术实际上是包含两种主要的制式：TDD 和 FDD。这两种制式的存在是为了满足不同的网络进化需求。TD-SCDMA 网络，主要在中国大陆使用，有望进化到 LTE-Advanced 的 TDD 制式，这是因为 TD-SCDMA 本身就是一种 TDD 技术。而全球范围内广泛使用的 WCDMA 网络，则计划进化到 LTE-Advanced 的 FDD 制式。

值得注意的是，中国的移动通信市场主导者——中国移动，一直在积极推进 TD-SCDMA 网络的发展。有远见的中国移动希望其 TD-SCDMA 网络能够跳过中间的 HSPA+ 阶段，直接进化到 LTE-Advanced，从而使中国在全球移动通信技术的竞争中保持领先地位。这种策略不仅体现了中国移动的前瞻性，也预示了未来全球移动通信技术发展的新方向。

（四）5G 通信技术

2015 年，国际电信联盟（ITU）在其会议中为 5G 技术明确定义了三大典型应用场景，它们将深刻影响未来的数字生态系统和行业发展。

（1）增强型的移动宽带，即 eMBB。在这一应用场景中，5G 技术需要满足用户对更高速度的需求。预期的峰值速率可达到 10 Gbps 甚至 20 Gbps，这样的速率为那些带宽需求大的应用，如虚拟现实、全景视频直播、即时视频分享以及随时随地的云连接，提供了强有力的支撑。这意味着用户可以在任何地点、任何时间都享受到流畅无缝的高清内容。

（2）大连接物联网，或称为 mMTC。在这种应用场景中，5G 网络要能够处理极大规模的连接请求，预计要支持每平方千米 100 万的设备连接。这样的连接密度将为智能家居、智慧城市等物联网应用提供基础。

（3）低时延超可靠通信，即 uRLLC。这一场景中，5G 网络的传输时延必须压缩到 1 ms 以下，这种超低时延使得智能制造、远程机器操作、辅助驾驶和自动驾驶等业务成为可能，为未来的产业革命创造了条件。

二、智能交通系统通信技术

在智能交通系统中，交通信息的传输主要依赖通信网络技术。这个通信网络由代表用户设备的端点以及连接这些端点的传输线路构成，或者由代表用户设备的端点、有交换功能的转接交换点及其连接线路组成。

交通信息传输有几种主要方式。①中心子系统与道路或路边子系统以及其他中心间的信息交流主要通过有线通信。②运行中的车辆与固定在道路上的通信设施之间的通信称为车路通信，主要使用无线方式，由于车辆与路边通信设施的距离相对较近，通常采用专用的短程无线通信。③车辆间的通信，也称为车车通信，因为涉及在运行中的车辆间的通信，所以必须使用无线方式。

车通信可先经过车辆与中心子系统之间的通信，然后路边子系统送到中心系统，中心系统再将信息传输给车辆，即车车通信依赖上述两种传输类别。每种传输方式类别都对应一种或几种传输方式，每种传输方式的特点或应用介绍见表 4-1。

表 4-1　每种传输方式的特点或应用介绍表

信息传输方式类别	信息传输方式	特点或应用
中心子系统与路边子系统的信息传输	电话通信	用于近距离、小容量的语音、数字信息传输，如城市交通信号控制系统的信息传输，可租用电话线路来传输检测器的检测信息与系统的指令信息
	专用电缆通信	用于近距离、小容量的语音、数字信息传输，也可用于系统埋设专用通信电缆传输控制系统的指令信息
	光纤通信	传输频带宽、通信容量大、损耗低、不受电磁波干扰等，适用于长距离、大容量的信息传输
	有线信息传输基础设施	适用于短距离、通信容量小的信息传输，需要架设线路设施，施工量大
车路通信	专用短程通信	用于道路上车辆行驶控制与管理系统、收费站、停车场、坐车购物商店、加油站等收费结算自动化系统及物资流通中心与车辆轮渡管理系统
远程无线通信	卫星通信	利用人造地球卫星作为中继站转发无线电信号，在两个或多个地球站之间进行通信
	公用移动通信	采用全球移动通信系统，由基站系统、交换系统和操作支持系统三部分组成
	无线信息传输基础设施	用于家庭或办公室、在途旅行者或车辆等的交通咨询需求信息传输，可通过信息传输为信息需求者提供道路交通状况、车辆导行、停车场、加油站等各种信息

三、交通信息的传输媒介

（一）交通信息的传输需求

1. 交通检测站及匝道控制机

交通检测站与匝道控制机多采用多路轮询的方法进行通信，一个传输通道可以连接数个控制设备。它们的通信速度大约是 1200 bit。虽然传输速度不算快，但因为是轮询模式，所以要保证设备 24 小时稳定运行和通信。

2. 其他检测器

高速公路上除了设有用于测量流量、占有率和速度的检测器，还有用于识别车辆类型和路面状况（如干湿和结冰）的设备。这些检测器通过多个低速信道与控制中心或分中心通信，使用轮询方式以确保 24 小时的设备运行和通信稳定性。

3. 可变信息情报板

可变信息情报板是一个关键的交通管理工具，其中的现场控制设备是其核心部分，它需与控制中心的 VMS 协议和数据格式完全相容，以确保数据的准确性和系统的稳定运行。在实际的通信过程中，为了简化和统一技术标准，VMS 通信通常会采用与其他交通设备如检测器和匝道控制机相同类型的信道。这种设计是为了保证系统的集成性和协同工作效率。情报板的主要功能是为驾驶者提供实时信息，因此信息的展示速度极为关键。为确保驾驶者在短时间内获得关键信息，情报板的信息展示设计得迅速而清晰，以确保交通的流畅和安全。

4. 视频设备

视频设备在现代交通管理中起到了不可或缺的作用，主要应用于交通事件的实时确认与拥塞情况的持续监测。虽然确认交通事件所需的实际视频时间相对较短，但为了确保有效地管理交通，视频图像的稳定性和清晰度至关重要，这就要求摄像机在任何时刻都能正常运行，特别是在关键的交通检测器出现故障的情况下，摄像机的作用就显得尤为关键。此外，为了让交通管理中心能够迅速响应和处理各种情况，摄像机需要有能力将实时的交通图像快速、高效地传输到控制中心，考虑到实时视频的数据量通常非常庞大，这就对传输链路提出了高速率的要求。

传输视频图像是现代通信和监控系统中的关键环节，在决定传输方式时，我们面临这样的选择：是采用动态图像的模拟信号，还是将其转换为数字信号进行传输。这种选择往往是基于多种因素的权衡，包括但不限于图像的质量、传输和设备的成本，以及当前图像压缩技术的状态。随着时间的推进，技术也在不断发展。光纤技术以其超高的数据传输速度和稳定性逐渐成为首选的传输介质。同时，图像转换技术也取得了长足的进步，使得模拟图像到数字图像的转换过程更为简洁，同时保持甚至提升了原始图像的质量。

因此，利用这些前沿技术，我们现在可以更加简单、高效地完成模拟图像到数字图像的转换，并利用光纤进行迅速的传输，从而满足现代系统对高清、实时图像的要求。

（二）交通信息传输媒介

在 20 世纪 80 年代中期，交通控制系统主要使用双绞线作为传输媒介，同时租用电话线路来节省费用。到 80 年代后期，高速公路交通管理系统开始采用带宽更大的同轴电缆，满足闭路电视监控系统（CCTV）图像的传输需求。而近年来，光纤已经成为主要的传输媒介，但还有其他如区域无线广播网络、地面微波链路、蜂窝网络、分组无线网络和卫星系统等不同的传输方式。

1. 屏蔽双绞线

双绞线，即扭绞线对，是通过特定间隔扭绞 90° 的分立绝缘导体制成。其扭绞设计增强了传输性能，通过围绕线对内部的电磁场来减少电磁能量的辐射并提高线内信号的强度。屏蔽双绞线配备金属屏蔽层或栅网层，可以是单独为每对线屏蔽或为多对线提供统一的屏蔽。这些屏蔽层由如铂、铝、钢、铜等金属编织而成。

屏蔽双绞线是为了应对电磁干扰和提高信号质量而设计的，其独特的结构能够显著地减少电磁干扰和信号损失，使其具有在更长的距离上传输信号的能力，这对于某些关键应用是非常有价值的。但是，每一种技术都有其成本。相较于普通的非屏蔽双绞线，它的造价更高，主要是因为其额外的屏蔽层。这层屏蔽不仅增加了线缆的体积和重量，还使得安装和施工变得更为复杂。此外，为了确保屏蔽效果，屏蔽层需要正确地接地，这个过程不仅需要额外的步骤，还需要技术人员付出更多的注意力。

2. 同轴电缆

同轴电缆是一种特殊设计的坚固电缆，它由较粗的中心导体组成，这比常见的双绞线要粗得多。这个中心导体被一层绝缘材料所包围，外部再由一个金属屏蔽层覆盖。这种结构设计的目的是降低信号在传输过程中的衰减，同时减少对外部的电磁辐射，这有助于防止外部干扰并确保信号的完整性。因此，同轴电缆能够提供更高的传输性能和稳定性。

3. 光纤

光纤传输调制后的光信号，拥有超高的信息传输带宽。由于 20 世纪 80 年代后期 CCTV 图像需要高带宽，各系统开始采用光纤。现今，光纤安装和维护成本降低，成为交通信息首选传输方式。光纤的优势在于对电磁干扰和环境变化不敏感，易于维护，技术成熟，并通过密集波分复用技术实现高达 40 Gbit/s 的传输速率。其传输距离可以超过 50 km，无须中继转发。

4. 区域无线广播网络

区域无线广播网络是一个专门设计的无线系统，其特点是向整个预定区域广播信号，而不仅仅是针对某一具体地点。这种广播方式使得整个区域内的设备或人员都可以接收到信号，而不受具体位置的限制。例如，在交通领域，该技术被应用于交通信号控制机和其他交通管理设备，确保它们之间的顺畅通信。更进一步，它还可以为在高速公路上工作的维修车队提供实时的语音通信功能，确保他们可以迅速响应突发事件，或在执行任务时获取必要的信息和指令。

5. 地面微波链路

微波技术作为现代通信的核心，已被广泛应用于点对点通信的主干媒介。由于其出色的传输特性，它不仅可以有效地传输音频信息和数据，还能够传送有限的 CCTV 视频信息，满足多种交通监控需求。更值得注意的是，微波技术有能力同时控制多个交通控制设备，实现群组式的集中管理。无论是模拟信号还是数字信号，微波都可以进行高效、稳定的传输。其高速度和广泛的应用领域使它在交通控制和管理中起到了不可替代的作用。

6. 蜂窝无线网络

蜂窝无线网络是一种基于分区的移动通信系统，革命性地改变了人们的通讯方式。每个蜂窝区域都有其独立的基站进行信号传输，允许数以百万计的用户同时进行通信，且能在区域间无缝切换。随着技术进步，从初代到 5G 及其后续技术，蜂窝网络不仅提供了语音服务，更实现了高速数据传输，深刻推动了物联网、智慧城市等技术的发展，重新定义了我们与数字世界的连接方式。

7. 卫星通信系统

卫星通信系统为全球的公共无线通信提供服务。在当前的技术与经济条件下，将其应用于局部小范围，如单一的交通控制系统，可能无法获得最佳的投资回报。但是，当考虑到广阔的区域或跨区域的交通网络，其潜力就显得尤为重要。交通管理部门可以考虑与卫星服务提供商合作，租赁专门的卫星信道，确保交通信息的实时性和覆盖范围，从而优化流量管理，提高交通效率和安全性。

选择适用于特定应用的传输系统时，必须考虑多个关键设计因素。这包括带宽和差错性能，它们直接影响系统的吞吐量。设备的有效距离、传播延迟、安全性以及设备的尺寸和形态都是考虑点。同时，还需权衡成本，如制造、安装、运营、维护和升级费用。

（三）交通信息传输类型

智能交通系统的信息传输分为模拟和数字两种工作方式。传输的信息有三类：①数据，如来自检测站和控制机的小数据包，需要较窄带宽；②声音，可通过有线或无线传播；③视频图像，主要是 CCTV 摄像机捕捉的交通图像，需较宽带宽。现场检测点与控制分中心之间以及分中心与主控中心间都需进行信息交互，最后发布至互联网，这种与用户端的交互被称为信息接入。

四、现场设备通信

现场设备通信面临特殊需求。由于其工作环境比一般设备恶劣，尤其是车载和室外设备，所以需具备强大的抗电磁干扰能力，确保数据传输可靠。另外，交通控制系统是实时系统，随着设备功能增强和系统复杂度上升，需要更高的传输速率和高效的通信协议以满足实时性。高可靠性系统应具备容错特性，如冗余配置，确保单点故障不会导致整体失效。最后，系统还需具备错误检测、恢复机制和对瞬时干扰的抵抗能力。

在交通控制系统中，设备间或设备内的数据通信可以采用点对点或多对象的总线模式，其速率范围从几千比特到数十兆比特。设备内部的通信速率往往较高，而考虑到通信距离和电磁干扰，设备间的速率可能会适当降低。

目前，信号控制设备的现场通信主要采用基于 RS−232、RS−422 和 RS−485 的串行通信技术。但随着现场总线技术的快速进展，CAN 通信总线技术也开始被广泛使用。下面简要介绍基于传统串行通信的 RS 232、RS− 422、RS−485 总线和现场总线的数据通信技术。

（一）异步串行通信

异步串行通信按字符同步方式传送，每个字符前有 1 位起始位（值为“0”）表示开始，并在后面有 1、1.5 或 2 位停止位（值为“1”）标示结束。字符长度为 5~8 位，可选加 1 位奇 / 偶校验位。5 位字符通常有 1.5 位停止位，而 8 位字符可能有 1 或 2 位停止位。其数据格式如图 4−18（a）所示。

异步传输在非传输时为高电平状态。当电平发生变化时，表示字符开始发送。接收端根据电平变化启动计时，并顺序接收字符。字符发送完后，线路返回高电平。尽管接收和发送时钟需同步，但由于逐字符接收，时钟精度要求减少，偏差在 50% 以内不易出错。这种方法简洁但效率不高，因附加起始与停止位导致大量额外开销。通常用于计算机与终端、调制解调器和多路复用器等低速连接。

（二）同步串行通信

同步通信传输时以字符块或位块为单位，通常包含几千个数据位。发送和接收的时钟必须同步。通过自同步法从接收数据中提取时钟信息，确保接收端时钟与发送时钟自动同步。这要求传输码具有自同步特性，并在数据中包含发送时钟信号。

为使接收端和发送端同步，除使双方时钟同步外，还必须使接收端能准确判断出数据的开始与结束，一般的做法是在数据块前面加一个一定长度的位模式，一般称为同步信号或前文，数据结束后加上后同步信号（后文）。前文、后文加上所传输的数据信息构成了一个完整的同步传输方式下的数据单位，称为帧。帧是数据链路层的数据传输单位。其数据帧结构如图 4-18（b）所示。

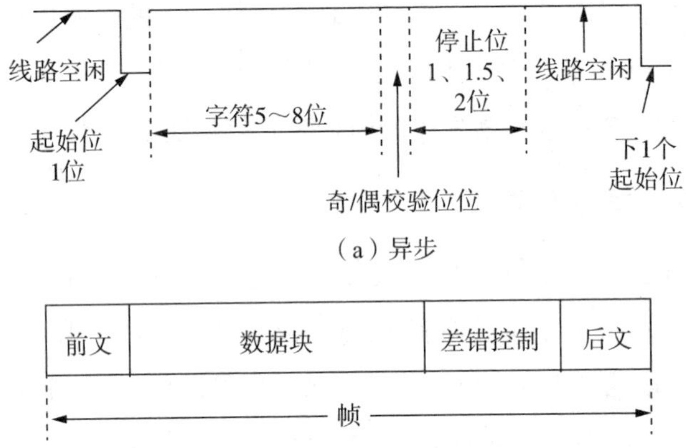

（b）同步

图 4–18　串行通信数据帧结构

帧传输是一种高效的数据传输方法。当接收端检测到前文，这意味着发送端开始了数据的发送过程。接收方不仅从这些数据中提取出时钟信号以确保同步，还会按照特定的顺序一直接收数据，直到遇到后文为标志的结束点。这种传输方式的显著特点是它以位块为单位进行，这样可以大大减少额外的传输开销，从而提高整体的传输效率。因此，它在数据通信领域得到了广泛的应用和认可。然而，这种方法并非没有缺点。在发送端和接收端必须进行精细的控制以确保数据的准确传输，这增加了系统的复杂性。此外，由于其高效性，这种方法对通信线路的质量和稳定性有更高的要求，任何线路的微小干扰都可能影响传输的准确性。

（三）串行通信接口标准

1. RS-232

RS-232 接口采用单端方式进行数据和控制信号的传输，并依赖一根信号地线来形成回路。这样的设计有助于减少线缆使用，但它对电磁干扰的抵抗能力较弱。

RS-232 接口适合长度在 15~30 m 的点对点（只用一对收、发设备）连接，而不适合更长的线路或多点通信。使用时一般推荐把数据传输速率限制在每秒 19. 2 Kbit/s 以内或更低。在使用短的电缆（大约 2 m）时，数据传输速率常可达 115. 2 Kbit/s。某些接口驱动芯片可以支持高达 1 Mbit/s 的数据传输速率。RS-232 接口采用负逻辑，与一般的数字逻辑电路正逻辑不同，其电平值也与一般的数字逻辑电路 TTL、CMOS 电平不同。为了数字逻辑电路（包括 CPU）能够使用 RS-232 接口进行数据通信，必须在一般的 TTL、CMOS 等数字逻辑信号与 RS-232 接口信号之间进行电平变换。RS-232 定义了采用串行二进制数据交换方式的数据终端设备（DTE）和数据电路终接设备（DCE）之间的接口，详见表 4-2。

表 4-2　RS-232 接口（PC 机 DB-9 串口）信号定义

针序号	3	2	7	8	6	5	1	4	9
信号名称	发送数据	接收数据	请求发送	清除发送	数据设备就绪	信号	载波检测	数据终端就绪	振铃指示
信号流向	DTE → DXCE	DTE → DCT	DTE → DCE	DTE → DCE	DTE → DCE	地	DTE ← DCT	DTE ← DCT	DTE ← DCE
简称	T×D	R×D	RTS	CTS	DSR	GND	DCD	DTR	RI
信号功能	DTE 发送串行数据	DTE 接收串行数据	DTE 请求切换到发送方式	DCE 已切到准备接收	DCE 准备就绪，可以接收	公共信号地	DCE 已检测到远程载波	DTE 准备就绪，可以接收	通知 DTE，通信线路已接通

2. RS-422

RS-422 是基于 RS-232 改进的，克服了 RS-232 的通信距离限制和低速度问题。RS-422 使用一种平衡的差分传输方式，通过双绞线进行数据信号传输。得益于其接收器的高输入阻抗和相对 RS-232 更强的发送驱动器，RS-422 理论上可以在同一传输线上连接多个接收节点，最多达到十个。

3. RS-485

RS-485 和 RS-422 都采用平衡传输方式并需要传输线上的终端电阻。但它们在共模输出电压上有所不同：RS-485 的范围是 −7 V ～ +12 V，而 RS-422 的范围是 −7 V ～ +7 V。RS-485 的接收器最小输入阻抗为 12 kΩ，而 RS-422 是 4 kΩ。虽然 RS-485 满足 RS-422 的所有规范，使得 RS-485 驱动器可以在 RS-422 网络中使用，但 RS-422 的驱动器并不总是适合 RS-485 网络。

RS-485 和 RS-422 的最大传输速率都是 10 Mbit/s。当传输速率为 1200 bit/s 时，RS-485 的理论最大传输距离可以达到 15 km。传输速率与双绞线长度呈反比，只有在 100 Kbit/s 以下的速率时，才能使用最大规定的电缆长度。

（四）现场总线技术

现场总线是一种用于生产现场的双向、串行、多点数字通信系统，被视为开放式、数字化的底层控制网络，广泛应用于制造、流程工业、交通和楼宇自动化等领域。这种基于现场总线的系统被称为现场总线控制系统（FCS），它是一个开放、互操作且完全分散的分布式控制系统。在信号控制领域，CAN 总线的应用尤为普遍。

CAN 控制器通过两线间的电位差来确定总线电平。在 CAN 中，总线电平为“显性”（代表逻辑“0”）或“隐性”（代表逻辑“1”）。发送方通过改变总线电平来传递消息。当“显性”和“隐性”位同时传送时，总线电平为“显性”。

CAN 的特点：

1. 多主控制

当总线空闲时，任何单元都可以开始发送消息，实现多主控制。最先访问总线的单元将获得发送权限。当多个单元同时发送时，具有高优先级 ID 的单元将获得发送权。

2. 消息的发送

在 CAN 协议中，所有的消息都以固定的格式发送。总线空闲时，所有与总线相连的单元都可以开始发送新消息。两个以上的单元同时开始发送消息时，根据标识符（以下称为 ID）决定优先级。ID 并不是表示发送的目的地址，而是表示访问总线的消息的优先级。两个以上的单元同时开始发送消息时，对各消息 ID 的每个位进行逐个仲裁比较。仲裁获胜（被判定为优先级最高）的单元可继续发送消息，仲裁失利的单元则立刻停止发送而进行接收工作。

3. 系统的柔软性

在通信系统中，每个与总线相连的单元都不拥有固定的“地址”信息。这意味着不像其他系统，在这里新设备的加入不会导致任何冲突或需要为新设备分配特定的地址。因此，当需要在总线上增添新的单元时，其他已连接到总线上的单元并不会受到影响。这种设计的巧妙之处在于，它允许系统轻松地进行扩展，而无须对现有设备进行任何软硬件上的修改或重新配置。从应用层的角度看，这为用户带来了极大的便利，因为他们可以随时增加或减少设备，而不必担心系统的兼容性或整体性能问题。

4. 通信速度

为确保整个网络的顺畅通信和高效数据传输，所有参与的网络单元必须统一采用相同的通信速度。如果只有一个单元的通信速度与其他单元不同，它会引起通信中断或错误，对整个系统带来不稳定性。然而，这种规定只适用于同一个网络体系内。对于不同的网络结构或系统，它们之间的通信速度可以根据各自的需求和实际情况独立设置，确保各自网络的最佳性能。

5. 远程数据请求

在复杂的通信网络中，当一个单元需要从另一个单元获取信息时，它可以通过发送特定的“遥控帧”来请求数据。这种遥控帧作为一个通信协议的组成部分，确保了数据交换的流畅性和准确性。这种方式不仅提高了数据传输的效率，而且增强了网络的协同作用和互动性。

6. 错误检测功能、错误通知功能、错误恢复功能

在一个集成的网络环境中，每个单元都被赋予了错误检测的功能。当任何一个单元在其操作中侦测到错误，它不仅会立刻停止自己的活动，还会迅速通知网络中的其他所有单元关于这一异常情况。如果某个单元在传输数据时遇到了错误，它会立即中断当前的发送进程。然后，这个单元不会轻易放弃，它将采取措施，持续尝试重新发送该消息，这一过程会持续进行，直到消息成功发送为止。

7. 故障封闭

CAN 不仅具有高效的错误检测功能，还能够识别并区分错误的来源和性质。它能够辨别是不是短暂的数据错误，如是由外部噪声或瞬时的电磁干扰所引起的数据错误，还是持续的、更为严重的数据错误，如因单元的内部故障、驱动器的损坏、通信线路的断裂等原因所造成的持续性问题。这种细致的错误分析能力使得 CAN 非常适合于需要高可靠性和实时性的应用环境，确保数据传输的完整性和稳定性。

8. 连接

CAN 总线支持连接多个单元，理论上没有连接数限制。但实际可连

接的单元数由时间延迟和电气负载所限制。通信速度低时，可连接更多单元；速度高时，可连接的单元数降低。

五、交通信息接入方式

交通信息接入方式主要有有线接入和无线接入两大类。

（一）有线接入

1. 铜线接入

（1）电话音频线接入。电话线路设计初衷是为了传输语音，因此主要携带的是模拟信号。PSTN 交换机作为电话系统的核心部分，通常只处理 0~3.4 kHz 的信号频宽，这意味着其频宽相对较窄。如果用户想在这样的限定频宽内传输其他种类的数据，如交通监控信息，就需要在用户端安装并使用一个 Modem。这样，Modem 可以帮助将这些数据信号转换成适合在电话线路上传输的信号。如图 4-19 所示将串口 RS232 数据通过电话线传输到更远距离。

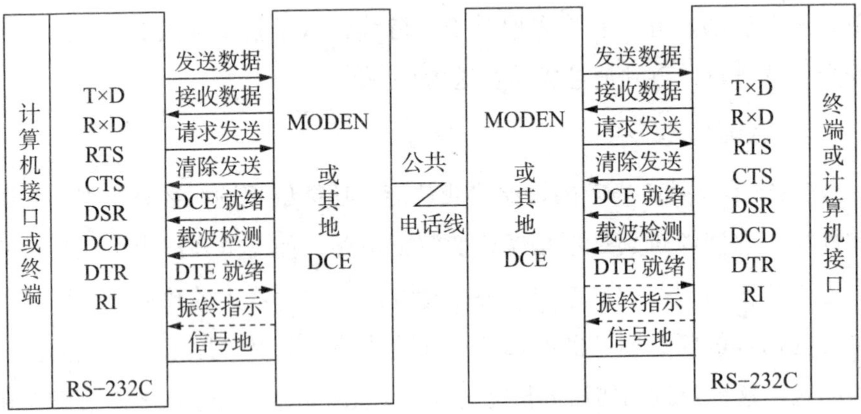

图 4-19　电话线数据传输

（2）xDSL。目前流行的铜线接入主要是采用 xDSL 技术。DSL 是“Digital Subscriber Line”的缩写，即所谓的数字用户环路，DSL 技术是基于普通电话线的宽带接入技术，它在同一铜线上分别传送数据和语音信号，数据信号并不通过电话交换机设备，减轻了电话交换机的负载；ADSL 提供始终在线的专线上网，并采用非对称宽带接入，使上下行速率不一致。这一特性使其适合交通监控中的不对称信息传输需求。其上行速率范围是 16~640 Kbps，下行为 1.544~8.192 Mbps，覆盖距离达 36 km。通过调整信道，0~4 kHz 为电话信号保留，同时上下行信号分别在 30~138 kHz 和 138~1104 kHz 频段内。

ADSL 主要采用 DMT 和 CAP 两种编码技术，它们都依赖正交幅度调制（QAM）。CAP 将数据调制至单一载波，而 DMT 将数据调制至多个载波，并在每个载波上应用 QAM。尽管 DMT 技术更复杂且成本稍高，但由于其较低的线路依赖性和出色的抗干扰、自适应特性，已被选为标准。

得益于 xDSL 技术所带来的高速宽带连接的显著优势，当前的众多交通诱导系统、实时交通监控系统及其相关设备都依赖这种技术。此外，各个监测站点与分中心、区域中心之间在信息传输的过程中，也普遍选择 xDSL 作为首选通信手段，确保数据传输的稳定和高效。

（3）以太网电缆接入。局域网（LAN）基于以太网并使用 5 类线作为传输媒介，对于办公自动化、企业管理和工业自动化都是关键基础。为了建立一个完整的智能交通系统信息平台，交通管理部门或控制中心的局域网需要接入整体网络。尽管以太网成本低廉，但当其作为接入公众网的方式用于信息传输和发布时，仍然存在安全和业务管理的问题。

安全管理主要涉及保护用户数据的安全性，确保个人信息的广播消息（如 ARP、DHCP）被隔离，并防止关键设备遭受攻击。在网络环境中，用户的单播地址应该只被指定的用户接收，而不是局域网中的所有用户。而业务管理则需要以太网支持组播业务如信息发布，并提供手段以确保服务的质量（QoS）。这包括提供带宽控制能力，如确保用户的最低和最高接入速率。为了实现这些管理目标，有两种主要的解决方案：VLAN方式和VLAN+PPPoe方式。通过VLAN，可以隔离携带用户信息的广播消息，增强用户数据的安全性。但此方案无法进行用户认证和授权。

为验证用户合法性，可以将用户IP地址与其连接的端口VID绑定。通过核对IP地址与VID，设备可以判断用户是否合法。但这一方法导致用户IP地址与特定端口固定，限制为静态IP配置。此外，每位用户在逻辑上都处于独立的子网，需要为其配置一个子网的四个IP地址：子网地址、网关地址、子网广播地址和用户主机地址，这导致IP地址的利用效率低。

（4）同轴电缆线。同轴电缆线的传输衰减小且具有较强的抗干扰能力，与双绞线相比，这是其优势。当需要中等距离的信号传输时，常选择同轴电缆。

2. 光纤接入

当前，光纤接入设备的成本较高，但随技术进步和成本降低，其作为接入方式的应用正在增加，并具有巨大的发展前景。高速公路的收费和监控系统通常因其长距离信息传输需求而选择光纤接入。

（二）无线接入

1. 移动蜂窝无线接入

通过移动蜂窝网进行数据业务的接入技术如下。

（1）通用分组无线业务（GPRS）。GPRS是基于GSM标准的封包交换协议，允许移动终端和网络之间实现持续在线，但网络资源只在传输数据时被使用。它在GSM网络中引入了分组交换功能，并使用了X.25和TCP/IP协议进行数据通信。GPRS提供的最高传输速率可达115

Kbit/s。多个移动用户可以共享一个无线信道，或一个用户可以使用多个信道。当用户不发送或接收数据时，仅使用极少的网络资源。其数据传输速率是传统 GSM 的 10 倍，支持从文本到图片、话音和视频的多媒体应用。

GPRS 的特点包括 GPRS 技术能高效地利用频谱资源，具有宽广的传输带宽，适应突发性业务需求，且其呼叫建立快。它支持点对点、点对多点以及上下行链路的非对称传输。考虑到网络资源的有效利用和降低用户费用，GPRS 尤其适合于突发性和面向大众的互联网业务。

（2）3G 数据通信。第三代移动通信 IMT-2000 在 2000 MHz 频段运作，其最大传输速率为 2000 Kbps。它采用的无线接口技术标准包括 WCDMA、CDMA2000 和 TDSCD-MA。这一系统的核心理念是实现全球统一的频段和标准，确保无缝覆盖和全球漫游能力。

2. 专用短程通信

车载单元主要包括车载设备和电子标签，后者存有车辆相关信息如车号、车型和所有者。路旁单元由车道单元、车道设备组成，尤其是读写器，包括车道天线和其控制器。专用短程通信系统使用这种技术通过路旁单元来识别过往车辆的信息，实现车辆的自动身份验证、实时监控和动态导航等智能管理功能，从而完成对车辆信息的动态采集。

3. 固定无线接入

（1）无线局域网。无线局域网是一种自主管理的计算机网络，支持高数据速率（2~11 Mbit/s）并采用微蜂窝和微微蜂窝结构。它可以使用无线电或红外线作为传输媒介，并利用码分多址的扩展频谱技术。移动终端可以通过无线接入点访问互联网。该领域的两个主要标准是 IEEE802.11 和 HIP-ERLAN。

IEEE 为 802.11 标准推出了高速扩展版本。其中，IEEE802.11a 在 5 GHz 频段工作，使用 OFDM 调制，其传输速率范围为 6~54 Mbit/s 或

11Mbit/s。

WLAN 使用标准的局域网（如 10/100/1000 Mbit/s 以太网）和互联设备（如路由器）构建骨干网络，并通过无线接入点（AP）和无线接入服务器（WAS）支持移动终端（MT）的移动与漫游。WAS 负责无线终端的接入和移动管理，并可以在其服务区域内支持多个小区。AP 则桥接 WLAN 和 LAN，转换无线和 LAN 协议，并管理小区内的移动用户。通过在 WAS 中运行移动 IP 服务器软件，并在 MT 上运行移动 IP 客户端，可以实现移动 IP 功能。

（2）蓝牙技术。蓝牙技术是一种无线技术标准，用于在短距离内（通常最大距离为 100 m）交换数据，主要应用于固定及移动设备之间，无须使用线缆。蓝牙技术的名称来源于 10 世纪的北欧国王哈拉尔蓝牙，因为他成功地统一了挪威和丹麦，而蓝牙技术的目标是统一多种通信设备。蓝牙操作在 2.4 GHz ISM（工业、科学、医疗）频段，并利用频率跳变技术来减少干扰和增强信号的传输稳定性。蓝牙技术可以支持语音、数据和多媒体通信，其低功耗设计特别适用于移动设备。随着技术的进步，蓝牙已经发展了多个版本，每个版本都提高了数据传输速率和安全性，同时提供了更低的功耗。常见的应用包括无线耳机、车载通信、健身设备、智能家居设备与其他多种短距离通信应用。

第三节　交通信息处理技术

交通信息处理技术在交通诱导系统中起到至关重要的作用。它专门处理从各类检测器中收集来的实时交通数据，经过深入的分析和筛选，为诱导系统生成最有价值的信息。这些细致的交通信息被快速传递给所有道路使用者，以便为他们提供明确的指导，帮助他们选择最佳的行驶路径，这不仅优化了个体出行体验，更确保了整体路网中的交通流量得到均匀和高效的分配。

为满足特定的需求，对数据进行标准化和深入分析至关重要，交通信息处理技术不仅集成了数据压缩方法，还融合了信息整合、模式识别以及人工智能技术，这些都是确保数据准确性和有效性的关键。

一、数据压缩技术

数据压缩技术是计算机科学和信息技术领域的一种方法，其主要目的是减少数据的表示大小，从而使其更有效地存储或传输。通过对数据的压缩，可以节省存储空间和提高数据传输速度，特别是在带宽受限或存储空间昂贵的场景中。

（一）数据压缩技术原理

数据压缩技术是为了有效地表示、存储和传输数据而生，这一技术背后的原理涉及了多个领域，包括数学、信息论、计算机算法等，在今日的信息化时代，数据成为一项宝贵的资源。但是，随着数据量的飞速增长，存储和传输数据所需的成本也随之上升。因此，为了有效地管理和利用数据，压缩技术变得至关重要。

数据中存在的重复或不必要的部分称为冗余，冗余是数据压缩的首要目标，它是通过消除这些冗余来实现数据压缩的。例如，一个字符串中连续重复的字符或图像中的相似区域都是可以压缩的冗余部分，为了表示数据的较小版本，我们需要一种新的表示方法，这就是编码。编码技术如哈夫曼编码基于数据项出现的概率或频率，为每个数据项分配一个变长的代码，从而有效地减少了数据的表示大小。

在处理数据时，我们经常观察到，特别是在相邻数据之间，存在显著的相关性。例如，一个图片的大部分区域可能会有一致的背景色，或者在连续播放的电视帧中，只有很少的内容会发生变化。为了提高数据存储和传输的效率，技术人员会采用特定的算法和技术来去除或减少这些数据中的冗余性。但这样的处理过程可能导致某些数据信息的丧失，这种丧失是不可恢复的，这也是为什么它被称为不可逆的压缩方法。这种压缩方式还有其他的命名，如有失真编码或熵压缩。为了达到压缩的目的，熵压缩采用了一系列技术，其中包括从数据中抽取特定的特征（如通过模式识别）以及量化技术，而在这些技术中，量化被认为是最通用和广泛应用的熵压缩方法。

（二）数据压缩技术的分类

数据压缩可以分为无损压缩和有损压缩两种，无损压缩意味着原始数据可以完整地从压缩数据中恢复，没有任何损失，而有损压缩在压缩过程中可能会丢失一些原始数据。有损压缩通常用于图像和音频文件，其中小的信息丢失可能并不显著，但可以大大减小文件。

数据压缩的原理可以从以下几个技术进行详细说明，运行长度编码是一种基于连续的相同数据元素的长度进行编码的方法，例如，将连续重复的字符表示为单个字符加上其重复次数，哈夫曼编码则是基于数据项出现的概率或频率分配编码。此外，变换编码如差分编码的目的是将数据转换为另一种更容易压缩的表示形式。

字典技术，如 LZW 压缩算法，也是数据压缩的一种有效方法，这种技术基于创建一个字典来存储数据序列，替换已知序列为字典中的索引，从而实现压缩。另外，量化是有损压缩的一个重要方法，它涉及将连续的值范围减少到较小的离散集合。

数据压缩是一个深入涉及数学和算法原理的技术。在大数据、物联网和数字化内容的现代背景下，正确和高效的数据压缩方法不仅可以节省大量的存储和传输资源，还可以确保数据的质量和完整性，为组织带来巨大的效益。

（三）数据压缩技术常用算法

1. 基于字典编码技术的 LZW 算法

Lempel 和 Ziv 最初提出了一种压缩算法，后经贝尔实验室，尤其是 1984 年 Welch 的改进，发展为现今的 LZW 算法。这个算法识别并建立一个“高频字典”，列出多次出现的子串，并为每个子串分配唯一序号。在压缩数据时，使用这些序号替换原始的高频子串。这个字典可以预先生成，也可以在数据处理时动态创建。当字典空间有限时，会移除部分旧的子串来腾出空间，这可能会牺牲一些压缩率，但可以加快处理速度。

2. 静态图片有损压缩算法 JPEG/M-JPEG

JPEG 压缩算法将图片划分为多个正方形区域，并进行离散余弦变换来获得图形信号。由于人眼对图形的高频部分（表示图像细节）不敏感，可以移除一些高频分量，而不会明显降低图片质量。这里的高频不是指蓝紫色光，而是与图像边缘细节相关的信号部分。为了确保良好的压缩效果，通常的压缩比是 24 ∶ 1。

JPEG 算法是为静态图片设计的。但通过将一系列经过 JPEG 压缩的静态图片连续解压展示，可以形成动态图像，这种方法称为 M-JPEG 或“活动的静态图像压缩”。尽管 M-JPEG 的核心仍是 JPEG，但如今它已基本被 MPEG 技术取代。

3. 动态图像有损压缩算法 MPEG

MPEG 技术是为了让微型计算机有与 VHS 家用录像系统类似的音视频表现。它融合了三大主要技术：动态图像压缩、声音压缩以及图像与声音的同步处理。其中，动态图像压缩技术对于整体视频质量的影响尤为显著，被视为这一算法的核心和灵魂。通过这种综合处理，MPEG 不仅保证了视频的连续性和清晰度，还确保了音频的高质量播放，从而实现了卓越的音视频同步效果。

与传统电影相似，多媒体电影同样采用“帧”作为连续图像和声音信号的基本单位，而 MPEG 则基于三种不同的情境来处理这些帧。

（1）当前帧。为了作为参考提供给其他帧使用的关键领域，通常采用 12 ∶ 1 的高质量压缩技术。这意味着在每秒钟的视频中，只有两个这样的关键帧被压缩处理，而其余的帧都基于这些关键帧进行优化和压缩。

（2）预测帧。当前帧所使用的预测帧是基于已有的信息来生成的，这种预测方法涉及分析当前帧内实体的动态运动方向和速度，并据此预测其在接下来的帧中的位置和状态。通过这种方式，可以减少连续帧之间的冗余信息，从而达到更有效的压缩，这种以运动趋势为基础的预测方法使得视频流能够保持连贯性，同时确保压缩后的视频仍保持较高的质量。

（3）双向帧。为了获得更加出色和平滑的图像效果，仅依赖当前帧与预测帧是不足够的。在视频压缩和播放过程中，为了弥补这两者之间可能出现的视觉断裂或跳跃，我们引入了双向帧的概念。双向帧不是独立生成的，而是基于前面的当前帧和后面的预测帧来创建的。通过从这两个参考帧中获取信息，双向帧可以同时进行前向和后向的预测，从而确保视频在这三种帧之间的过渡更为流畅和自然。这样，观众在观看视频时能得到更加连贯和高质量的观感体验。

二、交通信息融合处理技术

交通信息融合处理技术是一种高度复杂的技术，目的是整合来自多个源的交通信息，以提供更加准确和全面的视图。在现代城市交通管理系统中，各种传感器、摄像头和其他数据采集设备持续监测交通流量、速度、事故等各种情况。交通信息融合处理技术通过对这些数据进行整合、分析和解释，实现了对交通情况的全面评估。例如，当某条道路出现交通拥堵时，信息融合技术可以综合利用来自交通摄像头、车载 GPS 以及其他传感器的数据，准确判断拥堵原因并预测可能的发展趋势。此外，该技术也可以帮助交通管理部门制定出更为合理的交通调控策略，提高道路的通行效率。

信息融合在多个方面为系统提供了明显的优势。①它极大地提高了系统的可信度，因为不再仅依赖单一的数据源或传感器，而是整合了来自多个源的信息，降低了误判和偏见的风险。②这种综合方法使数据采集更加客观和全面，因为来自不同来源的数据可以相互验证，从而提高了检测的准确性。③信息融合还能有效地提高检测效果，使得系统能够更准确更快速地响应各种情况。④从空间和时间的角度看，信息融合技术也使系统具有更广泛的覆盖能力，这意味着无论是时间上的连续性还是空间上的覆盖范围，都得到了显著的增强。⑤采用信息融合技术的系统往往具有更高的性价比，因为通过综合利用现有资源，能够更有效地达到所需的性能标准，从而节省成本和提高效益。

（一）信息融合的模式

1. 第一级

第一级，也被称为像素级或检测级，涉及在原始数据层面进行融合。这种融合是在从各种传感器采集的原始数据未经任何处理的情况下进行的。在这一级，融合过程直接处理源信息，包括目标检测、部分目标识别和相关量测融合等任务，同时会判断多个量测数据是否来源于同一个目标。

像素级融合作为最基础的融合层次，处理的信息量极为庞大，涉及对大量原始数据的直接处理和分析。这种融合虽然可以得到非常精确的结果，确保融合的准确性，但这也带来了一个挑战，即对系统通信带宽的需求极高。由于数据量大，传输这些数据需要更高的带宽以确保实时性和效率。因此，在考虑像素级融合时，必须权衡其准确性与系统通信资源之间的需求。

2. 第二级

特征级融合是第二级的融合方法，它不直接处理从传感器获得的原始数据，而是首先对这些数据进行特征提取。这些特征可能包括目标轮廓、形状、边缘、位置、速度参数和航迹等信息。在完成特征提取后，系统会根据这些特征对数据进行分类、汇集和总结。例如，它可以融合各种方位信息、点迹数据和目标航迹信息，从而得到更为综合和准确的结果。通过这种方式，特征级融合能更有效地处理和分析各种传感器提供的数据。

特征级融合在中间层级中进行，其主要目标是实现信息压缩，从而便于实时处理。通过对原始数据的特征提取，有效地减少了数据的大小，使得对通信带宽的需求降低。然而，由于在此过程中部分数据可能会丢失，这种融合方法可能会牺牲一定的准确性。尽管如此，其优化的信息处理方式和对带宽的较低要求使其成为一个有效的融合策略。

像素级融合主要针对地面交通的详细数据进行分析，捕获交通流的微观特点，而特征级融合则对这些数据进一步提炼，突出交通的主要特征。同时，它们也融合了如 GPS 这样的空间信息，为城市提供一个综合的交通状态概览，包括道路的状态向量、交通流的关键特征以及各种相关属性。

3. 第三级

决策级融合是面向具体决策目的的最终阶段，其结果是决策过程中的关键输入。这个级别的融合不仅对原始数据进行筛选和解读，还需要确保提供的信息是准确和相关的，从而确保决策者可以做出明智和准确的选择，它对整体决策的效果有直接影响。

决策级融合对各传感器、各信道独立融合及特征融合的结果进行决策（态势评定与威胁评估）融合，属于高层次融合，由于对传感器数据进行了浓缩，产生的结果最不准确，但对带宽的要求最低。

决策级融合综合了地面交通信息、完整的空间数据、气象及其他交通相关信息，还结合了交通领域专家的知识。其输出为更为抽象的结果，涵盖了对交通系统当前状态的评估、整体效能的评价以及对系统未来运行的预测。

（二）信息融合技术的算法

1. 估计方法

估计方法在统计学和信号处理领域中具有重要地位，它们的核心目的是确定从有限且可能带有噪声的数据中的未知参数或状态的最佳估计值。各种估计方法被开发出来以满足不同的应用需求和数据特性。

加权最小二乘法是数学优化的一种技术，旨在找到最适合带有不同不确定性或方差的数据的函数。它的工作原理是通过找到一条线或曲线来最小化数据点与该线或曲线之间的距离的平方和。因为它简单直观，所以在初步的数据分析和模型拟合中经常被使用。与此相对的是最大似然估计法，这是一种寻找最可能产生观测数据的模型参数的统计方法。简单来说，最大似然估计法是通过调整参数来最大化观测数据出现的可能性。这种方法在统计模型参数的估计中有着广泛的应用。

卡尔曼滤波是一种专门用于处理时间序列数据的方法，如飞机的位置跟踪。这是一个递归算法，它结合了所有先前的测量数据来提供对当前状态的最佳估计，尤其是当这些测量包含噪声或其他不确定性时。

贝叶斯估计法为我们提供了一种结合先验信息与观测数据的方式。它基于贝叶斯概率理论生成参数的后验分布，允许我们融合以前的信息和新的观测数据。

无论使用哪种方法关键都是选择适合特定任务和数据特性的方法。在实际操作中，我们还需要权衡计算效率和实时性的需求，以确保所选的估计方法能够满足特定应用的需求。

2. 分类方法

分类方法主要有参数模板法和聚类分析法。

（1）参数模板法。参数模板法是一种广泛应用于信号处理、模式识别和计算机视觉中的技术。它的核心思想是定义一组参数化的模板，然后调整这些参数以最佳地匹配给定的数据或信号。

我们首先要定义模板，模板通常是一个数学函数或形状，其形式由一组参数决定。例如，考虑一个简单的直线模板，它可以由斜率和截距两个参数定义。在更复杂的情境中，模板可能是一个多维的形状或者是一系列信号的模式。为了适应给定的数据或信号，参数模板法的目标是找到模板参数的最佳值。这通常通过最小化模板与数据之间的误差来实现。例如，对于前面提到的直线模板，我们可能希望找到斜率和截距的值，使得所有数据点到直线的距离的平方和最小。为了找到最佳参数，我们通常会使用优化技术，如梯度下降、遗传算法或粒子群优化。这些技术都试图在参数空间中寻找能最小化误差的位置。

参数模板法的一个关键优势是它的灵活性。由于模板是参数化的，可以更好地适应各种数据和信号。此外，由于优化过程可以针对特定的误差度量进行调整，该方法可以根据需要进行定制。然而，参数模板法也有其局限性。为了有效地工作，模板必须是足够灵活的，能够适应数据的实际形状或特点。如果模板过于简单，就可能无法准确地捕捉数据的复杂性；对于非常复杂的模板，优化过程可能会变得非常复杂和耗时，特别是当参数空间很大时。

参数模板法是一种强大而灵活的技术，适用于许多信号处理和模式识别任务。当正确应用该方法时，可以提供准确和鲁棒的模型或估计，但与所有技术一样，了解其潜在的局限性并在适当的情境下使用它是至关重要的。

（2）聚类分析法。聚类分析法是一种统计技术，用于根据某些特定的标准将一组对象或数据点分组，从而使同一组内的对象相互之间更为相似，而与其他组的对象更为不同。这种方法在各种领域如市场研究、机器学习、生物信息学和社会科学中都有广泛的应用。

聚类的核心思想是基于数据的特征将数据分为若干的类或组，这些特征可以是任何可以衡量的属性，例如，在市场研究中，可能基于消费者的购买行为或喜好进行聚类；在生物学中，可以基于基因表达模式进行聚类。有多种算法可以用于聚类分析，包括k均值、层次聚类、密度聚类和模型基础的聚类等。每种算法都有其特定的应用场景、优势和局限性。例如，k均值聚类是一种迭代的方法，目标是最小化每个数据点到其分配的类的中心点之间的距离。但这需要预先确定要分的类的数量。而层次聚类则不需要预先知道类的数量，它通过创建一个类的层次结构，从而可以得到任何所需数量的类。

聚类分析的一个关键挑战是确定适当的相似度或距离度量，因为不同的度量可能导致不同的聚类结果。另一个挑战是选择正确的聚类算法，因为不同的算法可能在特定应用中更为有效。

3. 推理方法

推理方法是为了从已知的事实和规则中得出结论或预测。其中，Dempster-Shafer理论①，也称为证据理论，是推理方法中的一种，特别应用于处理不确定性信息时。它是贝叶斯推理方法的一个扩展，而贝叶斯推理方法本身已经在众多领域中表现出强大的能力，特别是在统计学和机器学习中。

Dempster-Shafer理论的主要特点在于它解决了概率推理中的两大难题。首先，它能够为“未知”或不确定性提供一个显式的表示方式。在实际应用中，我们经常会遇到情况，即没有足够的证据支持任何特定的结论，在这种情况下，Dempster-Shafer理论允许我们对这种不确定性进行量化，并且不会做出过于乐观或过于悲观的假设。

① 汪晓霞．城市智能交通系统技术及案例[M]. 北京：北京交通大学出版社，2014：96.

当我们得到的证据部分支持某一假设时，Dempster−Shafer 理论能够明确地表示这一证据同时对该假设的否定有多大的支持。这是一种非常有用的特性，特别是在证据自身带有模糊性或矛盾性时。这种方法允许我们从各种来源获得的证据中提取出更多的信息，从而为决策制定提供更为坚实的基础。

Dempster−Shafer 理论为处理不确定性和矛盾证据提供了一种强大而灵活的工具，使其在多个领域中都有着广泛的应用。

三、模式识别技术

模式识别技术在人工智能领域中占据了核心地位，它是机器学习和自动决策制定的基石。这项技术致力于从大量的数据中识别和分类模式或结构。其中，语音识别技术允许机器解析和理解人类语言，为智能助手和语音助理等应用提供支持。声纹识别技术可用于分析声音的特点，为安全验证提供了又一种手段。指纹识别技术则利用每个人独特的指纹图案进行身份验证，被广泛应用于安全检查和电子设备的解锁中。而人工智能技术，作为一个广义概念，囊括了上述技术，并进一步涉及深度学习、机器学习和神经网络等领域，推动各种应用从自动驾驶到医疗诊断的进步。

（一）语音识别技术

语音识别技术是一种能够将声音信号转化为文本或命令的技术。这项技术起初是为了辅助残障人士而研发的，但随着时间的推移，它在多种场景和应用中都得到了广泛的应用。

在语音识别技术的核心是机器学习和深度学习算法，尤其是随着近年来神经网络的兴起，这些算法的准确性得到了显著的提高。语音识别首先需要从声音中提取特征，如频率、节奏和强度等。随后，这些特征被输入预先训练好的模型中，该模型会识别出对应的文字或命令。语音识别技术的潜力是巨大的，最为人们熟知的当数智能助手，如 Siri、Google Assistant 和 Amazon Echo，用户可以通过语音与这些设备交互，进行搜索、设置提醒或控制智能家居设备。此外，在医疗领域，医生可以使用语音识别技术快速记录病历，而不必手动输入。

在车载系统中，驾驶员可以使用语音识别命令来更改音乐、获取导航信息或接听电话，从而降低了手动操作的风险，确保驾驶安全。教育领域也受益于语音识别技术，它可以帮助教师进行课堂管理，或者协助有阅读障碍的学生。值得注意的是，尽管语音识别技术在许多领域都得到了广泛的应用，它仍然面临一些挑战，如噪声环境下的识别准确性、多种口音和语言的适应性等。但随着技术的持续进步，我们有理由相信，未来语音识别将更加智能和准确，为我们的日常生活带来更多的便捷。

一个典型的语音识别系统的原理如图 4–20 所示。语音识别过程主要包括语音信号的预处理、特征参数提取、模式匹配三个部分。

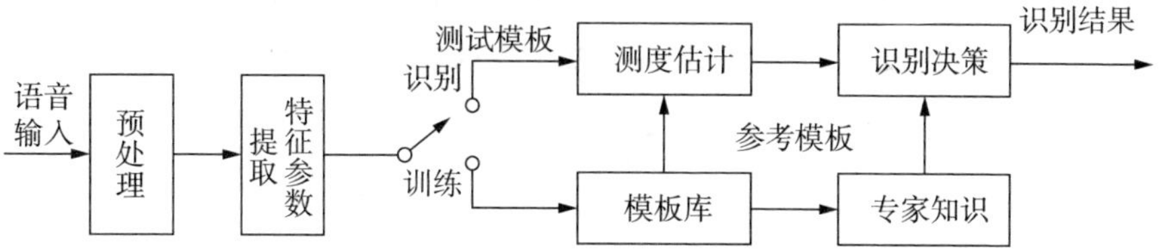

图 4–20　语音识别系统原理

语音信号识别最重要的一环是特征参数提取，提取的特征参数必须满足以下要求。

（1）提取的特征参数具有出色的能力来准确地代表语音的独特特征，这使得它们在不同的语音中具有很好的区分性和识别效果。

（2）各个阶次的参数在分析和应用中均保持了良好的独立性，这确保了在处理和解释时，每一个参数都不会受到其他参数的干扰或影响。

（3）特征参数的计算应该简便且迅速，最佳情况下应当采用高效的算法。这样可以确保在语音识别过程中实现即时响应和快速处理，满足实时性要求。

在训练阶段，每个词条的特征参数经处理后建立为一个模型并存入模板库。在识别时，同样方法获取语音特征并生成测试模板，与参考模板对比。最匹配的模板被认为是识别结果，而先验知识进一步提高了识别精度。

语音识别是信息技术核心的交叉领域，与语音合成的结合预示着未来人机交互方式的巨大变革。随着这种技术的发展，传统的键盘输入方式可能会被人们用自然语言的交流替代，这种转变已经催生了一个充满竞争力的高科技产业领域。

（二）声纹识别技术

声纹识别技术，又被称为语音生物特征识别，是利用人类的语音特点来识别身份的一种生物识别技术。每个人的声音都是独特的，这种独特性来源于各自不同的声带结构、口腔、颅骨形状以及习惯性的发声方式。正是这些生理和习得的差异，使得声纹识别技术成为一种可靠的身份验证方法。声纹识别技术的核心在于提取声音的特征参数。这些参数可以是频率、振幅、时长、音高和谐波等，为了提高识别的准确性，通常会利用一系列复杂的算法，如傅里叶变换和梅尔频率倒谱系数，来从语音信号中提取有意义的信息。这些特征信息经过处理后会被存储为一个声纹模板，用于与未来采集的声音数据进行匹配。

声纹识别技术应用广泛，从简单的手机语音助手到复杂的安全验证系统都有它的身影。例如，现代的智能助手可以识别特定用户的声音并根据用户的语音命令执行特定操作；而在安全领域，声纹识别可作为双重或多重认证的一部分，增加系统的安全性。

声纹识别的应用有一些特殊的优势。

声纹识别作为一种基于生物特征的身份验证技术，拥有多种独特的优势。

（1）非侵入性：与其他生物识别技术相比，声纹识别是非侵入性的。用户只需说话，无须进行物理接触，如指纹扫描或虹膜扫描。

（2）具有普遍性：声纹识别不需要特殊的硬件设备。任何带有麦克风的设备，如智能手机、计算机和其他智能设备，都可以进行声纹采集和识别。

（3）能够进行自然交互：声纹识别支持自然语言交互，使得用户体验更为友好和自然，尤其是在智能助手和语音助理的场景中。

（4）可以进行连续验证：在某些应用场景中，声纹识别可以提供连续的身份验证，不仅在会话开始时，而且在整个会话过程中，确保只有合法用户可以访问。

（5）难以伪造：每个人的声纹都是独特的，由其生理结构（如声带、口腔和鼻腔）和发音习惯共同决定。因此，模仿他人的声音或使用录音进行欺骗是非常困难的。

（6）需要进行多因素认证：声纹识别可以轻易地与其他身份验证方法结合，如面部识别或指纹扫描，提供更高级别的安全保护。

声纹识别技术在近年来得到了显著的关注和广泛的应用，其原因不仅仅是因为它的独特优势，如非侵入性、自然交互和广泛的设备兼容性等。从市场数据可以看出，声纹识别已占据了 15.8% 的全球市场份额，并且这一数字仍在持续上升。① 这表明，随着技术的进步和应用的拓展，声纹识别将成为生物识别技术中的主要玩家，得到系统开发者和用户的更多青睐。这也预示着其在未来的安全验证和人机交互领域将有更大的发展潜力。

（三）指纹识别技术

指纹识别技术是一种独特而高度精确的身份验证方法，主要依赖每个人所拥有的与生俱来、独一无二的指纹特征。这些特征在每个人、甚

① 汪晓霞．城市智能交通系统技术及案例 [M]．北京：北京交通大学出版社，2014：98.

至每个手指上都是唯一的，因此成为一个高度可靠的认证方式。这项技术在生物识别领域中占有显著地位，因为它结合了易用性、安全性和经济性。

当一个人试图通过指纹进行身份验证时，首先要使用特定的设备，如指纹扫描仪，捕捉其手指上的指纹图像。这些扫描设备能够以高分辨率捕获指纹上的每一个细节，一旦捕获到指纹图像，就会启动一个复杂的图像分析过程。这个过程的目标是找到指纹中的局部和全局特征，这些特征包括纹路的起始和结束、纹路的分叉和独特的纹路模式等。

在特征提取过程之后，从原始的指纹图像中抽取出的特征值会被转化成一个数字化的模板。这个模板之后可以与数据库中存储的其他指纹模板进行比对。进行特征匹配的核心是，比对新捕获的指纹模板与数据库中已有的模板，查找可能的匹配项。如果找到一个与新指纹高度匹配的模板，那么身份验证就被确认。

需要注意的是，指纹识别技术不仅仅是简单地对两张指纹图片进行比较。它深入每个指纹的独特特征，确保即使在不同时间、不同条件下捕获的指纹也能被准确地识别。指纹识别技术是一种深受欢迎且广泛应用的身份验证方法。其高度的准确性和可靠性，结合了高端的技术和对人类独特生物特性的了解，使其成为现代安全系统中不可或缺的一部分。

四、人工智能技术

人工智能技术是模拟、扩展和增强人类的智能的计算机系统技术。它旨在让机器执行传统上需要人类思考才能完成的任务，如问题解决、决策制定和自然语言理解。通过学习、推理和自适应，人工智能能够在复杂环境中进行判断和行动。这一技术已广泛应用于机器人、语音识别、图像分析和推荐系统等领域。

（一）推理技术

推理技术是基于特定规则从已知事实中得出结论的过程。这个领域通常需要深入探究逻辑规律，因为逻辑是人类思维的基石，也是推理的理论基础。在机器推理和人工智能领域，逻辑发挥着核心作用，主要涵盖了谓词逻辑以及在此基础上扩展和演化而来的各种逻辑形式。这些逻辑的扩展被称为非经典或非标准逻辑。上述论述强调了推理技术的本质，它涉及从已知信息中按照事先定义好的规则进行推断从而获得新的结论。这个过程在人工智能中有着广泛的应用，从专家系统到自动化决策，都需要基于逻辑的推理来实现更高层次的智能行为。

经典逻辑中的谓词逻辑，是一种高度表达能力的形式语言。谓词逻辑不仅为人类提供了一种符号演算的手段，用以进行逻辑推理和分析，而且同样为计算机提供了一种基于符号的推理方式。这种形式语言允许我们用符号表示不同实体之间的关系、属性和量化关系，进而构建复杂的逻辑命题，通过谓词逻辑，我们可以对各种关系和情境进行精确的描述，从而实现推理过程的形式化。这种逻辑为人类提供了一种强大的思维工具，用以分析复杂问题，推演出新的结论。更为引人瞩目的是，谓词逻辑不仅为人类思维提供了支持，还为计算机的智能化赋予了可能，计算机可以利用这种形式语言进行符号推演，从而模拟人类的逻辑思维。这为人工智能的发展开辟了道路，使计算机能够处理抽象概念，进行逻辑推理，并根据先前定义的规则生成新的结论。总之，谓词逻辑作为经典逻辑的一个重要分支，不仅在人类的思维领域发挥着关键作用，还在人工智能的发展中扮演着重要角色。通过这种形式语言，人类和计算机可以共同进行推理，从而实现更高级别的智能行为和决策。

非经典逻辑涵盖了除经典逻辑之外的一系列逻辑形式，如多值逻辑、多类逻辑、模糊逻辑、模态逻辑、时态逻辑、动态逻辑、非单调逻辑等。这些逻辑形式在对现实世界中复杂问题进行建模和推理时，填补了经典逻辑的不足之处，为更准确地捕捉复杂情境提供了工具和框架。多值逻辑克服了经典逻辑的二元真值，允许命题的真值在多个值之间变化，适用于涉及多种可能性的情况；多类逻辑则考虑到事物之间的多重分类，适用于现实世界中的复杂分类关系；模糊逻辑引入了模糊集合的概念，用于处理信息的不确定性和模糊性，适合于模糊和模糊边界的问题领域；模态逻辑探索命题在不同语境或条件下的真值变化，以更好地处理关于必然性和可能性的推理；时态逻辑考虑命题随时间的变化，适用于描述时间相关的事件和因果关系；动态逻辑则关注于行动和事件的影响，有助于描述推理过程中的动态变化；非单调逻辑解决了一般规则在特定情况下不成立的问题，适用于处理反常、例外和不确定性。这些非经典逻辑的发展和应用，丰富了逻辑学的领域，使得我们能够更精确、全面地描述和推理现实世界中的复杂情形。非经典逻辑形式的引入为逻辑学和人工智能带来了更丰富的工具和技术，弥补了经典逻辑的限制，使得我们能够更好地处理和理解现实世界中多样、复杂的逻辑关系和推理需求。

上述逻辑为机器推理提供了理论基础。

（二）搜索技术

搜索技术是与查询、检索和呈现信息相关的一系列方法、算法和工具的集合。在我们进入数字时代，这种技术已经成为我们每天生活中不可或缺的部分。当我们考虑搜索时，最初浮现在脑海中的往往是搜索引擎，如谷歌或百度，但实际上搜索技术被应用于各种领域，从数据库检索到电子商务、从医疗记录查询到社交媒体内容发现等。

在早期的搜索系统中，关键词搜索是最主要的方法，这种方法简单地匹配用户输入的词语与存储在数据库中的文档，尽管它为用户提供了基本的检索能力，但它的限制很快就变得明显。例如，仅仅基于关键词的匹配可能会导致大量的无关或低质量的搜索结果。

为了解决这些问题，布尔搜索被引入，允许用户通过布尔运算符

（如 AND、OR、NOT）来精确地定义他们的查询。然而，即使是布尔搜索，也不能完全满足用户的需求，因为它还是基于文字匹配，而不是查询的真正意图。这就引出了语义搜索的概念，这种搜索方法试图理解查询的意图和上下文。这涉及自然语言处理技术，以确定用户是在寻找什么，而不只是匹配关键词。例如，查询“苹果”的意图可能是查找水果的信息，或是查找 Apple 公司的产品。

随着网页数量的激增，搜索引擎开始使用排名算法，如 Google 的 PageRank，来确定哪些页面与给定的查询最相关。这种算法基于多种因素，如页面的质量、链接的数量和质量以及其他许多因子，从而决定其在搜索结果中的位置。

个性化搜索则代表了搜索技术的另一个方向。基于用户的搜索历史、浏览历史和其他在线行为，搜索引擎可以调整搜索结果，使其更加符合个人的兴趣和需求。

随着移动设备的普及，地理位置搜索成为一个重要的趋势。这种搜索考虑了用户的物理位置，为他们提供了与当前位置相关的信息。随着技术的不断发展，包括深度学习和神经网络在内的新技术被引入搜索领域，以期提供更准确、更有深度的搜索结果。

（三）知识表示与知识库技术

知识表示是一种特殊的技术和方法，它定义了如何在计算机系统中捕获、组织和存储知识，这种表示不仅仅涉及数据的结构，还需要对知识的内在逻辑和关系有深入的理解。在某种程度上，知识表示提供了一个框架，让我们能够明确、高效地在计算机中处理知识。

与此同时，知识库是知识表示的具体应用，可以看作专门存储知识的数据库。它保存了大量的知识，并且按照特定的结构进行组织，使得检索和应用这些知识变得方便。由于知识库的特殊性，我们不能仅仅使用传统的数据库技术来管理它。相反，我们需要特定的技术和方法来组织、管理、维护和优化知识库中的数据。为了完成这些复杂的任务，知识库管理系统（KBMS）成为必要工具。它提供了一系列功能，帮助我们有效地与知识库互动，从而确保知识的准确性、完整性和及时性。

知识表示和知识库是相互关联的两个概念，知识表示关心如何在计算机中形式化和结构化地表达知识，而知识库则是使用这些表示方法来实际存储和组织知识的地方。为了使知识库的功能得到充分发挥，知识库管理系统成为桥梁，连接了知识表示与知识库之间的关系，确保知识的有效管理和利用。

（四）归纳技术

归纳技术在人工智能和机器学习领域中是非常重要的，它涉及计算机系统从给定的数据中自动地提炼概念、知识和规律。这种技术模拟了人类从观察和经验中学习与推断的过程。

在归纳技术中，我们可以看到两大主流的方法：基于符号处理的归纳和基于神经网络的归纳。神经网络方法在此背景下的作用尤为明显，因为它本身的设计就是为了模拟大脑的工作方式，使得机器可以像人类一样从数据中学习。神经网络通过大量的输入和输出对数据进行模式识别，并在此过程中“归纳”出相关的知识或规律。因此，它在机器学习领域中被广泛应用，特别是在深度学习的场景下。

与此不同，基于符号处理的归纳技术更多地依赖明确的算法和规则来进行归纳。这种方法在过去已经产生了许多归纳学习方法，但随着大数据时代的到来，它的应用和重要性得到了进一步的加强，尤其是当我们考虑到数据挖掘和从数据库中的知识发现（KDD）这两种技术时。这两种技术都是为了从大量的、经常是非结构化的数据中找出有价值的信息、模式和关联。数据挖掘是一个系统化的过程，它使用多种统计、数据库和机器学习技术，旨在从庞大的数据集中找出未知的、潜在的、有用的模式。与此相辅相成，KDD 是一个更为全面的过程，它不仅包括数据挖掘，还包括数据准备、选择、清洗，以及挖掘后的解释和评估。

简而言之，归纳技术是机器从数据中学习的核心方法。无论是传统的基于符号处理的方法，还是现代的基于神经网络的方法，它们都为机器提供了从数据中抽取知识的能力。而随着大数据和高级数据库技术的发展，如数据挖掘和KDD这种技术的重要性更加突出和应用范围进一步扩大。

（五）联想技术

联想是我们心智活动中无处不在的现象，它构成了思维的核心部分，并在决策、解决问题和创新过程中起着关键作用。人类在日常生活中常常无意识地进行联想，如当我们看到某物时，它可能会让我们想起与之相关的经历、情感或其他物体。这种看似简单的活动实际上是大脑对已有知识和经验的复杂反应。

当谈到AI（人工智能）领域，联想的重要性就显得尤为明显了，为了使机器能够进行类似人类的思考、决策和学习，AI技术必须具备一定的联想能力。这不仅仅是为了模拟人类的思维模式，更重要的是让AI能够更有效地处理信息、发现模式和生成新的知识。

然而，AI进行联想的基石是联想记忆或存储。要让机器具备联想能力，首先需要有一个存储和检索信息的强大系统，它可以在需要时迅速提取相关数据。这一技术领域的挑战在于如何有效地存储巨量的信息，并确保机器能够根据不同的输入快速、准确地进行联想。

联想不仅是人类思维的基石，也是AI领域追求的核心技术之一。为了实现真正的AI联想，研究者面临着如何更好地存储、组织和检索信息的重大挑战。

第四节 交通信息发布与显示技术

交通信息发布与显示技术是现代交通管理和导航系统中的关键组成部分。它涉及收集、处理和传递有关交通情况、路况、天气状况等相关信息，并通过各种方式展示给驾驶员或旅客。

为了收集交通信息，通常使用一系列的传感器、摄像头、雷达等设备部署在道路、交通节点或车辆上。这些设备能够实时监测车流、拥堵情况、事故、道路工作等。收集的数据会被发送到中央处理系统进行分析和整合，基于这些数据，系统可以预测交通流量、提供最佳路线建议或预警即将出现的交通问题。

这些信息会通过多种显示技术展示出来，包括车载导航系统、手机应用、电子路牌、公交站或火车站的显示屏等。确保信息准确、及时和易于理解是这一技术的主要目标，以帮助驾驶员和乘客做出明智的出行决策。

一、交通信息发布：WWW 互联网技术（网页信息服务）

（一）万维网的基本概念

万维网（World Wide Web，简称 WWW 或 Web）是一个信息系统，它通过超文本链接和统一资源定位符（URL）将分散在全球的各种资源连接起来。由于其覆盖面和便捷性，万维网已经成为当今世界上最受欢迎和广泛使用的互联网服务。

万维网的核心是基于超文本的结构，这意味着文档中的特定文本或图像可以链接到其他文档或媒体，这些内容可能位于同一台服务器上，也可能位于世界的另一端，单击或触摸这些超链接，用户可以轻松地从一个资源跳转到另一个资源，形成了一个复杂而又巨大的信息网络。

为了在 Web 上发布和访问内容，人们通常使用浏览器，如 Chrome、Firefox 或 Safari 等。当用户输入 URL 或点击链接时，浏览器会从服务器请求内容，然后将这些内容呈现给用户。

万维网的出现极大地改变了信息传播和获取的方式，与传统的打印和广播媒体相比，Web 提供了一个互动的平台，用户不仅可以接收，还可以创作和分享信息。此外，Web 的分布式性质意味着它不依赖中央化的控制或单一的内容源。

（二）基于万维网的交通信息服务

利用网络为大众提供交通信息服务是交通信息发布的新趋势。这不仅增强了交通管理者的管理和服务能力，也方便了公众获取交通信息。出行者可在各个场所，通过互联网端设备查看地图、路况和公交线路，以做出明智的出行选择，这得益于互联网和动态交通信息技术的进步。对于交通管理部门，网络成为与社会各方沟通的桥梁，助力提升管理效率。实施网络信息工程可助推办公自动化、信息交互和建立提供服务的 Web 站点。这不仅提高了管理部门的工作效率，还为我国向网络社会的转变奠定了基础。

以北京市公安局公安交通管理局网为例，它是一个综合的交通信息发布及交通事务办理网站，主要内容是将北京市公安交通管理局现有丰富的实时路况信息及时向社会发布，使实时路况信息高效地服务于公众，满足公众的交通运输知情权，有效地均衡路网交通流量，缓解道路交通拥挤。同时，也能够实现市局与其他政府部门和社会单位交通信息的交换与共享。该网站主要分为以下六大模块：交通出行、办事地点、便民服务、常用表格、栏目订阅、数据发布，如图 4–21 所示。

图 4-21 北京市公安局交通管理局网站

国内的多个城市已经开始利用互联网为市民和驾驶员提供实时的交通信息服务。例如，深圳市和大连市都已经建立了专门的交通信息网站来为市民提供这项服务。特别地，在深圳，该市的交警局已经在福田、罗湖和南山这三个主要地区推出了一个先进的交通流动性显示系统。该系统利用红、黄、绿三种颜色动态地表示不同的交通流状态，使得驾驶者和市民可以一目了然地了解当前的交通状况。而且，除了这种色彩编码的流动性信息，网站还为用户提供了主要路段的实时视频点播服务，使人们可以直接观看到路面的实际情况。值得注意的是，为确保信息的实时性和准确性，这些视频和交通流信息都会每两分钟刷新一次，为市民提供最新的交通状况，帮助他们做出合理的出行决策。

（三）网络信息发布系统的特点

1. 实时性

网络信息发布系统具备出色的实时性和动态更新能力，当有新的信息或数据需要传递时，这个系统能够迅速且准确地发布，不论是重大的公告、突发事件的快讯，还是日常的更新内容。与此同时，已发布的信息也可以在系统中迅速进行修改或优化，以确保内容的准确性和及时性。这样的特点保证了用户无论在何时何地登录，都能第一时间接收到最新、最准确的信息或消息。这种实时性不仅提升了用户的体验，也加强了信息发布者与受众之间的信任和连接。

2. 互动性

相对于传统媒体，如报纸、电视或广播，网络信息发布系统显著地增强了与用户之间的交互性。这种系统不仅传递信息，还为用户提供了一个平台，让他们能够更加积极地参与其中。用户可以发表评论、分享感兴趣的内容，甚至提供有关内容质量或准确性的反馈。这种双向的交互为用户创造了更加深入、个性化的体验，同时使内容提供者能更好地了解和满足受众的需求。

3. 广泛的覆盖范围

在数字化的时代，信息的传播速度和范围都得到了极大的扩展。借助互联网和先进的通信技术，消息和数据能够几乎瞬间传播到世界的任何角落。这种迅速的信息流动突破了传统的地理边界和时区差异。无论是东半球还是西半球，都能同步获得最新的信息，实现了真正的全球互联和实时通信。

4. 定向发布

随着大数据和个性化算法的应用，信息的发布已经变得更为智能和有针对性。不同于以往的“一刀切”模式，现在的信息可以根据用户的具体兴趣、所处的地理位置或其他个人属性进行定制和推送。例如，爱好旅游的用户可能会收到与目的地相关的资讯，而生活在某一城市的居民则可能获得该地的实时天气或活动信息。这种有针对性的信息提供方式极大地增强了内容的相关性，使信息更为吸引用户，从而提高用户参与度和满意度。

5. 库皮灵活性

在数字化的网络环境中，修改或更新已发布的信息变得格外简便。与之形成鲜明对比的是，传统媒体如报纸或电视，一旦发现错误或需要更新，往往需要重新印刷或重新制作，既费时又费资源。而在线信息平台仅需几次单击或输入，就能实现内容的调整或修订，大大减少了时间和成本的消耗。这种灵活性和效率性确保了信息始终保持最新和准确，同时提供了更为绿色和经济的信息传递方式。

6. 能够进行数据分析

随着先进的数据分析技术和工具的出现，系统现在有能力实时跟踪和记录用户的在线行为和互动，如点击率、停留时间以及页面浏览路径等。这不仅帮助系统更好地了解用户的偏好和兴趣，还能够揭示其浏览和互动的模式。这些深入的洞察为制定个性化的内容策略、优化用户体验或调整市场营销策略提供了有力的数据支撑，使决策更加科学、精准。

网络信息发布系统为信息的发布和传播提供了一个高度灵活、实时和互动的平台，使信息更容易传到目标受众，同时提供了更多的反馈和分析工具，帮助发布者了解和满足受众的需求。

二、交通信息发布：调频广播

（一）调频广播的基本概念

调频（Frequency Modulation，FM）是一种以载波的瞬时频率变化来表示信息的调制方式。[①]

基础的调频仪器由两个正弦波振荡器组成：一个固定的载波频率 FC 振荡器和一个调制频率 FM 振荡器。载波振荡器产生一个稳定的 FC 频率正弦波，而调制振荡器负责输出带有 FM 频率的信号。当进行调制时，

① 陈旭梅 . 城市智能交通系统 [M]. 北京：北京交通大学出版社，2013：97.

由调制振荡器产生的 FM 信号使得载波振荡器的频率发生上下波动。这两种振荡器均生成具有特定频率、振幅和波形的周期性或近似周期性信号。

图 4-22 所示为一个频率调制的例子。左图显示了一个叠加在载波信号上的调制信号，右图显示了最后得到的频率调制信号。①

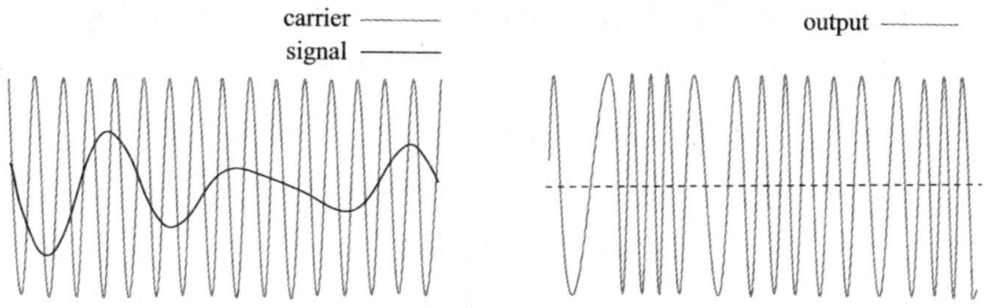

图 4-22　频率调制原理

（二）FM 在城市智能交通系统中的应用——交通广播

交通广播为驾驶员提供了与电台广播类似的信息接收方式，使其能在车内通过收音机直接获取路况信息，而无须依赖视觉从信息板读取。很多国外电台定时更新关于高速公路、气象、事故等的交通信息。此外，城市内的交通广播还为驾驶员提供了关于不同路段和路口的实时交通信息，帮助他们选择最佳路线。为高效使用广播资源，交通信息可以通过调频电台的副载波与常规电台节目同时发射。但要接收这些交通信息，驾驶员需要一个专用的接收机，因为普通收音机只能收听常规电台节目。

三、终端显示技术

（一）LED 显示屏

LED 显示屏是一种以 LED（发光二极管）作为光源的高科技显示设

① 陈旭梅．城市智能交通系统[M]. 北京：北京交通大学出版社，2013：97.

备，广泛用于室内外的信息展示、广告宣传、娱乐演出等领域。LED 显示屏具有高亮度、高对比度、宽视角、低能耗等优点，因此在替代传统显示技术（如 LCD、CRT 等）方面表现出色。

LED 显示屏的工作原理是利用 LED 发光原理，通过控制 LED 的亮度来实现图像显示。LED 由红、绿、蓝三种基本颜色的 LED 芯片组成，通过不同的亮度和混合比例，可以产生数百万种颜色，从而呈现出丰富多彩的图像和视频。LED 显示屏可以分为室内和室外两种类型，根据使用环境的不同，LED 显示屏具有不同的防水、耐用性和亮度等特性。

LED 显示屏在广告行业中广泛应用，可以播放高清视频、动态图像和滚动文字，吸引观众的注意力，传达信息。此外，LED 显示屏也在演出、体育比赛、展览等活动中发挥重要作用，为观众提供震撼的视觉效果。随着技术的不断进步，LED 显示屏逐渐变得轻薄、柔性，适用于更多创新的应用场景。LED 显示屏以其优越的性能和多功能性，在现代社会中扮演着重要角色，推动着信息传播和视觉体验的进一步发展。

（二）LCD

液晶显示屏（Liquid Crystal Display，LCD）是一种常见的平面显示技术，广泛应用于计算机显示器、电视、移动设备等领域。它将液晶作为光学材料，在两片玻璃之间形成液晶层，通过控制电场来改变液晶分子的排列，从而调节光的透过与阻挡，实现图像显示。

液晶分子具有有序排列和无序排列两种状态，分别称为“开”态和“闭”态。在液晶显示屏的背后，有一种被称为“背光源”的光源，通常使用荧光灯或 LED 来提供背光。液晶分子的排列状态受到背光的照射影响，从而在前面的液晶层中形成可见的图像。通过控制电场，可以在液晶层中形成像素级的图像点，从而显示出各种颜色和图案。

LCD 液晶显示屏具有以下特点。

（1）分辨率高：LCD 显示屏可以实现高分辨率的图像和文本显示，

适用于各种需求。

（2）能耗低：相较于某些其他显示技术，LCD 显示屏在显示图像时耗电较少，有助于节省能源。

（3）薄型设计：LCD 显示屏结构紧凑，可以制造出非常薄的显示器和设备。

（4）可视角度较宽：LCD 显示屏通常具有较大的可视角度，使得观看图像时无论从哪个角度看都能保持较好的显示效果。

（5）适应多种尺寸：LCD 技术可以应用于不同尺寸的屏幕，从小型移动设备到大型电视。

尽管液晶显示屏有许多优点，但也存在一些限制，如对于黑色表现不如 OLED 等技术、响应时间相对较慢等。然而，随着技术的发展，液晶显示屏仍然是许多电子设备中最常见和实用的显示技术之一。

（三）PDP

等离子显示屏（Plasma Display Panel，PDP）是一种显示技术，用于创建高质量的大屏幕平板显示器。它利用气体等离子体的电荷和荧光特性来产生图像。PDP 显示屏包含数以百万计的微小单元，每个单元由两片玻璃之间的细胞构成，内部充满稀薄的气体。当电流通过细胞时，气体变成等离子体，导致荧光材料发光，从而产生可见的图像。等离子显示屏在色彩鲜艳度、高对比度、广阔的视角和快速的响应时间方面表现出色。然而，随着液晶和有机发光二极体（OLED）等竞争技术的发展，等离子显示屏在市场上逐渐减少，许多制造商已停止生产。

（四）CRT 显示屏

CRT（阴极射线管）显示屏是早期计算机和电视机的主要显示技术。它由一个真空管和一个或多个电子枪组成，通过电子枪向前部的荧光屏发射电子，当电子撞击荧光屏上的特定位置时，这些位置会发光，从而产生图像。

工作原理是，电子枪发射的电子束经过一系列电磁控制，可以在荧光屏上扫描并控制其位置。通过调整电子束的强度，可以改变屏幕上点的亮度。在彩色 CRT 显示器中，荧光屏被分为红、绿、蓝三个颜色的像素，三种颜色的电子枪分别控制，从而可以混合各种颜色来显示彩色图像。

随着液晶显示器和有机发光二极体技术的发展和普及，CRT 显示技术逐渐被淘汰，因为它相对较重、占用空间大、功耗高且可能产生辐射。然而，CRT 在其盛行时期为数字显示技术打下了基础，是电子历史中的一个重要篇章。

（五）ELD

场致发光显示器（Electro Luminescent Display，ELD）是一种利用特殊多晶荧光粉来实现发光的显示技术。这些荧光粉被置于导线网之间，当它们受到电场的作用时，便会产生发光。ELD 的大多数应用展现为单一颜色，一个常见的示例是黄色字体在黑色背景上。尽管它们经常被用于点阵形式的字符和图形展示，ELD 也有被采用作为液晶显示器的背光源的情况。

与其他显示技术相比，ELD 的一大优势在于其耐用性，以及从各种视角都能提供清晰的可见性。换句话说，无论从哪个角度观看，ELD 都能提供清楚的显示效果。然而，这种技术也存在缺点。首先，其制造成本相对较高，这可能限制了其在某些应用中的普及。其次，目前的 ELD 大多只能提供单色显示，这限制了其在需要丰富颜色显示的应用中的使用。场致发光显示器是一种独特的显示技术，以其耐用性和广泛的视角可见性而著称，但由于成本和颜色限制，其应用领域可能受到一定的限制。

（六）VFD

真空荧光显示器（Vacuum Fluorescent Display，VFD）是一种利用

真空技术与荧光物质相结合的显示设备。其基础工作原理涉及通过网状栅极进行精确控制的电子流，这些电子在高速移动过程中会碰撞到真空管壁上的特定荧光粉，进而使荧光粉发出光芒。

VFD 显示的典型特色是其蓝绿色的发光，这种颜色在与深黑背景相结合时，产生鲜明的对比，为用户带来明亮且易于分辨的视觉效果。然而，VFD 的颜色并不仅限于此。由于荧光粉的多样性，制造商可以通过选择和组合不同的荧光材料来实现各种颜色的显示。此外，为了进一步调整显示效果或增加颜色的范围，可以引入宽带滤波器技术。这使得 VFD 不仅仅是单一颜色的显示，而且可以呈现出丰富多彩的视觉体验。

VFD 是一个将真空技术与荧光技术相融合的高效显示系统。其鲜明的蓝绿色显示和高对比的黑色背景使其成为许多应用中的理想选择，而材料和技术的灵活性也为其提供了更广泛的颜色选择和展示可能性。

（七）HUD

平视显示器（Head Up Display，HUD）是一种高级的显示技术，旨在将信息直接投影到驾驶员或操作员的视野中，以减少其需要看向其他地方来获取信息的次数。这一技术由三个主要部分组成：图形发生器、光学投影仪和组合器。

图形发生器负责创建要显示的图像，这是 HUD 系统的核心，可以是基于 VFD 或 CRT 技术。图形发生器生成的图像可以包括导航数据、速度、警告信息等，视具体应用而定。

光学投影仪的角色是将由图形发生器产生的图像转化为平行光束。这样的设计确保投影的信息能够清晰、正确地对准用户的视野，无论他们的头部位置如何。组合器的功能是接收这些平行光束，并将它们反射到用户的眼睛。组合器的设计使得用户可以同时看到真实世界的景象和投影的信息。在许多汽车应用中，防风罩就扮演了组合器的角色，将信息直接投影到驾驶员前方的玻璃上。

HUD 技术通过图形发生器、光学投影仪和组合器的协同工作，使得驾驶员或操作员能够在不转移视线的情况下接收到关键信息，从而提高了操作的效率和安全性。

四、触摸屏

触摸屏是一种直观的人机交互界面，允许用户通过直接触摸显示屏上的图标或链接来操作电子设备。这种技术消除了传统的中间设备，如键盘和鼠标，从而使得操作更为直观和简便。

触摸屏技术可以追溯到 20 世纪 60 年代，但它在 21 世纪初随着智能手机、平板电脑和其他触摸屏设备的普及而广为人知。现如今，触摸屏技术已经渗透到各种设备中，如从 ATM 机、零售终端到家用电器，再到车载信息娱乐系统。

触摸屏的工作原理多种多样，其中包括电阻式、电容式、红外线、声表面波等。电阻式触摸屏依赖两层导电材料之间的压力变化来检测触摸，而电容式触摸屏则依赖屏幕上的人体或其他导体所引起的电容变化。电容式技术是现代智能手机和平板电脑中最常用的技术。触摸屏的优点包括直观的操作、沉浸式的交互体验以及能够自适应各种应用和用户需求。然而，它们也有一些挑战，如可能的误触、屏幕污渍或长时间使用导致的疲劳。

随着技术的进步，触摸屏已经开始融入多点触控、压感和触觉反馈等更先进的功能。多点触控允许用户同时使用多个手指进行操作，如缩放或旋转图像；而触觉反馈则为用户提供有形的反馈，使交互体验更为真实和满足。

五、VMS

VMS[①] 是可以通过程序控制向驾驶员显示当前信息的交通控制设备。这句话中提到了一种标志系统，可能是指变量信息标志（VMS）或类似的道路信息显示技术，这些标志既可以固定安装在路旁，为经过的司机提供实时信息，也可以被设计成便携式的直接安装在车辆上，随着车辆的移动而移动。

固定式的标志系统，多用于城市和高速公路，为司机提供持续、标准化的信息，如交通状况、天气预警或建设更新。而便携式的标志系统则为应对突发情况提供了极大的灵活性。想象一下，当发生重大车祸或自然灾害时，传统的固定标志可能不能及时地为驾驶员提供最新的信息或改道建议。

与此相反，便携式 VMS 可以迅速被运送到事故现场或受灾区，为驾驶员提供即时的、关于事故、灾害或其他紧急情况的信息。这样的系统不仅提高了信息传递的效率，还有助于避免进一步的事故，确保驾驶员和救援人员的安全。考虑到特殊活动或紧急状况，如大型活动、运动比赛或其他突发事件，便携式的标志系统可以迅速部署，为公众提供关键信息，助力交通流畅。无论是固定式的还是便携式的标志系统，都对确保道路上的安全、提供实时信息和增强公众的安全意识发挥了重要作用。而便携式系统在面对突发事件时，展现出其独特的优势和重要性。

一般来讲，VMS 应安装在下列位置。

变量信息标志是用于传递实时信息给路上的驾驶员的电子交通标志。为了确保它们的有效性和安全性，选择合适的安装位置至关重要。以下是一些建议的 VMS 安装位置。

（1）高速公路入口和出口：在驾驶员进入或离开高速公路时提供即

① 车广侠，石建军，隋莉颖．VMS 交通诱导系统现状分析［J］，道路交通与安全，2006，（8）：19-21.

将出现的交通状况、天气信息或施工通知。

（2）交通繁忙的路口：告知驾驶员预期的延迟或建议的绕行路线。

（3）隧道入口和出口：提供隧道内的状况，如事故、烟雾或封闭情况。

（4）大桥前：警告关于大风、事故或维修的情况。

（5）施工区域：提前告知驾驶员施工相关的信息，如施工长度、预期的延迟或建议的绕行路线。

（6）收费站：告知即将到来的交通拥堵或提供其他路线的建议。

（7）公交和火车站附近：提供关于公共交通的实时信息，如延迟或取消。

（8）城市入口：对于即将进入的城市，提供交通、天气或特殊事件的信息。

（9）大型活动或体育场馆附近：在活动开始或结束时，告知驾驶员预期的交通状况或停车信息。

（10）危险或事故多发区域：预警驾驶员可能的风险，如滑道、动物穿越或频繁的事故地点。

（11）气象敏感区域：在容易出现浓雾、大雨、雪或冰冻的区域，提供天气预警。

选择正确的位置安装 VMS 不仅可以确保信息的及时传递，还可以增强道路安全，减少事故并改善交通流动性。

在高速公路上，VMS 扮演了关键角色。它为驾驶者提供了即将发生的问题和实时状况的信息，同时给出了相应建议。通过 VMS，可以有效提升行车安全、降低交通堵塞和减少延误。

表 4-3　VMS 在实际中的应用

分类	应用
交通管理与车辆改道	高速公路交通情况通报与事故 高速公路之间的车辆改道 特殊事件 危险路段和天气状况 车速建议
危险情况警告	不利的天气和环境 不利的道路状况 桥下净空
交叉口的控制	桥梁控制 隧道控制 计重站控制 收费站控制
施工与维护期间的控制	即将进行的施工 / 维护情况的查询 速度建议 路线控制
专用车道与道路控制	可逆车道 专用车道 逆行车道 限制道路 高速公路便道使用控制

第五章　智能交通主要功能系统

第一节　交通信息管理系统

一、公共交通信息管理系统

公共交通信息管理系统在当今的交通体系中扮演了至关重要的角色。它不仅为公交运营调度提供了有力支持，还为乘客出行带来了更好的服务体验。随着技术的进步和交通需求的增长，公交的信息化已经逐渐成为行业的必然趋势。此系统确保公共交通信息能够准时、高效，并满足乘客不断变化的需求。

（一）公共交通信息分类

根据城市公共交通数字化的需求，公共交通信息分类应考虑以下原则。

1. 规范化原则

规范化的公共交通信息是实现系统信息化的根基。这一规范化应从专业词汇、术语、信息分类及编码开始，并进一步涉及图形输出、数据交换和结构，确保城市公共交通基础信息具有普适性。

2. 系统性原则

为了便捷地收集、处理并实时查询与检索公共交通信息，我们需要对这些信息进行系统的整合与管理。这意味着我们应当根据某种明确的标准或逻辑，将各类信息按照特定的顺序进行整理，从而构建出一个合逻辑的分类体系。在这个分类体系中，每种信息都应占据一个独特的位置，这样不仅可以清晰地标示出各类信息之间的差异性，同时能体现它们之间的关联与联系。例如，道路信息可能与交通流量、天气状况等信息存在某种关联，而通过一个有组织的体系，我们可以更轻松地跨类查询相关信息，从而为决策或日常管理提供更加全面的数据支持。这种有组织、有结构的信息处理方式，确保了数据的有效性、准确性和可靠性，为公共交通信息管理提供了强大的后盾。

3. 可延性原则

为适应智能公共交通系统未来的升级和调整，建立的信息分类体系需要预留充足空间以便容纳新信息，确保不破坏现有的信息分类体系。同时，还需考虑底层子系统可能的进一步细分与拓展。

此外，还应注意信息分类的完整性、实用性和服务性等因素。

从公交出行者的角度来说，公共交通出行信息需求分为出行前、出行中和个性化信息需求三类，如表 5-1 所示。

表 5-1 系统需提供的信息分类

系统需信息分类		信息内容
出行前信息需求	票务信息	票价、购票地点、检查方式
	时刻、班次信息	班次时刻表、首末班的时间
	站点信息	所经站名、路网衔接状态、主要换乘点等

续 表

系统需信息分类		信息内容
出行中信息需求	引导乘车信息	站点布局引导、乘车方向引导、地图引导、警告性引导等
	车辆运行信息	车辆到离站信息、间隔信息、运行正点信息、实时位置信息、行程时间信息等
	服务信息	车内拥挤程度、高峰时段信息、是否有座位等
	换乘信息	公交（地铁、轻轨等）线网内换乘信息、多方式的换乘信息
	紧急信息	当出现事故及特殊事件相关疏散信息等
个性化信息需求	公共服务设施信息	前往政府机关事业单位的乘车及转乘信息等
	沿途景观信息	城市旅游景点的乘车及转乘信息等
	其他信息	天气信息、新闻信息、休闲娱乐信息等

（二）城市公交信息管理系统

城市公交信息管理系统是对各种公交信息（包括常规公交、地铁、轻轨、BRT 等）进行采集、存储、管理、分析、展示、应用和决策等操作，能够提供公交信息查询，对公交线网进行优化，对公交资源进行组合和优化配置，对公交业务信息进行综合管理的应用软件系统。该系统一般往往以 GIS 为基础平台。

1. 系统功能需求

（1）用户需求。城市公交信息管理系统的用户群主要有以下几类。

①公交乘客。公交乘客在出行时追求更加详细和实时的信息与服务，他们希望这些信息能够使他们的旅程变得更加舒适、迅速、安全。通过高效的服务和准确的信息，乘客可以更好地规划他们的路线，确保出行都顺畅无阻。

②相关职能的管理部门。各相关部门，如城市公交规划、交通管理、公安交警、市政等，都期望能降低管理开销并提升管理效率，同时希望提高城市公交资源的使用效益。

③公交公司。公交公司面对日益激烈的竞争，期望通过公交信息管理系统来加强对整个行业的管理与监控。这不仅可以帮助他们更有效地优化运营环境，提高服务效率，还可以探索新的营业机会，尤其是在增值服务领域，为公司创造更多的收入来源和提高客户满意度。

（2）功能需求。城市公交信息管理系统的主要发展需求包括信息的采集、管理和发布，信息的交换与共享，公交换乘和线网的优化，交通信号控制，快速应对突发事件，交通引导，交通枢纽优化及公交监控与调度管理等功能。

（3）信息需求。城市公交信息管理系统的核心目标是为公众、管理部门和企业提供准确、及时和完整的信息。信息需求分为三类：动态、静态和历史。动态信息涵盖客流、交通流、公交运行、交通诱导、调度、车辆信息、违章、车辆定位、管制、客货运行和交通事件等；静态信息包括土地利用、小区入口、道路、公交线路和站点、管理法规、政府服务设施和城市交通地理信息；历史信息是对实时数据进行处理、统计和记录。

（4）应用接口需求。城市公交信息管理系统是城市综合交通信息系统的关键子系统，需整合到总的交通管理平台。其集成目的是促进不同平台间的信息交流，需采用高新技术解决系统交互问题，从而简化网络应用开发，减少集成成本，并增强系统的整合性能。

2. 总体结构设计

（1）体系结构。城市公交信息管理系统是为城市公交管理部门定制的专业应用型信息管理系统，即在公交 GIS 平台基础上，根据公交行业需求和公交网络的特点，应用专门技术而设计的一种解决公交专门问题的信息管理系统。它具有地理空间信息实体和体现空间信息分布规律、空间分布特征及空间信息相互依赖的应用模型和方法。在体系结构上，城市公交信息管理系统由基于公交 GIS 平台的三个主体部分组成，即城市公交 GIS 基础平台、城市公交信息数据库系统和城市公交信息管理应用系统。

城市公交 GIS 基础平台为公交信息管理系统提供了强大的 GIS 核心功能和一个灵活的应用开发环境，这一平台不仅支持空间数据的查询、编辑和分析，还提供了专题地图的制作工具，确保公交信息的直观呈现。此外，该平台还支持信息数据的实时发布，同时提供了一套完整的数据维护管理系统，确保数据的准确性和时效性，从而助力公交管理者做出更加精准的决策。

城市公交信息数据库系统为城市公交信息管理系统提供核心数据支撑，包括公交地理空间数据和专题数据。公交地理空间数据由城市管理部门制作，并供城区部门使用，可通过电子地图导入或数字化方式获取。专题数据包括静态数据、动态数据和历史数据三类。静态数据可由国家交通部门数据库导入或数字化采集获得；动态数据通过 GPS、PDA、传感器等设备采集，并通过专设接口传输；历史数据由公交信息管理部门定期整理和归档。

城市公交信息管理应用系统是基于公交专业模型和业务流程，专为城市公交规划、设计、管理及为社会公众提供服务的应用软件系统。

系统的总体结构如图 5-1 所示。

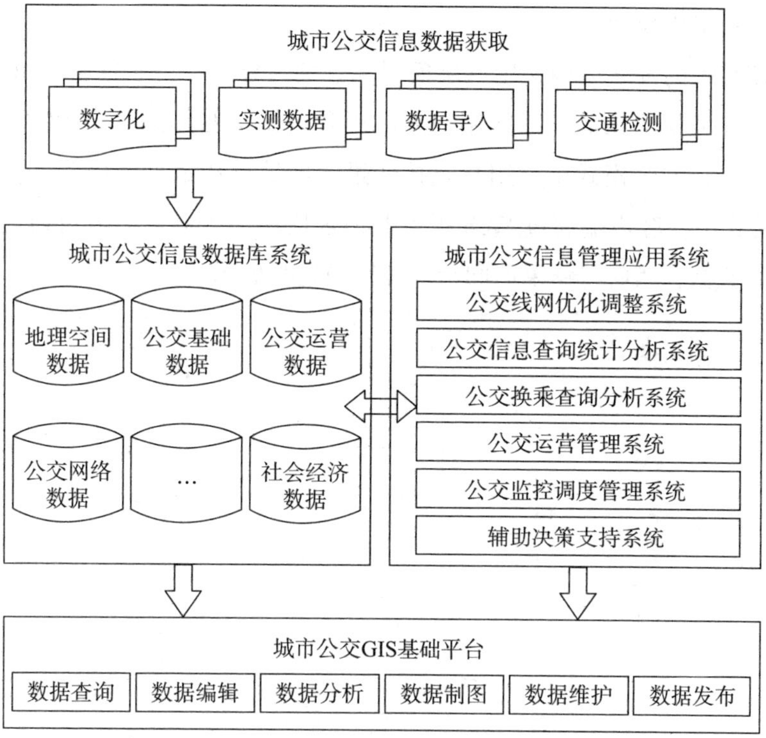

图 5-1　城市公交信息管理系统的总体结构

（2）网络结构。城市公交信息管理系统的软件设计为确保整体功能性和效率融合了 C/S 和 B/S 两种结构。在构建过程中，特别关注系统的安全性、实用性和用户友好性。系统考虑了各种用户需求，无论他们是集中于一个区域还是广泛分散。更进一步，系统不仅支持专业功能如图形编辑和深度管理，还为广大用户提供了便捷的在线信息查询功能，实现了多功能一体的综合服务。

对于固定的用户群，局域网通常采用 C/S 模式，允许用户直接访问数据库以加强内部管理和提高效率与安全性。而在局域网之外，系统应使用 B/S 模式，为数据交互和社会公众服务，使外部用户可以通过互联网远程访问和完成数据交换或查询分析。图 5-2 为城市公交信息管理系统的网络结构模型。

该系统的网络结构采用三层模型，分别为数据层、业务层和用户层。其中，业务层为核心，连接用户层应用和数据层的数据库，是统一的数据平台。在 C/S 模式中，用户直接通过业务层操作数据库服务器；而在 B/S 模式中，客户端通过 Web 服务器请求应用服务器，后者再通过业务层获取数据，然后将结果返回给外部用户进行展示。

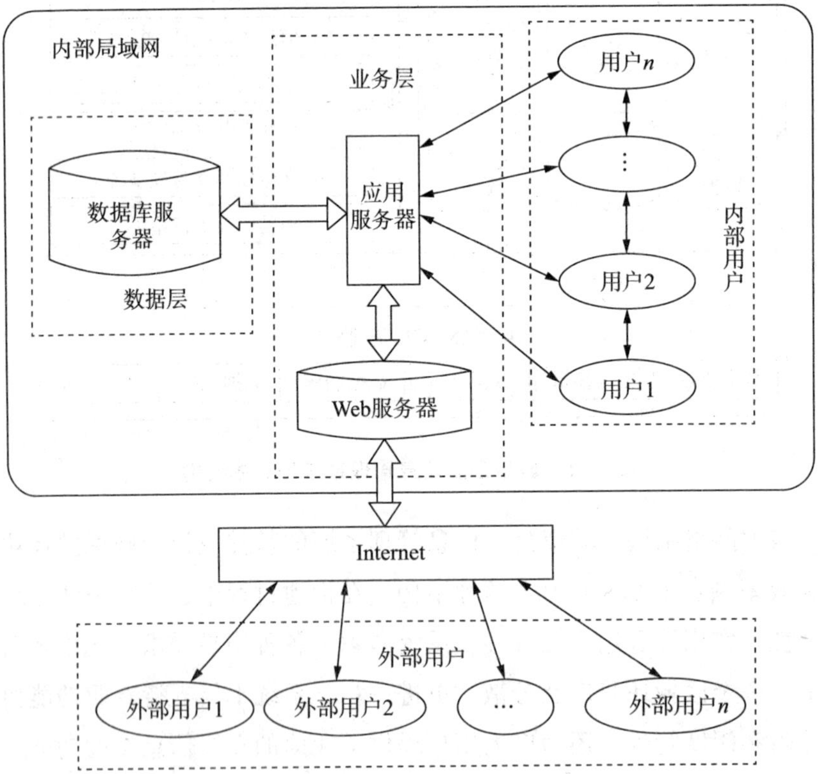

图 5-2　城市公交信息管理系统的网络结构模型

（3）内外接口。城市公交信息管理系统是城市综合交通信息管理系统的子系统，其内外接口可依托城市综合交通信息管理系统建立相应链路解决，如图 5-3 所示。内部接口通过城市、城区及其职能部门的三级交通信息管理平台实现紧密的通信连接。在这种架构中，城市与城区的公交系统构建了一条无缝的直接通信链路，确保市与区之间的信息交互高效而流畅。向公众提供服务时，该系统采用了多种手段，如互联网、手机短信、公共信息显示屏及电话热线，全方位地为用户提供城市公交的实时信息等。

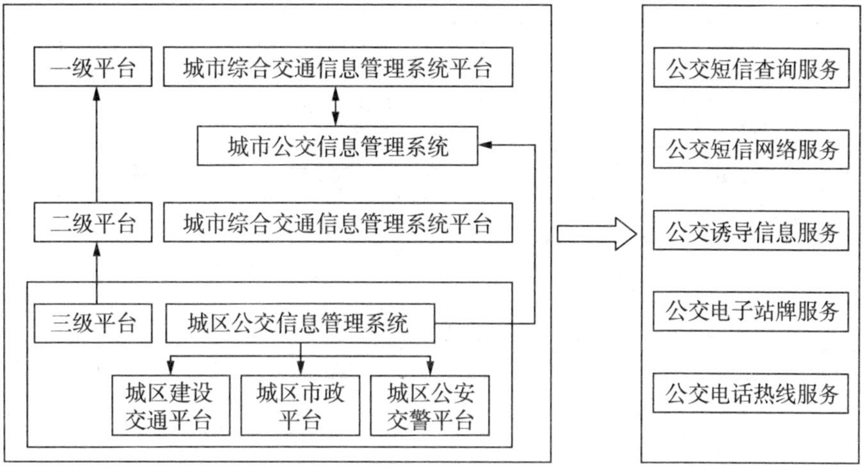

图 5-3 城市公交信息管理系统的内外接口

3. 系统组成

城市公交信息管理系统是一个多层次的结构，它涵盖了基础设施层，用于支撑整个系统的运行；接入整合层，确保各个组件的无缝集成；数据层，存储和处理各种信息；组件层，提供必要的工具和服务；应用层，为用户提供实际功能；表现层，使得信息以清晰的方式展现；用户层，满足不同用户的需求。此外，还有一个完善的管理与安全体系，以确保系统的稳定和数据的安全，如图 5-4 所示。

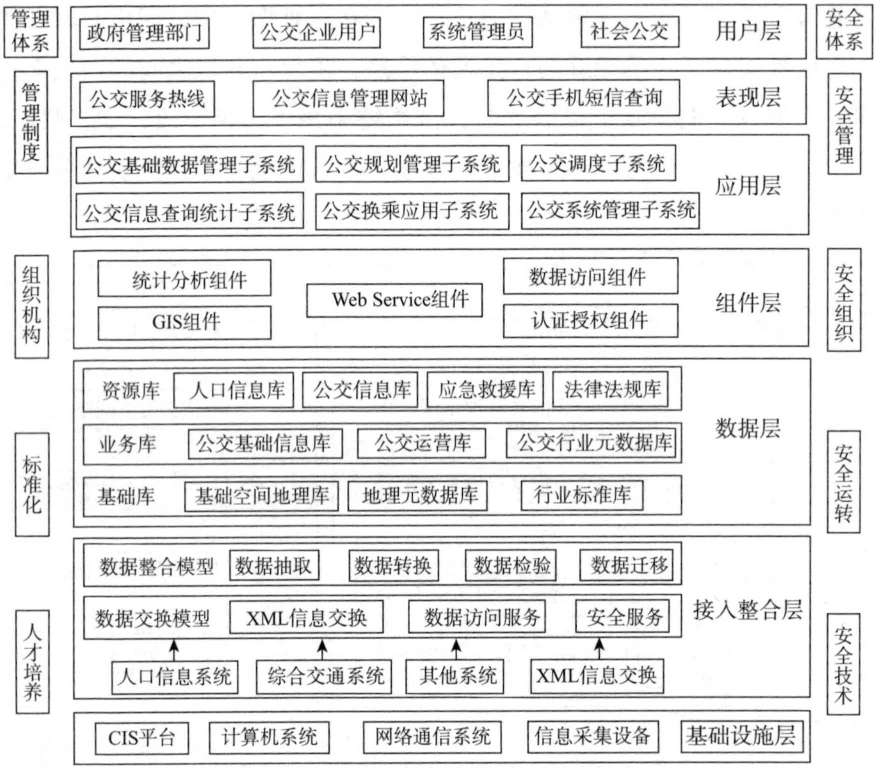

图 5-4　城市公交信息管理系统组成

基础设施层是城市公交信息管理系统的核心组成部分，它主要包括GIS平台，负责地理信息的处理和展示；计算机系统，为数据处理和存储提供支持；网络通信系统，确保各个组件之间的高效通信；信息采集设备，负责从各个数据源收集并整合所需的公交信息。

接入整合层是城市公交信息管理系统的核心，由数据整合和数据交换模型组合而来。它主要负责城市公交信息管理系统的接入和信息的双向交换。此层不仅提供数据访问服务，还支持数据抽取、数据转换、数据检验，以及数据迁移，确保信息流动的连续性和准确性。

数据层由基础库、业务库、资源库组成。基础库包括基础空间地理库、地理元数据库和行业标准库等；业务库包括公交基础信息库、公交运营库、公交行业元数据库等；资源库包括人口信息库、公交信息库、应急救援库、法律法规库等。

组件层包括 Web Service 组件、GIS 组件、统计分析组件、认证授权组件和数据访问组件等。

应用层作为城市公交信息管理系统的关键组成部分，集合了一系列子系统，包括但不限于基础数据管理、规划管理、调度、信息查询统计、换乘应用和系统管理。每个子系统根据其特定的功能提供深度服务。这些子系统的运作大多基于先进的公交模型技术，确保了数据的准确性和操作的高效性。正是因为这些技术的应用，使得城市公交管理部门能够更加精准地进行决策，同时为科研部门提供了丰富的数据支持，促进了公交领域的持续创新和研究深化。

表现层是城市公交信息管理系统向外界展示的窗口，为公交企业和社会大众展现关键数据和信息，它包含多种服务通道，如详细的公交信息管理网站，公交手机短信查询系统，以及便捷的服务热线，确保用户能轻松获取所需信息。

用户层代表城市公交信息管理系统的各类使用者，构成了一个多元化的用户群。其中，政府管理部门负责监督和指导，公交企业用户依赖系统进行日常运营，社会公众利用它获取公交信息和服务，而系统管理员确保平台的稳定运行和维护。这一层的存在体现了系统的广泛应用和重要性。

二、交通数据管理系统

智能交通系统处理的数据包括空间定位、图形、遥感图像和属性数据。数据库是智能交通系统核心，主要用于信息检索、专题数据分析和决策支持。考虑到智能交通系统不仅处理图形矢量数据，还有大量影像数据，如何统一管理矢量、影像和属性数据是数据库研究的关键方向。

（一）交通数据的特征

智能交通系统数据库主要表达道路及其相关属性，还包括 GIS 和移动服务所需的信息，如地址、地图背景和公共服务信息。其核心是基于道路网的地理信息，加上社会经济和交通信息，涵盖静态和动态内容。智能交通系统数据库包括空间几何、基本信息和增强属性以及导航信息。相对于通用地理数据库，智能交通系统数据库具有独特特点。

1. 信息内容表达特征

标准的地理信息数据库主要专注于记录和呈现各种要素的位置、形态和基础属性信息。相较之下，智能交通系统数据库则进一步深化，它不只是详细地描述道路网络中的各个要素、它们的地理位置和形状，还特别注重揭示这些要素之间的空间关系以及它们在整个交通网络体系中的相互作用和连接性。

2. 信息时空特征

交通数据不仅拥有明确的空间位置特征，而且某些信息还伴随着时间维度的动态变化。这意味着，随着时间的推移，这类交通数据会经历变化，这种变化可能是连续的、渐进的，或者是突然的、跳跃式的。例如，路况信息可能因为交通流量或突发事件而实时变动，需要不断更新以提供准确的导航建议。

3. 空间对象的多尺度性

在交通系统的空间数据模型中，描述的对象尺度广泛，从整个道路网络的宏观视角，到细致的立交桥结构和各具特色的车道。这在 GIS 中对应着多个不同的比例尺，使得地图可以展现从整体到局部的各种细节，满足不同场景和用户需求的精细化查询和分析需求。

（二）交通数据所涉及的内容

1. 社会经济基础资料

（1）数据结构。社会经济基础资料的数据结构包括人口资料、国民经济指标、运输量和交通工具四大类。各数据表中都有记录年份的字段，用于标识对应的数据年份。

（2）主要内容

人口资料：主要是城市的人口统计信息，包括整体的人口总量以及在各个行政分区中的具体分布情况，详细描述了城市人口的多种结构特点，如年龄分布、性别比例和职业构成。为了更全面了解人口的动态，还涵盖了出生率、死亡率和自然增长率等关键指标。

国民经济指标：国民收入、各行业产值、人均收入、产业结构等。

运输量：历年运输量、各运输方式比重等。

交通工具：各方式、各车种的交通拥有量。

2. 交通出行资料

（1）数据结构。交通出行数据结构分为四大类，包括小汽车、公交车、出租车和其他交通方式的详细出行记录。在基础调查数据中，每一种交通工具的每次出行都被单独记录，而在OD（起始地—目的地）数据中，每项数据都与特定的小区编号关联。

（2）主要内容。车辆的出行信息详细记录了各种车辆的行驶细节：包含每辆车的牌照信息、具体的车型种类、从哪里出发至哪里结束的地点、选择的行驶路线、行车过程中花费的时间，以及在途中车辆是载客、载货或是空载的具体状态。

3. 道路交通调查数据资料

（1）数据结构。由于道路交通调查所产生的数据量特别大，为了保持组织性和效率，需要为每个不同的调查方向独立创建数据库。这些数据库为每一个特定的调查对象配置了独立的数据表，以确保数据清晰并易于管理。此外，为了方便总览，每个数据库中也都设有一个综合汇总的数据表。

（2）主要内容。

路段交通：包括道路分车型、分时段的机动车交通流量及汇总数据。

交叉口交通流量：主要交叉口的每个入口都有详细的数据，这些数据包括不同流向、不同车型以及不同时段的机动和非机动车流量，同时提供了综合汇总数据。

交叉口延误数据：主要交叉口的数据记录详细反映了每个方向上的延误情况。这些数据不仅提供了具体的延误基础信息，如原因、持续时间等，还为方便分析与决策提供了汇总数据概览。

车速数据：包含了主要路段的具体行车速度信息以及这些速度的汇总统计数据。

停车调查数据：包括所有停车特征调查数据、配建停车场调查数据及路内停车调查数据。

4. 道路交通基础设施资料

（1）数据结构。包含三种数据，分别记录道路路段、道路交叉口和停车场的基础信息。每种数据都将所调查的对象作为唯一标识进行记录。

（2）主要内容。

道路路段：调查内容涵盖了各道路路段的详细特性，包括其等级、机动车和非机动车的路面宽度，它们之间的分隔方法，以及各路段的长度和坡度等关键参数。

道路交叉口：调查内容涵盖了各道路路段的详细特性，包括其等级、机动车和非机动车的路面宽度，它们之间的分隔方法，以及各路段的长度和坡度等关键参数。

停车场：停车场的详细信息包括其具体地点、设计形式以及它可以容纳的车辆数量等关键特征。

5. 道路交通管理数据资料

这部分主要描述了交通的各种资料，如安全设施、标识、管理方法、信号系统、管理工具和警员配置等信息。为了统一管理城市道路交通的基础数据与交通管理数据，我们可以使用如 TRANSCAD 这样的专业交通规划软件，它可以处理这些数据的空间和特性属性。

6. 公共交通调查数据资料

（1）数据结构。该资料集主要分为三类数据：公交公司信息、公交路线的基本资料以及乘客问询的调查数据。在这其中，每家公交公司的资料都被独立记录，每条公交线路有其专属的记录条目，而乘客问询的调查信息则是按照每位参与调查的乘客进行记录的。这样的分类和记录方式确保了数据的清晰与有序。

（2）主要内容。

公交公司信息：公司名称、拥有各类公交车辆数、运营状况、客运量、客运周转量、线路状况、场站状况等。

公交线路信息包括线路长度、站点布置、客运量、客运周转量等。

乘客问询调查信息包括对公交的满意度、建议等问卷调查内容。

7. 道路交通环境资料

（1）数据结构。设立了两种数据：一种是针对路段的，另一种是针对交叉口的。在这两类数据中，每个条目都是根据其被调查的对象进行标识和记录的，确保了数据的明确性和准确性。

（2）主要内容。主要搜集环境污染严重的路段、交叉口的交通噪声等基本情况。

大部分交通信息不仅具有特征属性（如 OD 交通量、标志类别）还有空间属性（如 OD 小区位置、标志所在地）。这些数据可以使用微软 Access 数据库来展示其主要特性，并进一步建立一个将特征属性与空间属性相结合的统一数据管理系统。

（三）交通数据管理系统功能

根据需求，城市道路交通信息数据库的功能一般可以分为以下四类。

1. 数据基本处理功能

能够对基本的数据进行增、删、改等基本操作。

2. 数据查询功能

用户可以使用查询报告发生器来查询数据库中的数据。

用户有能力生成各种报表和图形文件，并可以直接进行打印。为了使用这些功能，用户无须具备程序设计的能力或较强的技能。只需掌握几个简单的指令或命令就可以轻松地达到操作目的，使得整个过程变得既简便又高效。

3. 数据库的维护和运行管理功能

数据库的维护和运行需要注意以下问题。

（1）数据的安全性。这是指采取措施保护数据，避免因非法使用导致的数据泄露和损坏。这些安全措施确保每位用户只能根据既定规则对特定数据进行特定的使用和处理，维护数据的安全和完整性。

（2）数据的完整性。描述了数据的准确性、可用性和一致性。完整性检查确保数据维持在一个合法的范围内，并确保不同的数据项之间维持着预定的关联或关系，这种检查旨在保障数据的质量和一致性，避免错误或不匹配。

（3）数据的并发控制。在多个用户的并发操作下，如果同时对数据库进行存取和修改，可能会出现相互之间的干扰，导致不正确的输出或损害数据库的完整性。为了防止这种情况，对于多用户同时进行的并发操作我们必须进行适当的控制和调整，以确保数据的稳定性和准确性。

4. 数据库的应用开发功能

鉴于交通信息数据库所含的信息十分庞大，为了简化和优化数据的使用，数据库进行了应用程序的开发，使得用户可以更加方便、高效地访问和利用这些数据。

（1）逻辑结构。从一个宏观视角来看，交通数据管理系统的逻辑结构可以划分为四个主要层次：数据抽取、数据处理、数据显示以及数据发布接口。

①数据抽取。各外部数据源系统，如公路局交通调查系统、计划性交通事件报送系统、突发性交通事件报送系统、微波检测采集系统和浮动车数据采集系统等，将交通信息在经过基本和业务校验后，导入交通数据中心。

②数据处理。原始的细粒度交通信息通过智能交通算法进行加工处理，转化为普通用户可理解且适合公开发布的交通数据。同时，那些具有统计和管理价值的数据也被储存到交通数据中心中。

③数据显示。将处理后的数据以多种方式，如报表和地图专题图等形式展现，旨在呈现路况的动态变化及其历史的静态发展轨迹。

④数据发布接口。提供服务接口，定期或不定期地将更新的交通信息发送给相关的外部服务系统。

交通数据管理系统的逻辑结构如图 5-5 所示。

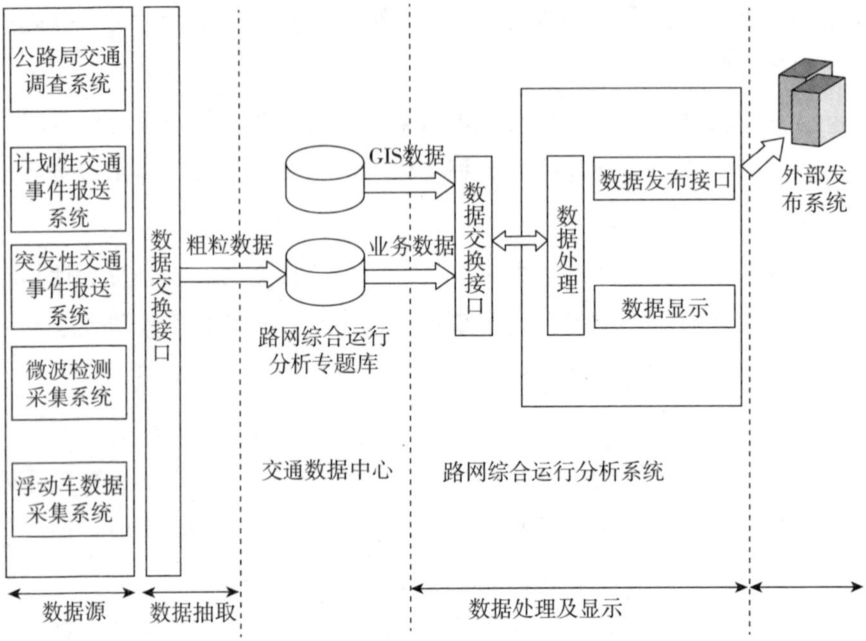

图 5–5　交通数据管理系统的逻辑结构图

（2）层次结构。交通数据管理系统通常分为三个层次：数据层、支撑层和业务层。数据层主要包含各种数据库。支撑层为应用支撑环境，如基础和高级构件，其中包含 GIS 平台和企业应用集成（EAI）数据抽取工具等。业务层分为四部分。

①数据操作业务，从交通数据中心提取并保存处理过的粗粒度数据；②数据处理业务，涉及浮动车数据处理、交通状况分析评价、路径规划、交通量估计及预测、数据融合；③数据显示业务，展示路段和路网的运行状况；④数据发布接口业务，为外部系统提供数据发布功能。

三层结构的系统示意图如图 5–6 所示。

①数据层。数据层主要由交通数据中心构成，包括专题数据库和 GIS 的空间 / 属性数据库。专题数据库存有各种粒度的历史和实时交通信息，以及软件系统运行所需数据，如用户资料和权限设置。GIS 空间 /

属性数据库则将 GIS 数据存入关系型数据库，以充分利用企业级数据库的高速存取和并发控制能力。该数据库系统需支持海量数据处理，符合国际和局域网协议，兼容 SQL 标准和多种开发语言，并保证数据管理的高效、安全性，并带有备份与恢复功能。

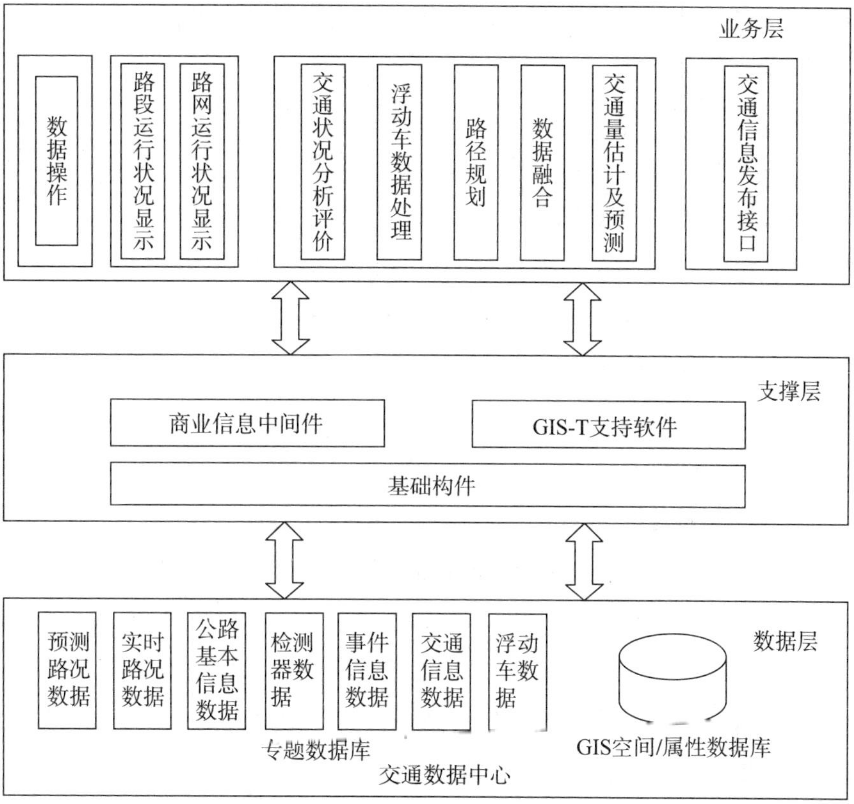

图 5-6　交通数据管理系统层次结构

②支撑层。支撑层中包含商业信息中间件、GIS-T 支持软件和基础构件。

中间件：中间件平台应在多种硬件和操作系统上运行，支持分布式计算并确保跨网络、硬件和操作系统的透明交互，遵循标准协议。它还应有标准接口，使得业务逻辑分割变得简单，将应用组件与复杂资源隔离，并促进软件复用，同时管理应用组件。此中间件包括消息、交易、安全、Web 中间件，以及协同工作流、内容管理、跨数据库访问和业务工作流等。所有中间件由交通数据中心项目提供。

基础构件：基础构件在这里指的是需要特别开发的专用组件。这些构件可以进一步细分为数据操作类和业务逻辑类等不同的种类。这些组件为特定任务提供核心功能和支持。

GIS-T 支持软件：GIS-T 支持软件涵盖了 GIS 平台、GIS 引擎，以及用于开发基于 GIS 的多种可视化应用的支持工具。这些软件为地理信息系统提供完整的功能和开发环境。

本系统专注于开发基于 GIS 的可视化应用，如地图匹配和交通状况的空间分布展示。而 GIS 平台和 GIS 引擎的部分则由其他项目负责提供和开发，不涉及这些核心功能的开发。

③业务层。业务层的软件主要包括以下几种。

数据操作软件：该系统使用数据抽取中间件从路网综合运行分析数据库中提取各种交通信息，经过数据处理软件的处理之后，处理过的粗粒度数据再次被保存到回路网综合运行分析数据库中，以确保数据的完整性和准确性。

数据处理软件：该系统采用多种交通量预测、数据融合和最优路径算法，结合现有和过去的交通量数据，将其转化为适于业务统计的形式，并为公众提供实时或预测的交通信息。

数据显示软件：该系统将经过处理的数据通过多种方式进行展示，包括图表和电子地图的专题图，所展示的数据内容主要涵盖了路段的运行状态和整体路网的运行情况。

交通信息发布接口软件：该系统使用数据处理软件处理交通信息，并通过标准接口向外部发布渠道提供，如呼叫中心、交通电台、网站和短信等多种方式。

5. 交通数据管理系统的应用

深圳市的综合交通信息平台充分体现了交通数据管理系统的应用价值。该平台从路面交通信息采集系统收集各类交通数据，如流量、占有率、速度及车辆类型等，同时结合各个智能交通系统信息系统（如 ATC 区域控制系统、122 接处警系统、违章处理系统等）获取数据；当这些数据被传输到平台内部后，中心开始了一系列的数据操作，包括分类、抽取、挖掘及融合，在确保数据有效存储的基础上，平台考虑到不同用户的特定信息需求，因此制定了细致的信息发布机制，这使得信息能够按照标准化的协议，准确无误地发布给目标用户。更进一步，平台还提供了多种查询接口，无论是静态还是动态交通信息，都可以帮助用户得到他们所需要的交通信息，从而实现了对用户需求的全方位满足。

深圳市综合交通信息平台共有九个平台功能模块，如图 5-7 所示。

（1）外部信息自动接入及传输模块。此模块的核心功能是利用接口标准对多元化的信息来源进行统一和规范。在众多的智能交通系统系统或交通管理部门中，信息分布可能是相对散乱的。为了实现更高效的数据整合和管理，该模块对这些不同来源的信息进行了规范化处理，并进一步将其集成到平台的内部历史数据库中，这样的操作不仅提高了数据的整体性和连贯性，还为后续的数据分析和应用提供了便利。值得注意的是，除了常规的智能交通系统系统或交通管理部门之外，该模块还考虑了独立的交通单点设备。这些设备可能并不隶属于任何一个特定的系统，但它们所产生的数据也可能对平台有重要价值。因此，只要这些单点设备能提供有意义的数据，它们也可以通过这一模块被顺利接入整体的平台中，确保平台数据的全面性和完整性。

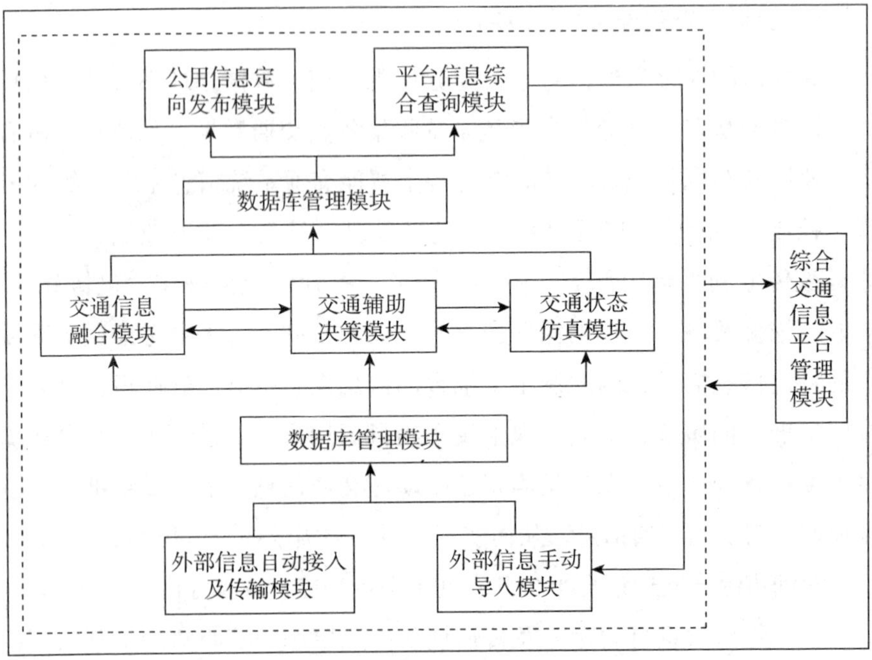

图 5–7　深圳市综合交通信息平台模块及信息流

（2）外部信息手动导入模块。该模块专为处理那些难以或不便自动接入主平台的数据而设计，例如，通过 CCTV 观测到的交通事件数据或一些偶尔出现的交通情况描述数据，尽管整个平台的核心功能是自动化地接收和处理数据，总会存在一些特定的、无法自动获取的数据，这就是该模块存在的意义。它确保了平台可以全面并统一地收集、整合和管理所有相关的交通数据，无论这些数据是如何产生的。这个模块可以被视为整个系统的关键补充，它确保了数据的完整性和连续性，使平台能够为用户提供更加全面的交通信息。

（3）数据库管理模块。这个模块专门针对交通信息的多种数据库进行管理工作，这些数据库涵盖历史数据、即时数据、信息整合以及发布用的数据。为确保数据的准确性和完整性，它不仅涉及数据的组织和存储，还要进行数据的检索、更新和持续维护，确保信息流畅和准确无误。

（4）综合交通信息平台管理模块。该模块作为整个平台的中枢，由运行控制模块及多个管理子模块组成。它主要监测平台中的关键硬件、软件进程、系统资源及环境状态。此外，它还负责收集设备和进程的故障信息，并对整个平台的运行情况进行深入的评估和分析。

（5）交通信息融合模块。这个模块是平台关键的信息处理部分，负责对接入的历史数据库中的交通数据进行综合和分析。考虑到平台的数据来源多样性，其中大部分数据仅从特定角度或局部区域展现交通情况，单一数据难以展现完整的交通画像。因此，该模块采用特定的数据融合算法，按照既定标准对各来源的信息进行整合和分析。这种融合处理旨在形成一个能真实反映交通整体状况的全局参数。最终，这些整合后的数据不仅用于交通状态的评估，还可为交通仿真提供依据，并助力交通决策制定过程。

（6）交通辅助决策模块。该模块是基于交通数据融合的结果，进一步采用各种先进的算法，如行程时间预测和事件检测算法，来提供动态路径导航所需的基础数据。此外，这些数据还可以直接流转到发布数据库，并展示在可变信息板上。模块内部集成了丰富的分析工具，包括在线和离线的交通信息分析、流向趋势研究、报告生成、图形化数据展示、全局交通模型构建以及策略生成功能。其目标是为各个交通相关部门，如交通管理、交通运输和国土规划等，提供涉及交通基础设施规划、决策、建设、管理、维护及统一调度的宏观辅助决策信息。

（7）交通状态仿真模块。该模块使用专门的交通仿真软件工具，它基于融合后的交通信息和决策辅助数据，构建了分布式并行仿真数据结构。这样做是为了模拟和理解各种交通现象及其特性，从而推导出实际交通环境中的运行模式。它深入分析了车辆、驾驶员、行人以及道路和交通流的交通特点，这种深度仿真允许专家对整个交通运行状况进行准确评估，并为新的交通控制、规划和组织策略提供实证基础，进而测试和评价这些策略的有效性和适用性。

（8）平台信息综合查询模块。该模块是为桌面用户设计的，提供综合的公共信息查询功能。它支持 CIS 和 BIS 两种模式，能够满足多用户的访问需求。其中，系统设有 VIP 用户权限和普通用户权限，且这些权限可以在线进行定制。其目标是为深圳市的交通管理部门及个人出行者提供全方位的信息查询服务。

（9）公用信息定向发布模块

该模块致力于发布数据库内的公共交通信息。它构建了一个简洁且可调整的信息发布通道，以满足各种用户和发布对象的独特需求。通过采用标准的通信接口和特定协议，它确保交通信息能够在互联网、广播电视、可变信息板和车载设备上得到正确且及时的展示。

第二节　交通管理系统

先进的交通管理系统（ATMS）是智能交通系统中的关键子系统。它是多种技术的结合体，融合了交通信息采集、数据通信传输、电子控制以及计算机处理技术，以实现对交通管理系统和车辆的高效整合。这种综合应用旨在最大化地提高当前道路网络的使用效率，ATMS 的核心目标包括缓解道路交通的拥堵情况，显著降低交通事故发生的概率，短化由于交通堵塞和事故导致的行程延误时间。此外，它还有助于降低车辆的油耗并减少排放，从而对环境产生正面影响。

通常情况下，在系统结构上，先进的交通管理系统一般由下面几个部分通过网络连接而成。

信息收集装置：为了收集交通信息，使用了多种方法和设备，包括直升机、警车、警务人员、各种车辆检测器如环形线圈、超声波、微波、光信标、图像型和自动车辆识别（AVI）终端。同时，也配备了交通流量监视摄像机、车载传感器和车载导航器。此外，通过气象检测器和能见度检测器收集与交通相关的环境信息。

（总）交通管理/控制中心：通过使用大型和中小型计算机系统以及大型显示板这些信息分析工具，我们可以完成以下任务。

（1）通过收集、处理和储存交通相关的数据，形成有效的交通管理和控制策略。这些策略不仅帮助进行信号控制，还为用户提供必要的交通信息。

（2）在交通状况的显示板以及数据展示板上，用户可以清晰地看到相关的交通信息。

（3）该系统装置具有监视功能，能够实时地在屏幕上展示各种操作和状态，为用户提供清晰的监控视图和反馈。

（4）为了监测交通状况，系统收集了因交通事故和公路施工项目导致的交通限制或阻塞的相关信息。

（5）该系统负责编制提供给外部相关机构的重要信息，并同时为外部查询提供咨询服务，确保信息的有效交流和及时反馈。

控制信号机：

利用交通信号灯、行人使用的信号灯（这些灯具有显示等待时间的功能）以及匝道入口控制设备等进行交通流量管理和控制。

信息提供装置：

通过各种可变交通信息板，如自由式、半自由式、小型、专用和多样式，结合路旁的通信设备、停车诱导系统、车载设备以及广播、电视和互联网等手段，系统向公众广泛发布交通信息。

通信网络主要是通过光缆、电缆、微波等传输媒介，在上面所提到的交通管理/控制中心之间传输数据、语音和图像等信息。

在功能划分上，先进的交通管理系统由以下几个部分组成：交通信号控制系统、交通需求管理系统、交通事件管理系统、高速公路交通监控系统、电子警务与办公自动化系统。以下分别加以介绍。

一、交通信号控制系统

交通信号控制系统是交通管理的核心部分，它在确保道路安全和提高交通流畅度方面发挥着至关重要的作用。交通信号控制系统负责协调道路上的交通流量，确保车辆、行人和其他道路用户能够安全、有效地穿越交叉路口或其他交通节点。它使用各种传感器，如地磁传感器、摄像头或其他高级检测器，来检测道路上的交通流量和交通状态。

基于这些信息，信号控制系统会自动调整红绿灯的时序和时长，以适应实时的交通需求。例如，在交通高峰期，主干道可能会获得更长的绿灯时间，而次要道路的红灯时间可能会相应延长。此外，系统还可以优先处理特定情况，如为紧急车辆提供无阻碍的通行路径。现代的交通信号控制系统通常采用智能技术和数据分析，这使得该系统能够预测交通模式并据此进行调整，从而实现更为优化的交通流动。此外，这些系统还能与其他交通管理系统进行互联，如与交通需求管理系统或交通事件管理系统共享信息，确保整体的交通网络运行顺畅。

交通信号控制系统还为行人提供了安全过街的机会，很多系统现在都配备了行人按钮，允许行人请求绿灯。还有的系统配备了倒计时显示器，告知行人他们还有多少时间穿越马路，从而增加了行人的安全感。随着技术的不断进步，交通信号控制系统的功能也在持续扩展。例如，与车联网技术的整合可以使得交通信号更直接地与即将到来的车辆交互，为自动驾驶车辆提供更加流畅的道路通行条件。

智能控制是近年来随着科技进步和智能控制理论的深入研究而兴起的一种先进的信号灯控制技术。这种技术的核心思想是利用先进的算法和方法优化传统的控制流程，以提高系统的响应速度和精确性。智能控制并不仅仅是对传统模糊控制方法的简单改进，而是一种融合了多种先进技术的综合方法。例如，它可能将模糊控制与神经网络、遗传算法等其他技术结合使用，以产生更为强大和灵活的控制策略。这种方法的好处在于它可以自动调整并优化控制参数，以适应不断变化的环境和需求。遗传算法优化的两级模糊控制方法是智能控制中的一种技术，这种方法利用遗传算法的搜索和优化能力，为模糊控制提供了一个更为强大的参数调整和决策工具。另外，ANN 自校正预测控制方法则利用了人工神经网络的能力，对系统的未来行为进行预测，从而做出更为准确的控制决策。智能控制为交通信号灯管理带来了革命性的改变，使得交通管理变得更为高效、智能和灵活。多种先进技术的结合使用提供了一种更为强大和可靠的控制方法，满足了现代城市日益增长的交通需求。

传统城市交通管理主要依靠交叉口信号控制来缓解交通堵塞，其计算机控制系统多注重单一优化目标，如某个指标的最大化或最小化。但现代的智能交通系统城市交通管理追求多目标优化：减少常规和非常规堵塞，迅速应对事故和突发事件，并充分利用先前难以获取的信息（如 OD 信息），以更高效地整合多种管理控制技术，如 VMS、诱导系统和环境保护技术。为实现这些目标，ATMS 的城市交通控制计算机系统不仅改进了传统的 SCOOT、SCATS、TRANSYT 等系统，还引入了基于人工智能的解决方案。例如，德国汉堡的交通管理系统采用双层结构，如图 5-8 所示，核心技术是知识源（Knowledge Source，KS）。在这种系统中，数据完成 KS 将实时数据转为交通管理所需数据，数据分析 KS 识别网络阻塞点，而交通控制 KS 使用基于 LISP 的规则库生成信号控制策略。该系统对比固定式信号控制，可使堵塞改善 3%~15%，早高峰期间平均速度可能提高 10%。

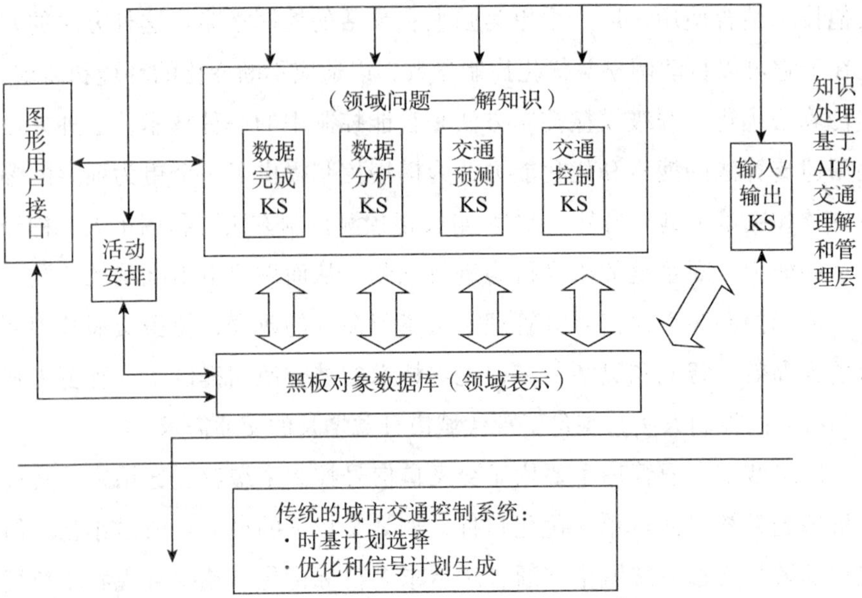

图 5-8　汉堡交通管理控制中的 AI 的应用

英国莱斯特（Leicester）市在其原有的交通控制系统中整合了管制人员的专业知识，形成了名为 CLAIRE 的控制系统。通过对该市数据使用微仿真器进行仿真评估，发现引入 AI 技术可以显著提升控制效果。

ATMS 的信号控制设备与交通管理中心的计算机进行数据交互，循环显示“红灯”“黄灯”和“绿灯”。当车辆检测器或路边按钮箱发送信号时，能够调整绿灯的显示时长，智能交通系统中的信号控制功能日趋多样。

（1）右（左）转弯感应控制。通过车辆检测器监测交叉口的右（左）转车道上的车流，可以延长其右（左）转箭头信号的时长，从而高效地管理该方向的转弯车辆流。

（2）公交信号优先控制。通过交叉口前的专用检测器感知公共汽车，可以延长绿灯或缩短红灯的显示时长，从而降低公交车的等待时长。这种优先信号控制确保公共汽车的准时行驶。

（3）踌躇感应控制。为避免进入交叉口的车辆的司机在该区域里犹豫不知该停车还是该开过去的情况，显示黄灯，由此可减少冲撞和迎头碰撞事故的发生。

（4）老弱病残专用控制。交通弱势群体，如老年人和视觉受损者，可以通过操作专用按钮设备或携带专用信号发生器发送信号，以延长行人的绿灯时间，确保他们能够安全地穿越马路。

二、交通需求管理系统

交通需求管理（TDM）是一种通过交通政策导向来促进交通参与者改变出行选择，减少机动车出行量和缓解交通拥堤的策略。在广义上，它包括减轻或消除交通拥堤；在狭义上，它主要针对高峰时期单人乘车的小汽车通勤量进行综合性交通政策调整。TDM 的措施主要包括实施时差出勤等对策，将交通需求在时间上分散；通过向驾驶员提供道路交通情况和拥堵、事故信息，促使交通需求在空间上均匀分布；通过提高公共交通服务水平，鼓励人们使用公共交通；实施综合对策提高小轿车的利用效率；通过城市和交通规划调整交通发生源，创建交通负担较轻的城市结构。

TDM 是一种主动式的管理策略，与传统的被动式管理（使供给适应需求）不同。在 TDM 中，在合理的运输供给范围内，通过控制运输需求总量、减少不合理的运输需求以及分散和调整运输需求，实现整个运输系统的供需平衡，确保系统有效运行。这种方式有助于确保铁路、公路等各种运输方式的客、货运输能够迅速、安全地进行，同时能节约资源、改善环境。

（一）TDM 的内容

从交通出行的几个阶段来看，TDM 的内容包括以下几个方面。

（1）在出行产生阶段，采取措施以尽量降低出行的发生。例如，通过使用电信技术代替实际出行（如通过电信拜访朋友、网购、视频电话会议等）；利用政策和宣传手段鼓励人们减少出行；在城市规划中采用可以确保正常社会经济活动同时又能减少交通出行需求的土地利用模式。

（2）在出行分布阶段，将出行目的地从交通拥堵区域转移到非拥堵区域。例如，采取出行限制措施，优化附属设施的空间布局。

（3）在选择出行方式的阶段，将出行方式从拥堵的选择转向不拥堵的选择。例如，通过采取激励或抑制措施（如调整停车费、通行费、乘车费，实施公交优先政策）来鼓励人们更多地使用高容量、快速的公共交通。这种做法可以保持各种运输方式在宏观层面上的供需平衡。

（4）在空间路线选择阶段，将出行从交通拥堵的路线转移到不拥堵的路线。例如，利用先进的信息技术为出行者提供实时交通信息，或者通过采取强制收费或价格优惠措施，促使出行者避开交通拥堵地段。同时，可以通过城市规划和交通政策调整交通需求的发生源。

（5）在时间段选择阶段，将出行从交通拥堵的时间段转移到不拥堵的时间段。例如，通过使用先进的信息技术向出行者提供实时交通信息，或通过实施强制政策或采取价格策略，鼓励出行者避免高峰时段出行；同时，推行错峰出勤制度。

（二）TDM 策略

TDM 典型策略有合乘管理策略、HOV 车道策略、HOT 车道策略、可变收费策略、实时路径诱导策略、机动性管理、响应需求的公共交通策略、购车指标限制策略、机动车限行策略等。

1. 合乘管理策略

合乘管理为用户提供实时的搭乘匹配和出行经纪服务，促使多人共同使用一辆车，降低单独驾车的比例，特别适合通勤场景。这一管理策略需要提供有关交通状况、事故、公交服务、停车位和可用于合乘的车辆信息（包括私家车、出租车、单位客车等）。

2. HOV 车道策略

HOV 车道是专门为多人乘车的车辆设置的道路，通常在高速公路上部分或全部时间开放，并在路面上设有菱形标记。通过利用 HOV 车道，道路的利用率可以得到显著提高，出行时间缩短，并确保公共交通的准点运行。例如，在美国，HOV 车道通常可以承载相当于 2~5 条常规车道的客运量。一个典型的例子是美国新泽西州和纽约市之间的 1 ～ 495 号公路上的逆向车道，早高峰期最高可以在 1 小时内通过 750 辆公共汽车、运送 35000 人次，高峰期 3 小时内承载 1650 辆公共汽车、运送 70000 人次。如果使用常规高速车道，相同的时间和运量需要 15 条车道。具体是否视 2 人以上或 3 人以上为高乘载率，取决于当地 HOV 车道的能力和流量。

3. HOT 车道策略

HOT 车道是一种特殊的车道，它允许低乘载车辆在支付费用的情况下通行，从而充分利用 HOV 车道的剩余通行能力，并激励高峰时段的交通方式转移。作为一种解决交通拥挤的策略，HOT 车道结合了 HOV 车道和收费车道的特点，美国的圣地亚哥的 1 ～ 15 号和休斯敦的 1 ～ 10 号道路上的 HOT 车道就是由原来的 HOV 车道转变而来的。

4. 可变收费策略

实施可变或浮动收费策略，即在拥挤的时间段和路段收取更高的通行费。通过向驾驶员提供实时的交通和价格信息，可以引导他们避免拥堵，从而疏导交通流。通过对单人乘车和合乘车辆采取不同的收费政策来鼓励合乘，同时，通过在不同位置的停车场和收费道路之间设置不同的收费标准，可以鼓励人们在城市中心区域选择使用公共交通。

5. 实时路径诱导策略

实时路径诱导策略是一种先进的交通需求管理方法。通过此策略，可以使交通流动更加顺畅，并实现交通系统的全面优化。

6. 机动性管理策略

机动性管理策略旨在通过促使特定团体或个体改变行为来降低道路交通量。该策略主要如下：向出行者和货运公司提供有效信息；影响交通方式选择，促使居民偏向可持续交通方式；推动将土地利用与交通规划整合考虑。

7. 响应需求的公共交通策略

提供门到门的公共交通服务给个体出行者，用户只需提前提供地址、出行时间、目的地和其他需求，到时将有一辆公共汽车、出租车或货车（如需运货）被安排到用户的位置。

8. 购车指标限制策略

为缓解城市交通拥堵问题，部分城市如北京、贵阳、广州实施汽车限购政策，限制机动车的购买。消费者若需购车，则需要通过摇号或车牌竞拍来获得购车指标。购车摇号需满足一定条件后在网上或窗口报名参加，审核通过后进入摇号池，最后随机获得购车指标。车牌竞拍则通过在线竞价方式获得购车指标。

9. 机动车限行策略

机动车限行策略是一种交通管理措施，由政府和交通管理部门推出，旨在缓解交通拥堵。该策略根据车牌尾号限制机动车在特定区域和时段内的通行，从而控制交通需求，为公共交通发展争取时间和空间，保持道路交通的基本顺畅。

三、交通事件管理系统

自从机动车出现以后，由交通事故引发的交通安全问题和城市偶然性拥堵问题逐渐成为重要的关注点，并且随着机动车数量的增加，这些问题变得越来越严重。为了应对这些交通问题，并缓解交通拥堵，自 20

世纪 60 年代起，许多国内外研究机构和专家开始研究如何迅速、准确地检测和应对交通事故。这促进了交通事故自动检测技术和交通事故管理系统的发展。近年来，各国政府和研究机构在交通拥堵评估、交通事件自动检测和事件管理等方面都进行了大量研究，目的是及时采取措施缓解交通拥堵、减少交通拥堵对经济的负面影响、提高城市道路的通行能力。

交通事件管理系统（TIMS）是智能交通系统的一个子系统，旨在提高道路安全性和管理效率。通过有效利用现有资源，它可以扩大信息发布范围和渠道，减少事故反应时间和延误，并加速事件处理和道路清理速度。此外，TIMS 还有助于降低环境影响和运营成本，提高事件当事人、处理人员和其他道路使用者的安全程度。接下来将介绍交通事件管理系统的六个子系统。系统功能结构如图 5–9 所示。

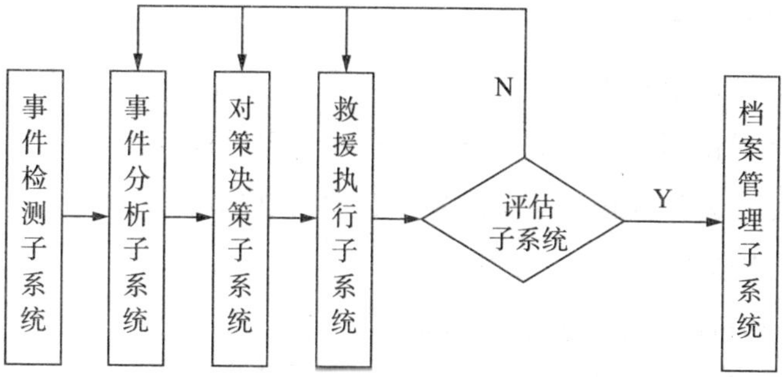

图 5–9　交通事件管理系统功能结构

（一）事件检测子系统

事件检测子系统是交通事件管理系统中的核心部分，负责实时检测交通事件并确定事件的性质。这个子系统的运作依赖事件检测技术的支持，这是一个关键的理论基础。事件检测技术不仅对监控系统（即硬件部分）的功能发挥有着重要的影响，还对事故的有效处理有着至关重要的意义。在交通事件管理中，能否及时检测到交通事件是需要首先解决的问题。如果不能及时检测到事件，那么对事件的响应和处理将会受到很大的限制。因此，事件检测技术对于提高交通事件管理效率和效果至关重要。适时的事件检测可以更快地采取相应的措施，从而减少事故对交通流的影响，提高交通安全性和流畅性。

为了保证操作机构对交通流和安全设施的正常响应，通常使用的事件检测设施如下。

（1）司乘人员的移动电话呼叫。

（2）通过操作员观测的闭路电视监视系统。

（3）基于检测软件的自动车辆识别系统。

（4）电子车辆检测装置（如录像机图像、检测线圈或雷达发射器）和交通反常检测运算法则。

（5）司乘人员的帮助电话或呼叫盒子。

（6）警察巡逻。

（7）空中监视系统。

（8）运输部门或公众的双频道电台工作组员报告。

（9）基于路车间信息系统的异常交通信息采集。

（10）交通报道服务。

（11）路过的车辆（路过或跟踪）。

（12）漫游服务巡逻。

这些设施收集的数据包括道路环境（如气象条件）和交通状态（如交通流量、密度、速度、排队长度、异常交通情况等）信息。交通管理中心的工作人员基于这些信息来判断和确认异常交通现象的类型。而对于异常交通状态的预测，可以使用状态模型来进行预测。

（二）事件分析子系统

事件分析子系统的工作首先是确认事件的存在，因为事件检测过程中往往存在误报。事件检测所提供的事件属性数据也可能不完全。因此，事件分析的首要任务是验证事件的存在。接下来，该子系统利用预设的模型、预案和专门的数学算法来对事件进行分类和分析。最后，它将输出事件的关键参数，包括特征信息、严重程度和影响指数。当检测子系统提供的数据不完整或有缺陷时，事件分析子系统还需要应用数据挖掘和数据融合技术来进一步处理事件属性数据。这样可以更准确地分析和理解事件的情况，为后续的交通管理决策提供更有效的支持。

本子系统研究重点包括对各种交通事件进行分类研究，创建针对不同类型的交通事件的模型，制定事件严重程度的评判标准，并分析事件导致的延误情况。同时，预测事件可能持续的时间长度。这些研究和分析有助于更好地了解和应对交通事件，从而更有效地管理交通流程和减少交通拥堵。

（三）对策决策子系统

决策分析是交通事件管理中的关键环节，负责制订救援计划并通知相关救援部门调配救援资源。这一模块利用交通检测子系统收集的信息以及分析子系统初步分析的结果来制定救援策略，包括如何控制车道和匝道等。在制定这些策略时，应考虑路网的通行能力、不同路段通行能力的匹配程度和预计行驶时间等因素。同时，该模块需要及时通知相关救援部门进行事故救援，以确保交通事件得到及时和有效的处理。

对策决策子系统的核心功能是针对特定交通事件生成应急方案集，并从中选出最佳的应急方案。最佳方案应在最短时间内、最低成本下解决交通事件并消除其对路网的影响。这些方案是基于所收集的相关信息，通过决策算法和优化算法得出的，最终由人工决定采用哪一个。然而，这些方案并非固定不变，需要在实际的响应和实施过程中根据事件的变化进行适当的调整。

应急方案应包含多个要素，包括事故发生路段的交通管理、选择合适的救援资源类型、确定救援资源的出发点、配置应急资源、选择最优救援路径。同时，方案应包含上游交通流量的迂回诱导和控制管理、相关平面道路的紧急处理方案以及信息发布计划等内容。这些措施有助于高效应对交通事件并减少对整体交通流的影响。

本子系统研究重点包括出救对策生成的算法、最优解的探讨（包括最优时间、最优出救点、最优资源携带、最优出救路线等）。

（四）救援执行子系统

响应执行是将应急方案付诸实施的阶段，在交通事件的救援过程中，可能会涉及多个具体的部门，包括交通管理部门、监控部门、拖运部门、信息发布部门、城市消防部门、医疗救助部门、交警部门和环卫部门等。由于救援过程中可能会涉及许多不同的部门，因此，在对策决策子系统中，即使已经对各个救援部门的出救点、资源配置和行车路线进行了决策，在实际的执行过程中仍然需要一个统一的指挥中心。该指挥中心可以对各个救援部门进行统一的管理和协调，确保救援工作的有效性和高效率。通过这种方式，可以更好地协调各个部门的资源和行动，实现更高效、更有序的救援。这不仅可以提高应急效率，还有助于减少交通事件对道路网络的影响，确保道路交通的快速恢复。

下面举例说明该系统两个重要的功能：交通管理和信息发布功能。

1. 交通管理功能

交通管理功能就是将各种交通控制与管理方法应用在事件处理现场，主要内容如下。

（1）现场交通控制点的设立。

（2）车道关闭与开放。

（3）红绿灯控制。

（4）使用可替代道路。

（5）管理车道空间。

（6）设计、研究引导交互的路径。

2. 信息发布功能

信息发布功能是一个将事件信息通过多种渠道传达给道路使用者和公众的过程。发布的信息通常包括异常交通事件的发生地点和事故类型、流入和流出的诱导信息、车道或行驶速度限制信息，以及替代路径的推荐信息等。这些信息的发布对于协助公众更好地了解当前的交通情况，做出更加合理和安全的出行决策，避免交通事故或拥堵等有重要作用。发布这些信息可以帮助公众合理安排行程，降低交通压力，有助于维护交通的顺畅与安全。

常用的发布信息的仪器设备如下。

（1）道路交通咨询电台。

（2）可变信息情报板。

（3）商业电台广播。

（4）车内路线导行装置。

（5）有线电视交通报道。

（6）互联网。

（7）电话情报系统。

（8）路径引导系统等。

（五）评估子系统

评估子系统的主要职责是对交通事件解决效果的评估。通过实施救援执行过程，交通事件可能被及时解决、未得到有效解决，或没有减少事件损失。评估子系统需要对这些情况进行具体评估。评估内容包括对事件本身和事发路段交通状况的评估。若评估结果未达到要求，将不符合要求的信息反馈给相关子系统（事件分析子系统、对策决策子系统和救援执行子系统）进行重新分析、决策和救援。若评估结果达标，则对该交通事件进行结案处理，将整个事件的相关信息（如发生时间、地点、类型、严重程度、应急方案、持续时间、应急资源消耗、应急效果等）

录入城市交通事件档案管理子系统中，形成历史案例数据库，为未来的交通事件管理提供参考。

评估事件管理效果可以采用多个指标，包括检测率、误检率和平均检测时间。另外，在预防性管制措施实施与否的情况下，可以通过车速平均值的相对误差、车速方差相对误差、占有率平均值相对误差和占有率方差相对误差来进行评估。这些指标总共包含七项，可以有效地反映事件管理的效果。通过综合这些指标的评估结果，可以更加全面、准确地了解事件管理的实际效果，为后续的改进提供有用的参考依据。

前三项指标可反映检测算法性能的优劣：检测率和误检率反映了检测算法的准确性，检测率越高，误检率越低，则检测的准确性就越高；平均检测时间则反映了检测算法对交通流异常的敏感性，算法越敏感，则平均检测时间越短。后四项指标表示了响应措施的作用：采取一定的交通控制措施后，车流运行趋向稳定，其行驶速度增大，车速波动较小，即平均车速提高但其方差减小，占有率将降低，而且其波动范围也有限，即占有率降低且方差也减小，此四项指标即反映了这一规律。

（六）档案管理子系统

档案管理子系统是城市交通事件管理系统的知识库，包含交通事件管理的模型库、知识库和历史数据库。这些数据库对交通事件的管理有着重要的参考价值。建立和完善这个子系统对于交通事件管理非常重要。理想的数据库需要在日常事件管理中逐步改进和完善。档案管理子系统主要负责整理和归档异常事件的基本信息和救援过程信息，对异常事件的原因进行分析，对救援效果进行评价，并生成救援报告，为未来的事件管理提供历史依据。

四、高速公路交通监控系统

高速公路交通监控涉及对高速公路上的交通流运行状况、交通设施和交通环境的实时监测。此外，它还包括对交通流行为的管理和控制，以确保道路安全和交通顺畅。以下将从监控目的、监控系统功能、监控系统的组成和监控过程四个方面对高速公路交通监控系统进行介绍。

（一）监控目的

高速公路应用交通监控系统对高速公路进行全面的监视和控制，对高速公路的正常运行和发挥其效益起着极为重要的作用。为此高速公路监控系统设计的主要目的是通过对高速公路全线的交通流量检测、交通状况的监测、环境气象检测、运行状况的监视，产生控制方案，从而控制交通流量、改善交通环境、减少事故等，具体来说，可以实现以下目的。

（1）通过对过量进入的车辆进行控制来解除拥挤。

（2）减少延误。

（3）减少高速公路的事故。

（4）保证高速公路的服务水平。

（5）发挥其经济效益和社会效益。

通过高速公路监控系统可以提前了解交通运行状况，及早发现并解决问题，避免交通堵塞，确保交通安全，并保持道路运行在一个特定的服务水平上。

（二）监控系统功能

监控系统需实现如下功能。

（1）高速公路监控系统可以准确地并且实时地收集有关交通流量、交通环境以及主要交通设施状态的各种信息，为交通管理提供数据支持。

（2）应能对高速公路全程进行实时、连续不断的监控，确保对道路状况有全面掌握。

（3）根据已经收集到的信息，高速公路监控系统应迅速制定有针对性的处理措施和优化控制方案。一旦制定完成，应立即执行这些方案，确保对交通状况的快速响应和有效管理。

（4）通过建立多种信息发布渠道，高速公路监控系统可以向用户提供实时交通信息服务。利用这些信息，驾驶员可以调整自己的行驶行为，帮助实现交通流的动态平衡和更加畅通的道路状况。

（5）专项监控包括诸如探测和确认交通事件、对隧道内火情进行监控，以及在冬季对路面使用状态进行检测等特定情况下的监视活动，确保交通安全和道路的畅通。

（6）对交通事故能够迅速做出响应，通过高效的事故处理流程，可以迅速定位事故发生的原因，采取措施排除事故的根源。此外，通过紧急救援服务，可以及时为事故受害者提供必要的救援，包括但不限于紧急医疗救助、车辆拖离、现场清理等，从而减少交通事故对道路通行的影响，使交通尽早恢复正常运行，并保证事故现场的安全和秩序。

（7）创建道路交通数据库以便支持对道路运行情况的评估，这个数据库可以为改进道路运营和交通管理决策提供关键的数据分析依据。

（8）应具有自我诊断功能。

（9）系统设备应当配置适当的冗余能力，从而确保系统在各种情况下都能够可靠且安全地运行。这有助于预防意外故障，并在故障发生时保障系统的持续运作。

（三）监控系统的组成

高速公路监控系统由交通信息采集系统、中央控制系统和信息发布系统组成，它们主要是为了实现监控系统的监视控制功能。

1. 交通信息采集系统

高速公路监控系统的信息采集方式主要分为人工和自动两种。可以概括为以下几类。

（1）车辆检测装置。在高速公路的主线、入口匝道和出口匝道等关键位置安装车辆检测装置。这些装置的主要作用是收集监控所需的数据，为监控中心提供分析和判断所需的信息。基于这些数据，监控中心能够有效地制定和执行控制方案，实现对高速公路交通的有效管理。

（2）气象检测装置。高速公路的安全、舒适、高速等特点与气候条件紧密相连。因此，在制定控制方案时，必须考虑沿线的气候条件和相关参数。为此，信息采集子系统中的气象检测装置扮演着非常重要的角色。

（3）闭路电视。在车流量大、车辆密度高的区域，特别是重点监控地点和事故易发区，安装 CCTV 摄像机来实时监测交通情况。通过这种视觉监控，控制中心能够及时了解事故发生的地点、时间和严重程度，从而迅速响应并采取相应措施，有效地处理故障或事故。

（4）紧急电话。在高速公路的上下行线上，每隔一定的距离都设置有紧急电话，当车辆遇到故障或发生交通事故时，驾驶员可以使用这些电话及时向监控中心报告情况。监控中心的紧急电话计算机会自动显示来电位置和编号，便于快速采取相应的应急措施。

（5）无线电设备。高速公路的无线电设备主要包括车载通信设备和固定通信基站，车载通信设备可用于紧急呼叫、信息接收和实时通信，而固定通信基站则为车载通信设备提供信号覆盖，确保沿途通信的畅通无阻。这些设备在紧急情况下对于高速公路的安全和交通管理非常重要。

2. 中央控制系统

中央控制系统是介于信息采集系统和信息发布系统之间的中间环节，是监控系统的核心部分，其主要功能如下。

（1）对信息采集系统传来的数据进行实时的运算、处理和分析。

（2）根据分析结果，决定控制方案，发出相应的控制命令，指挥事件处理。

（3）通过闭路电视系统监视各主要路段的交通情况。

（4）负责管辖区域内的通信联络。

（5）全系统组成设备工作状态的监控。

3. 信息发布系统

信息发布系统是高速公路上用于传递交通信息和诱导控制指令的设施。它向道路使用者提供实时交通信息，同时向管理和救援部门以及公众传递求助指令和交通信息。该系统的主要组件包括可变信息标志、可变速度限制标志、车道控制标志、指令电话和交通广播系统等，为确保交通流畅和安全提供重要支持。该系统主要包括以下几个方面。

（1）信息发布系统向道路使用者提供关键信息，包括即将到来的交通堵塞、事故警告、气象状况、道路施工情况等，使驾驶员能够更好地理解道路状况并做出适当的行驶决策。

（2）向道路使用者提供建议或控制命令，如最佳行驶路线、最佳限速、车道控制信号、匝道控制信号等。

（3）向管理和求助部门提供信息。

（4）向社会提供信息。

（四）监控过程

交通流的闭环控制系统功能如图 5-10 所示，在交通流控制系统中，车辆的运动状态是输出，控制指标是输入，而交通流是监控对象。系统的干扰输入包括道路条件、交通状况和气象环境等各种影响交通流的因素。系统采集这些信息，经过处理和决策，按照反馈控制原理执行相应的控制任务以实现预定的控制指标。这一过程涉及对交通流状态特征的表征、采集、处理、决策和执行等多个环节的协调与合作，确保交通流的有效控制和管理。

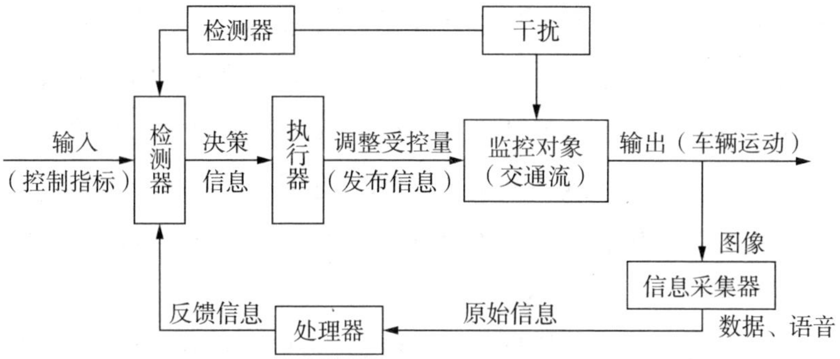

图 5-10　交通闭环控制系统功能框图

五、电子警务与办公自动化系统

（一）电子警务系统

电子警务系统是一个集成的信息化管理系统，采用现代信息技术对警务活动进行全方位管理。该系统通过网络技术实现了警务数据的快速传递、处理和共享，支持警情分析、案件侦查、日常巡逻等功能。系统具有多个功能模块，包括指挥调度、警情报警、资源管理和数据分析等。电子警务系统可以与其他公安业务系统、政府信息系统和公共服务系统联网互通，实现全局警务信息资源的共享和综合应用，从而提高警务工作的智能化和科技化水平，增强警务应对能力。

1. 内部管理运作信息子系统

（1）办公自动化系统：办公自动化是电子警务中对公安日常业务管理的基础要求。该系统结合了办公人员和先进的科技设备，如计算机、网络和现代化的办公用品，形成了一个人机信息处理系统。通过利用先进的科学技术，办公自动化系统为公安工作提供了有效的信息处理和管理支持。

（2）档案管理系统：人口管理系统和基础管理系统是公安机关的两

个重要部分。人口管理系统通过计算机记录每个自然人的信息，并利用网络进行信息共享，以适应我国人口多、迁移流动性大的现实情况，满足现代化管理的需要，有效地实现了公安行政管理职能。基础管理系统则是针对公安内部的各类台账进行管理，包括工作制度、规章、办法、工作情况和民警思想状态等，为公安机关提供了实时了解内部情况和沟通的重要手段。

（3）管理决策系统：信息统计系统、信息分析系统和信息维护系统是其三个关键组成部分。信息统计系统收集和对信息和数据进行分类；信息分析系统对这些信息和数据进行分析、比较和判断，提取特征；信息维护系统保护所有信息和数据，确保其他两个系统有效运行。如果这三个系统能够提供全面的信息和正确的分析，将为领导决策提供有价值的参考。

2. 执法信息子系统

（1）电子巡警系统：电子巡警系统使用计算机网络对各监控点进行实时监控，取代了传统的人工巡查。这种系统具有广泛的控制范围、实时性和准确性，可以节省大量警力并增强公安机关的应急响应能力。作为电子警务应用的一个重要组成部分，电子巡警系统在道路交通管理中取得了成功的应用，使得车辆违章和事故信息能够迅速、直观地在监控中心展现，方便交通警察的管理。

（2）应用信息管理系统：包括 CCIC 系统、指纹自动识别系统和情报资料系统。CCIC 系统是中国犯罪信息中心系统，负责管理在逃人员、被盗丢失车辆、被盗丢失枪支和打拐 DNA 鉴定等信息。指纹自动识别系统可以比对指纹，帮助确定犯罪嫌疑人，为侦查提供技术支持。情报资料系统则是将被刑事处罚的犯罪分子的信息和案件资料录入计算机，形成一个案件信息库，通过查询可以获取犯罪嫌疑人的前科信息，为侦破案件提供线索。

3. 对外服务信息子系统

（1）宣传信息系统：公安机关需要进行对外宣传，而不再仅仅依赖传统的报刊方式。现在，宣传信息系统通过互联网上的电子报刊来实现这一目的。

（2）警务公开信息系统：通过网络技术，公安机关能够更有效、更迅速、更直接地收集人民群众的意见和反馈，进而提升其应对警务事件的能力和提高对公众的服务质量。

（3）电子警政系统：电子警政系统是一个通过计算机网络实现政务处理的系统。目前，这个系统已被成功应用于身份证和边境证的办理，公民可以在专设窗口办理这些证件，应用此系统不仅大幅提高了工作效率，还增加了政务透明度。

（二）122 接处警系统

122 接处警系统是一个高新技术产品，结合了现代通信、计算机网络、计算机电话集成（CTI）、数据库管理和地理信息系统等技术，实现了 122 交通事故报警电话的接警、处警和指挥调度过程的自动化。在公安智能交通综合指挥系统中，该系统起到了重要作用，是集中监视、统一调动和协调接处警目标建设的核心组成部分。122 接处警系统基本功能如下。

（1）122 接处警系统提供了常规的报警接收和处理功能，包括接警、决策调度、警情回复和语音播放等功能。

（2）与 GIS 电子地图配合，图形化显示报警电话号码、地理位置等信息。

（3）运用 GPS 技术和 GIS 电子地图，实时显示交警车辆的动态定位。

（4）强插、监听功能、数字录音 / 录时功能，强化对接警席监督管理。

（5）提供处警命令和措施的发布功能，并能实现单个处警和协同处警的功能。

（6）提供常规情况的处警预案库，以提高接处警反应速度。

（7）拥有日常事务处理功能，提供定时整理处警数据及分析功能。

（8）实现处警事件的记录、相关信息处理和事故查询统计等功能。

（三）公安交警移动警务系统

公安交警移动警务系统利用先进的无线通信技术，实现了移动警务终端与公安网的安全连接。这样，路面执勤交警可以实时便捷地获得公安网内部的信息资源，为基层民警处理交通违法等业务提供了准确的依据，从而大大提高了基层交警的工作效率，移动警务系统具有多个主要功能。

（1）数据查询功能。公安交警移动警务系统的数据查询功能是指该系统借助先进的无线通信技术，将移动警务终端与公安网安全连接，为路面执勤交警提供实时、便捷的信息资源查询。这种功能在处理交通违法等业务时，为基层民警提供了准确的依据，有效提高了基层交警的工作效率。

（2）业务处理功能。交警现场业务处理系统使执勤民警能自动处理各种公安业务和采集一线信息，包括违法处罚、打印和采集违法信息的照片和文字。该系统将相关违法信息和多媒体信息实时传输到公安网内部的业务数据库，并利用微型打印机现场快速打印交通管理处罚通知书。主要功能包括违法简易流程处理、违法一般流程处理、非现场取证和银行联网对账功能。这极大地提高了违法处理的速度和效率。

（3）位置显示功能。移动终端设备具有将警员位置信息发送到交警指挥中心 GPS 服务器的功能，使指挥中心能够实时掌握警员的位置，从而可以更加合理和及时地调配警力进行任务分配和应急响应。

（4）移动办公功能。终端设备能够接收来自中心应用系统发布的各种信息，包括一对一、一对多或针对特定区域的信息发布，这些信息的发布都是基于地理信息系统确定的。

（5）后台管理及统计分析功能。该系统包括多个功能模块，如查询后台数据信息、统计和分析后台数据、管理权限、管理日志、管理后台终端用户和设备、系统管理、字典管理以及工作考核和督察功能。

移动无线警务系统由五大部分组成：移动终端、移动通信网络、移动接入网、网络安全隔离层和公安信息网。移动终端包括智能手机、无线 PDA、便携机和车载移动设备等；移动通信网络涉及公共或公安专用移动通信网；移动接入网实现移动请求接入；网络安全隔离层使用经国家保密部门认证和公安部同意的安全隔离产品；公安信息网为移动应用提供信息和服务支持。

第三节　收费管理系统

一、高速公路电子收费系统

高速公路作为现代交通基础设施，因其通行能力大和行车速度高而成为适应现代产业结构发展的重要运输方式。由于我国高速公路建设资金短缺，国家制定了“贷款修路、收费还贷、有偿使用、滚动发展”的发展策略。一旦高速公路建成，收费管理将成为关键的日常工作内容，它直接关系到高速公路的社会效益。因此，有必要建立合理的高速公路管理系统来进行科学和有效的收费管理。当前高速公路收费管理系统主要有人工收费管理系统、半自动收费管理系统和全自动电子收费管理系统 3 种系统。

（一）人工收费管理系统

人工收费管理系统是一种完全依赖手工操作的高速公路收费系统，

包括征收和验证车辆通行费等工作，该系统还可以结合人工稽查、监督和各种规章制度来增强管理效果。

（二）半自动收费管理系统

半自动收费管理系统是一个结合人工和计算机技术的收费管理系统。在该系统中，人工负责收费和找零，计算机或人工负责车型识别，而计算机则完成费用计算、票据打印和数据汇总等工作。它是从人工收费系统向全自动收费系统发展的一个中间阶段，并且目前在我国已广泛使用。

（三）全自动电子收费管理系统

全自动电子收费管理系统（ETC）通过车辆自动识别技术在车辆与收费站之间进行无线数据通信，自动识别车辆并交换收费数据。通过计算机网络处理收费数据，实现无须停车的自动电子收费，这种高度自动化、高效的收费系统可以消除人工收费过程中的各种不良现象。

传统的人工和半自动收费方式已无法满足收费公路的运营和管理需求，并易导致交通堵塞，限制了道路通行能力和使用效率的提升。电子收费系统是智能交通系统的关键部分，为车主和高速公路运营商提供快速的路桥收费服务，并支持智能交通系统领域的智能化信息服务。因此，许多国家将电子收费系统视为智能交通系统领域最先投入应用的系统进行开发，它也是目前全球唯一大规模产业化应用的智能交通系统子系统。

电子收费系统是一种不停车自动收取道路通行费的系统，它采用了先进的短程通信技术（DSRC）、自动车辆识别技术、自动车辆分型技术系统（AVC）和视频稽查系统（VES）等技术手段。该系统结合计算机软硬件及收费管理中心进行数据处理，实现了高效的道路通行费收取。

1. 系统构成

电子收费系统主要包括车载单元、路侧单元和收费管理中心三部分。

（1）车载单元。车载单元是车辆上的一个电子标签，用于携带车辆的身份证明、授权证明、账户资料等数据，以便与收发单元通信。电子标签有两种：只读型和读写型。只读型车载单元仅存储使用者和车辆的识别码，收费操作在收费单元的计算机上进行；读写型车载单元不仅存储识别码，还包括金额、日期、时间等信息，扣费操作由车载单元自动完成。

（2）路侧单元。路侧单元与车载电子标签进行通信并进行校验，可分为单向式和双向式。单向式路侧单元在车辆通过时读取车载单元的识别码，传输到计算机中心处理收费记录和账户金额，若采用事后付费方式，收费单位会定期向用户寄发账单。双向式路侧单元需要与车载单元进行双向通信确认，由识读单元发送扣费指令回传到车载单元。有些厂商产品中，车载单元扣费后由识读单元确认，也需双向沟通和确认。路侧单元涉及的主要设备有以下几种。

①车辆探测器：能够正确探测车辆进出收费站。

②车辆自动识别系统：能够自动识别通过收费站车辆的类型。

③数据处理器：计算通过收费站的车辆所应收取的费用，并注明该次交易发生的时间、地点、金额等资料。

④信号灯：收费过程是否合法的显示灯，通常绿色信号表示收费过程顺利完成，红色信号表示收费没有成功。

⑤闭路电视设备：对未正常完成收费过程的车辆进行录像摄影，所得资料用于催交欠款。

⑥照明：摄像亮度不够时，自动开启照明设备。

（3）收费管理中心。计算机数据库操作系统用于存储和处理交易记录资料，用于账目审查、转账、制作财务报表和账单。此外，所有电子标签管理都是使用登记信息或账户信息。

除了之前提到的自动收费设备和功能，整个系统还包括以下不可缺少的设备：现场通知收费标准和账户余额的设备；响应用户信息的设备；补充余额或支付账款的设备；以及违规取缔和处罚稽查的设备。

2. 收费流程

基本上，ETC 收费系统的收费流程具有一定的固定模式，但会因不同的系统而略有差异，以下将以带有栏杆的电子收费系统为例进行介绍。图 5-11 与图 5-12 分别是入口车道与出口车道的收费流程示意图。

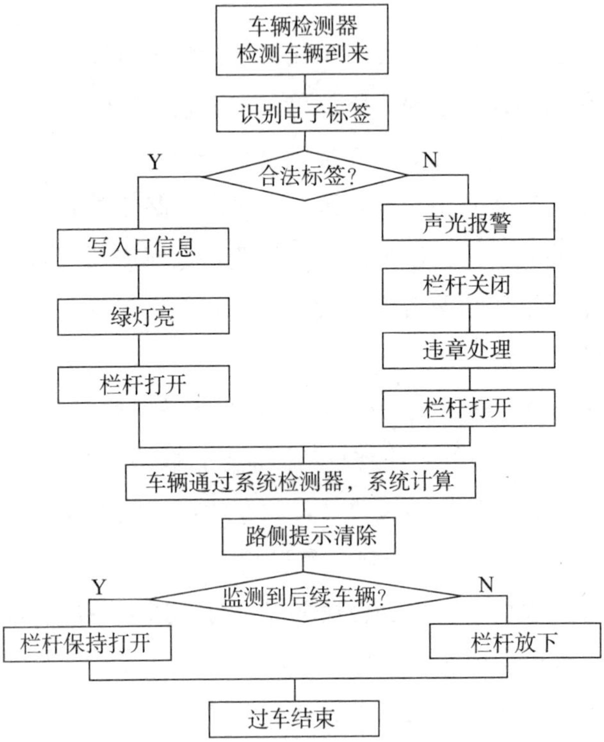

图 5-11　入口车道 ETC 收费流程

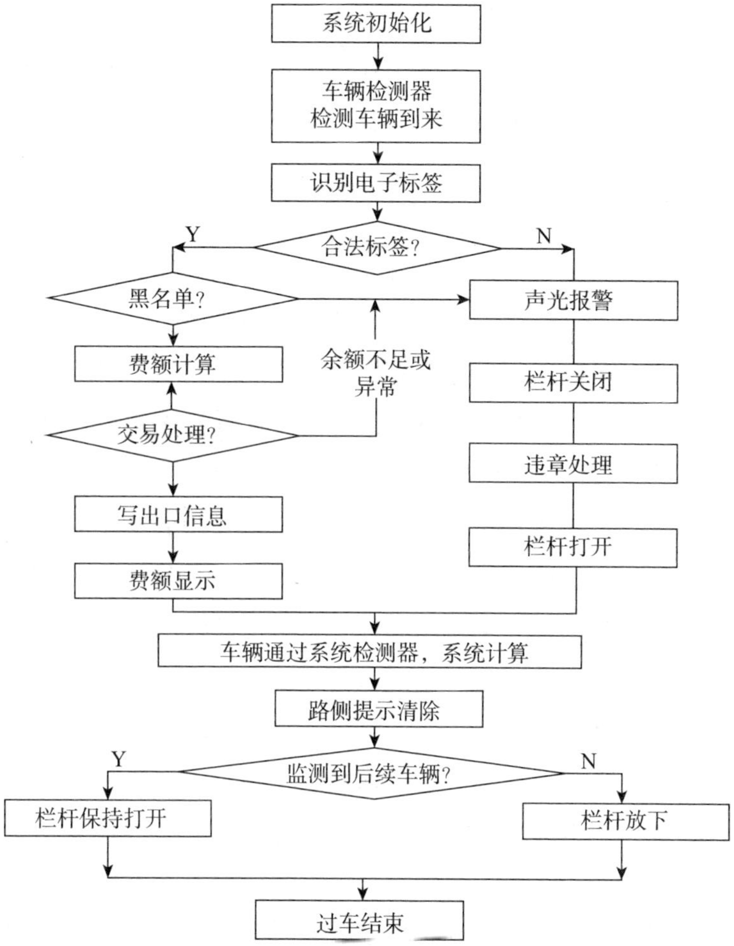

图 5-12 出口车道 ETC 收费流程

3. 系统关键技术

不停车收费系统是一个多学科综合技术的成果，它的实现涉及了众多技术领域，并且相当复杂，该系统将各种技术相互结合，形成了一个集成的、高效的收费解决方案。大致可以分为三种：自动识别技术、通信技术、自动车型分类识别技术。

（1）自动识别技术。自动识别技术利用特定的设备通过感应自动获取被识别物品信息，并将其提供给后台计算机处理系统进行后续处理。它是一种综合性的科学技术，基于计算机技术和通信技术的发展，作为自动识读和输入计算机的重要工具，本质上是一种高度自动化的信息或数据采集技术。在不停车收费系统中，自动识别技术主要应用于车辆自动识别系统和车牌自动识别系统。

①车辆自动识别系统。车辆自动识别技术在不停车收费系统中具有重要作用，为系统后续工作提供快速采集的车辆数据。随着技术进步，诸如图像识别、条码识别和射频识别等多种车辆自动识别技术应运而生。但目前，射频识别技术仍是最常用的方法，这种技术能够快速、准确地获取车辆信息，从而为不停车收费系统的后续处理奠定坚实的基础。

车辆自动识别系统是不停车收费系统的基础，主要使用射频识别技术，该系统通过安装在路侧的射频天线读取车载电子标签中存储的信息，如车主姓名和车牌号码，来判断车辆是否可以通行。电子标签通常设定为可读写，当车辆带有电子标签进入高速公路时，高速公路旁的读写器会将进站信息写入电子标签。当车辆到达出站口时，收费站内的读写器读取电子标签中的进站信息，以确保系统能够正确收取通行费。车辆自动识别系统的主要组成部分包括车载电子标签、读写器和射频天线。

②车牌自动识别系统。车牌自动识别系统是不停车收费系统中的一个关键组成部分，与车辆自动识别系统共同确保不停车收费系统的正常运作。这个系统结合了先进的图像处理技术、模式识别技术和通信技术，通过摄像机对过往车辆的车牌号码进行图像采集、处理和识别，从而在不停车的情况下完成车牌号码的识别。车牌识别系统的工作流程可以分为四个模块：图像采集模块、目标定位模块、字符分割模块和识别模块。图像采集模块主要负责车辆检测和图像采集；目标定位模块主要用于车牌定位，为接下来的车牌识别做好准备；字符分割模块和识别模块则是对已经获得的车牌图像信息进行字符分割和识别处理，最终完成车牌的识别。

（2）通信技术。由于高速公路的需求，大多数不停车收费系统都需要联网，使得每条高速公路的收费系统都能互相通信，这对不停车收费系统的通信技术提出了更高的要求。目前，应用于不停车收费系统的通信技术主要包括移动通信技术、短程光通信技术和专用短程通信技术。这些技术使得高速公路的收费系统能够实现有效的信息交流和数据传输。

①移动通信技术。它是一种关键的通信方式，通过无线网络实现高速公路上不停车收费系统之间的数据传输，这种技术依赖移动网络基础设施，如蜂窝网络和无线局域网，来实现数据的实时传输和通信。在不停车收费系统中，移动通信技术被用于传输车辆的识别信息、通行费计算、账单生成和支付处理等。此外，它还可以支持远程监控和管理，帮助收费站迅速处理异常情况和故障。通过移动通信技术，收费系统能够实时更新数据库，保证数据的准确性和完整性。

②短程光通信技术。短程光通信技术是一种基于红外短距通信协议的传输技术，使用光作为信号载体，通过空气或光纤实现厘米到百米范围内的短距离数据传输。这种技术具有很多优势，如不受频率资源限制、无须申请频率就可立即使用等。然而，短程光通信技术也存在一些局限性，主要是由于它依赖红外短程通信协议。比如，在有雾或有雨的环境中，红外光的穿透能力较差，容易受到噪声干扰。尽管如此，短程光通信技术仍然是一种非常有用的短距离通信方式，具有很好的应用前景，但在实际应用中，需要考虑其受环境因素影响的局限性，并采取相应的措施来保证通信的稳定和可靠。

③专用短程通信技术。专用短程通信技术是智能交通系统智能交通领域中用于实现高速公路等收费站的不停车自动收费的技术。它是一种新型的短距离通信技术，通过微波传输将车辆与道路连接起来，形成一个完整的系统，这种技术支持高速、抗干扰的点对点和点对多点通信，该系统主要包括车载设备（OBU）、路边设备（RSU）和专用短程通信协议。车载设备主要由车载电子标签组成，存储车主信息、车牌号、车

型、银行账号等数据。路边设备包括天线和读写器，用于读取车载设备的数据。专用短程通信协议是通信的基础。通过 OBU 和 RSU 之间的通信，车辆在不停车的情况下可以通过设有 RSU 天线的收费站完成数据交换，实现不停车收费。

（3）自动车型分类识别技术。自动车型分类识别技术在智能交通领域起着关键作用，广泛应用于交通行业和高速公路收费等场景。它是不停车收费系统的核心组成部分，通过与车辆自动识别系统和车牌自动识别系统的协同工作，实现对车辆身份的准确识别，从而防止车主在车辆类型和车型方面的欺诈行为。自动车型分类技术主要利用不停车收费车道内或周围的设备对车辆类型进行分类，确保系统能够根据正确的车辆类型进行收费。随着技术的不断进步，自动车型分类技术的研究逐渐加深，其应用也不断扩展。这种技术为高速公路收费提供了更加准确、高效的解决方案，有助于提高收费系统的整体效率和精确性。

二、公共交通收费系统

公共交通收费系统的发展历经了由接触式 IC 卡到非接触式 IC 卡的转变。传统的接触式 IC 卡由于频繁的拔插造成卡与读写器之间的磨损，导致接触不良和数据传输错误，同时缩短了卡和读写器的使用寿命。随着技术的发展，射频识别技术逐渐被引入公交收费系统中，非接触式 IC 卡逐渐替代了传统的接触式 IC 卡。非接触式 IC 卡在靠近读写器时，受到读写器发射的电磁波激励，其中的 LC 谐振电路会产生共振并接收电磁波能量。当射频卡接收到足够的能量后，它会将内存储的识别资料和其他数据以无线电波的方式传输到读写器，并接受读写器对卡内数据的操作，这种收费系统适合应用在环境复杂的公交车上，因为它不需要物理接触，大大提高了数据传输的准确性和稳定性，同时延长了卡和读写器的使用寿命。无疑，这种基于射频识别技术的公共交通收费系统将会在未来有着广泛的应用前景。

（一）系统总体框架

公共交通收费系统由结算中心、汇总传输点以及充值点三个部分组成。结算中心是整个系统的核心，负责处理交易，进行资金的结算和调配。汇总传输点负责收集来自不同充值点的交易数据，并将其传输到结算中心。而充值点是用户进行交易和充值资金的地方。

（二）系统功能

1. IC 卡部分

（1）非接触式 IC 卡读写器结构

非接触式 IC 卡读写器结构示意图如图 5-13 所示。射频识别系统是一种常用于 IC 卡的技术，主要由应答器（也称为射频识别标志）和寻呼器（读写器）两部分组成。在这种系统中，非接触式 IC 卡上最常用的存储器芯片是 EEPROM，而微控制器通常采用低功耗微处理器。读写器作为寻呼器，通过外部天线发射无线激励信号。同时，IC 卡内的 RF 接口电路作为应答器，配备了感应线圈，并被读写器信号激励，这种方式可以实现读写器与非接触式 IC 卡之间的信息交换，全过程都通过射频方式进行。

图 5-13 中非接触式 IC 卡包括射频电路、电源模块、编码器、解码器、随机数产生电路模块、存储器和控制器等几个部分。控制器主要由微控制电路模块、随机数产生电路模块和微控制器同存储器接口读写协议设计电路模块组成。它的功能是接收解码器输出的数据，对其进行处理，并将处理后的数据结果传输到编码器。

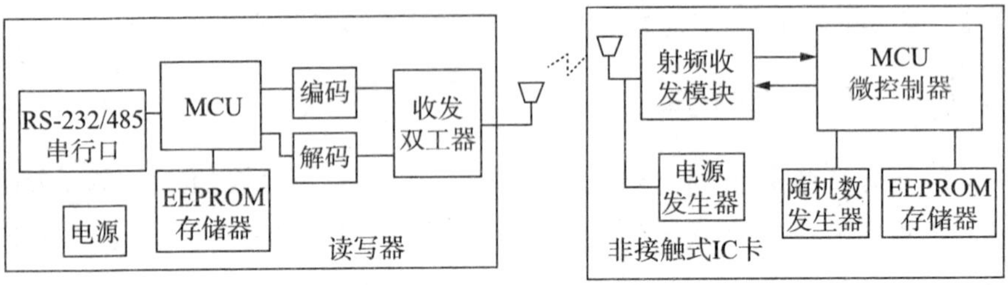

图 5-13　非接触式 IC 卡读写器结构示意图

读写器由几个部分组成，包括射频半双工电路、串行接口电路、编码器、解码器、存储器和控制器。其中，串行接口负责接收上位机命令和传送命令执行结果。解码器用于输出非接触 IC 卡发出的信息，而编码器则将读写器的命令转换后通过射频接口电路完成数据信号交换。一个典型的射频电路如图 5-14 所示。

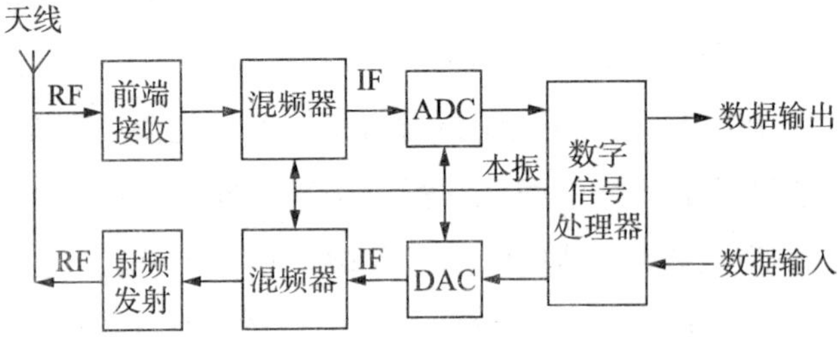

图 5-14　RF 射频电路框图

（2）IC 卡分类。IC 卡分为乘客卡和控制卡两大类。乘客卡是乘客的储值卡，根据不同需求可以分为普通卡、月票卡、学生卡等，系统预留了多种乘客卡类型，供公交公司根据需要自定义，系统还支持为同类型的乘客卡设置不同线路的不同收费标准，并可设置某些线路不接受特定类型的卡（如月票卡）。乘客卡的生成、使用过程如图 5-15 所示。

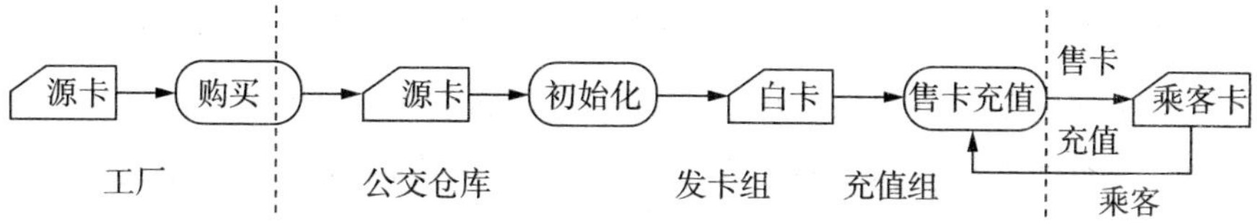

图 5-15　乘客卡的生成、使用过程示意图

控制卡是用于管理和操作相关设备（如车载收费机、充值机、初始化机等）以及人员行为的工具。

2. 结算中心子系统

结算中心子系统是整个收费系统自动处理、运行的关键，其框图如图 5-16 所示。该子系统具有如下八个方面的功能。

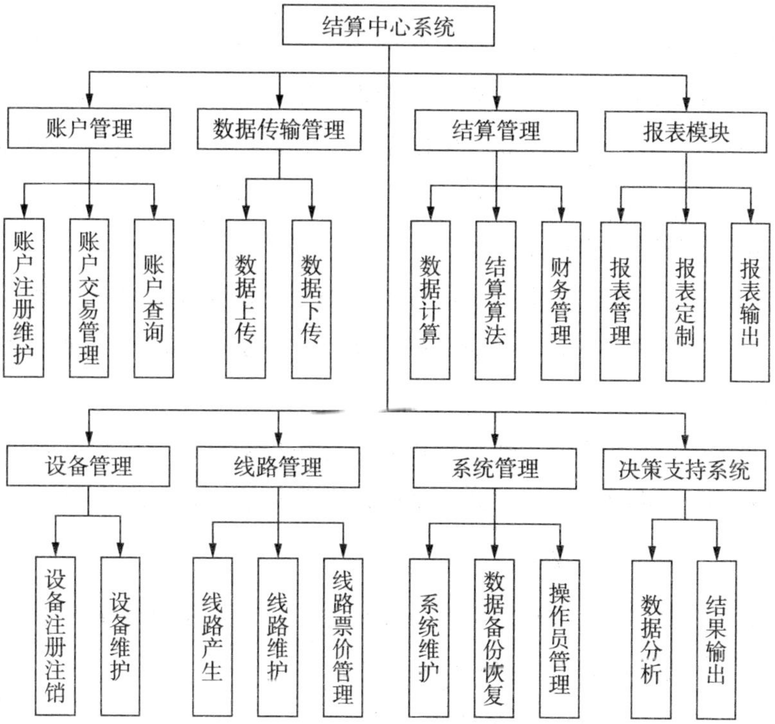

图 5-16　结算中心子系统框图

（1）账户管理：主要进行 IC 卡账户的注册、维护与注销，账户交易记录和修改，账户资料的查询，同时负责系统黑名单的管理。

（2）数据传输管理：在结算中心与汇总的传输点和发卡充值点之间进行数据传输。

（3）结算管理：结算中心通过对来自汇总传输点和发卡充值点的数据进行计算和分析，生成结算数据。根据这些结算数据，中心可以提供相应的报警；结算中心还提供修改结算算法的功能，以适应不同情况和时期的结算需求。此外，结算中心还负责车费收费部分的财务管理。

（4）报表模块：该系统能够自动生成并输出各类报表，同时，通过内置的报表生成器，系统为用户提供了自定义报表的功能，以满足用户不同的数据分析和展示需求。

（5）设备管理：该系统对公交车辆、车载收费系统、手持设备、IC 卡读写系统等硬件设备进行统一的管理和维护。它不仅记录设备的保养和维修信息，还通过对设备的有效管理提升设备的运行效率和管理水平。

（6）线路管理：制定和修改公交线路的运行方案，同时根据需求和成本调整各条线路的票价。

（7）系统管理：负责维护结算中心的计算机硬件，确保数据库的稳定运行和数据安全，同时对应用软件系统进行更新和修复，保证系统的正常运作。

（8）决策支持系统：通过分析和统计历史数据，管理者可以根据这些信息制定合适的政策和方案，进而提高整体的管理效率和水平。

3. 汇总传输点子系统

除了缺少账户、线路和决策支持模块以外，该系统与结算中心子系统的其他模块在功能和结构上基本保持一致。

4. 车载收费数据采集子系统

（1）对乘客卡进行验证和扣款。

（2）将扣款信息传输到车载收费机记录设备中。

（3）将数据转载到汇总传输点系统中。

（4）管理中心发布。

5. IC 卡管理子系统

此系统主要应用于发卡充值点对乘客 IC 卡账户进行管理，包括以下三个模块。

（1）初始发卡模块。在进行卡片初始化时，操作员需要持有经中心授权的专用初始化卡，并通过口令验证和内部验证过程，才能获得初始化发卡的权限，初始化发卡是整个系统的安全关键环节，应该在系统管理中重点关注和保护。该模块的功能如图 5-17 所示。

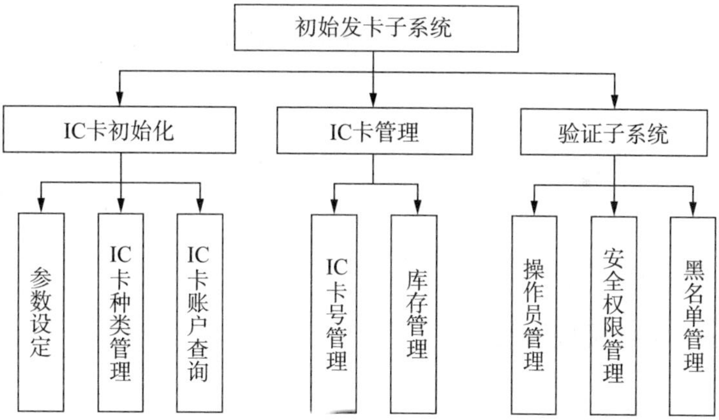

图 5-17　初始发卡模块的功能

（2）充值模块。乘客可以在初始化 IC 卡后在各个充值点进行充值。然而，进行充值操作的工作人员必须持有经中心授权的专用充值卡，并通过口令验证和内部验证过程才能真正拥有给 IC 卡充值的权限。为防止越权充值，系统会在每次充值时检查充值员的累计充值金额是否已超过了规定的充值限额。同时，结算中心会将每笔充值金额记录下来，并与用户的实际消费金额进行对比，以防止车费的流失。这样的措施不仅增加了系统的安全性，还有助于确保公交公司的收入不会因为不当操作而减少。该模块的功能如图 5-18 所示。

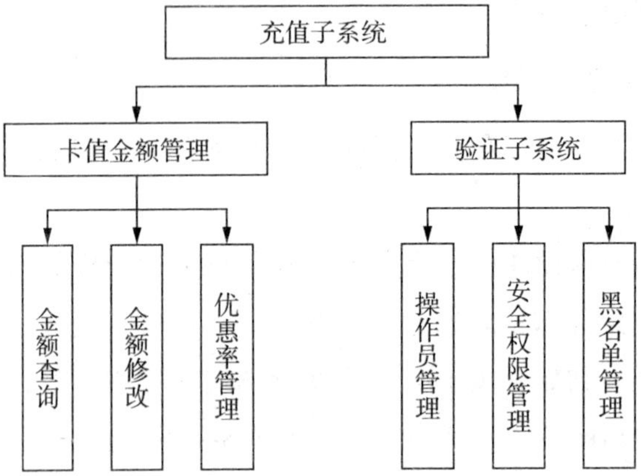

图 5-18　充值模块的功能

（3）控制卡发行模块。为防止重大责任事故的发生，我们需要对控制卡的发行、领用和归还等情况进行严密的跟踪和管理。这包括确保每一张控制卡的流动都被记录下来，以及定期审核和核查这些记录，以确保控制卡的安全和合规性。

（三）系统工程流程

1. 数据采集

乘客可在发卡充值点购得 IC 卡，乘车时将卡在车载收费机上轻刷，系统即自动扣除相应的费用。扣费类别（如普通卡、老人卡、学生卡、特别卡）在车载收费机上有显示，并有不同声音通知司机以供核对。正确的扣费信息（简称乘客信息，包含日期、时间、扣费类别、扣费金额、IC 卡号）储存在车载收费机上。车载收费机规定的运行时间结束后回到汇总传输点，管理员使用手持数据采集器与车载收费机连接，将乘客信息下载到采集器上，然后将数据上传到汇总传输点的数据库中。

2. 数据传输

传输点根据规定的通信时间通过公共电话网络与总公司的结算中心数据库服务器建立连接，利用 Sybase SQL Remote 复制技术将数据复制到结算中心数据库中。若线路故障，还可以通过磁盘或光盘将数据提交到结算中心。

3. 数据处理

结算中心接收来自汇总传输点的数据，然后进行计算和汇总，以生成公司营运和财务核算等方面的报表。这些报表将用于与各分公司进行财务结算。

（四）基于 Wi-Fi 技术的公共交通收费系统数据采集设计及应用

随着非接触式 IC 卡技术在城市公交自动收费系统中的广泛应用，车载 POS 机逐渐在公交收费系统中占据了重要地位。近年来，随着持卡消费比例的增加，公交车载 POS 机的数量也在持续增长，对公交收费系统提出了更高的要求。目前，我国各地公交公司大多已经建立了基于有线连接的 POS 机系统，并开展了部分基于 GPRS/Zigbee 无线方案的试点。然而，随着技术的进步，现有公交 POS 机系统在数据采集方面的不足日益暴露出来。

公交 POS 机有线接入需要工作人员在公交车回到总站后，通过数据采集器将车载 POS 机的数据读取并转存到数据采集中心。人员的参与使采集过程低效且易出错，同时维护也更为复杂。

由于公交车数量庞大且网络交互频繁，使用高昂运营费用的通信服务如 GPRS、CDMA 等并不适合作为全面覆盖的公交收费网络，而只能作为远距离的骨干网络连接服务。Wi-Fi 网络在此背景下逐渐显现出其价值，承载的无线通信和网络技术恰好弥补了这个空缺，随着 Wi-Fi 网络建设热潮的兴起，Wi-Fi 已经成为无线网络的主流方向。从安全性、技术成熟度、与现有网络的连接、节点管理、QoS 特性、设备互操作性等方面看，Wi-Fi 在短距离无线技术中都具有无可比拟的优势。因此，Wi-Fi 能最大限度地满足公交收费系统数据采集的需求。

三、停车场收费系统

停车收费对交通需求结构的影响是政府使用价格手段来缓解中心区停车问题时需要考虑的关键因素，停车费率的变化对交通需求结构的影响程度是制定停车收费价格水平的基础依据。停车收费是指对接受停车场提供的产品或服务的受益者收取的费用①。

非接触式 IC 卡停车场收费系统是目前全球最先进的计算机收费管理系统之一，具有诸多优点，如方便快捷、收费准确可靠、保密性好、灵敏度高、使用寿命长、形式灵活、功能强大等。该系统将取代磁卡和接触式 IC 卡，成为新一代的主流。它以非接触式 IC 卡为信息载体，通过刷卡记录车辆进出信息，利用计算机管理手段确定停车费用，并结合工业自动化控制技术控制机电一体化外围设备，从而实现对进出停车场各种车辆的控制。

（一）进口、出口集中控制结构

1. 智能停车场进出口安全方案

智能停车场管理系统的设计以安全防护和自动化为核心。一般的停车场管理系统主要关注计费管理功能，侧重于记录车辆的进出时间以便于收费，并常采用磁卡条形码识别方式。然而，这样的管理只是对磁卡内容的管理，并没有对车辆的安全进行管理。如果窃贼获得磁卡，便可轻易盗走任何车辆，给车主造成巨大损失，同时给车辆管理带来无法克

① 邵春福，等．城市交通概论 [M]. 北京：北京交通大学出版社，2016：172.

服的安全隐患。智能停车场管理系统保留了原停车场管理系统的所有功能，并增加了基于计算机视觉技术的安全防盗系统，提高了停车场的安全性。同时，用户可以无须停车直接进出停车场，提高了停车场的自动化程度。

在停车场入口，用户使用非接触式远程 IC 卡输入密码。远程 IC 卡系统接收密码，并将卡号和密码传递给入口终端。智能车辆检测模块检测到车辆后，提取适当的车辆图像并将其发送给停车场车辆安全信息模块。该模块自动识别车牌号，并对车牌图像特征和车辆图像特征进行编码，然后将这些信息传递给入口终端。

入口终端通过用户卡号连接到服务器的数据库，检索用户信息，验证用户的密码和车牌号码，并进行车辆图像匹配检测。若车牌号无法识别，则通过车牌图像匹配检测，这一步旨在验证用户身份的合法性，防止非法用户获得合法用户的 IC 卡并盗用其账号。只有当车辆图像、车牌号和 IC 卡密码都匹配时，才允许放行。对于首次使用的用户，系统不核对其车牌号、车牌图像特征和车辆图像特征，而是将这些信息存储在数据库中。

2. 进口、出口集中控制基本构成

进口、出口集中控制基本构成原理如图 5-19 所示。

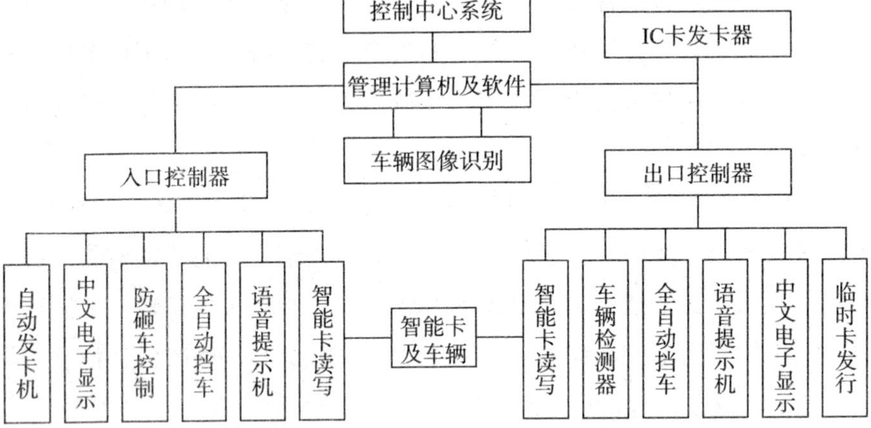

图 5-19 进口、出口集中控制基本构成原理图

（二）车辆检测系统及图像识别原理

1. 车辆检测系统

车辆检测是进出口终端分析、判断、发出信息和提出控制方案的主要依据。只有当智能车辆检测模块检测到车辆后，车辆安全信息模块才开始工作，终端也相应地发出各种控制信息。目前具有代表性的是按检测器的工作方式及工作时的电磁波波长范围，将检测器划分为三大类——磁频车辆检测器、波频车辆检测器和视频车辆检测器，它们各有自己的优缺点。考虑到车辆检测模块和车辆安全信息模块可共享 CCD、视频采集卡及计算机，这样可以减少费用，而且停车场车辆速度并不太快，所以我们选择了视频车辆检测的方法。

视频车辆检测有多种方法。一种是利用对路面和车辆的灰度直方图的特征变化判断是否存在车辆[①]，但这种方法对车辆颜色、环境和光线变化敏感。尽管有基于直方图收缩方差法的改进提议，但未取得显著进展。另一种方法是计算视频流中连续帧的差值，当 CCD 区域内有运动目标

① 陈旭梅．城市智能交通系统 [M]. 北京：北京交通大学出版社，2013：157.

时，帧间差值将显示运动目标区域的灰度差异，这种方法不太受车辆颜色、环境和光线变化的影响。然而，它不能检测静止车辆，并且对车速变化敏感，车速过慢或过快都可能影响检测准确性。

在停车场进出口车辆检测中，可能会出现速度过慢的车辆，为了应对这一情况，提出了隔帧帧间差法，这样在某种程度上相当于提高了车速，使用这种方法，可以提高车辆检测的准确性。

2. 智能图像识别系统

智能图像识别系统是一个高科技产品，结合了车辆综合识别技术和计算机网络管理与控制，形成了一个机电一体化的智能管理系统。这个系统具有高效、准确、安全和可靠的技术特性，有效地防止了偷车和盗车现象，为停车场管理者和使用者提供了最大的安全保障。

（1）系统构成。这个图像识别系统与感应式 IC 卡停车场计算机管理系统相结合，组成了一个完整的停车场管理体系。整个系统是基于计算机网络控制的，包括两台计算机、两个 CCD 摄像头、两张图像处理网络卡和两台聚光灯。

CCD 摄像头捕捉进场车辆的图像，并经过计算机和图像处理网络卡进行编码，然后传输到管理中心主系统进行存储。当车辆离开时，系统读取 IC 卡的编号，并在显示器上将入场车辆的图像与出口 CCD 摄像头捕捉的图像进行比较。经过判断后，若两图像一致，则允许车辆通过。

（2）系统性能及特点。图像识别系统的运用，减少了车型及车牌的识别和读写的时间，以及 IC 卡信息与车辆之间确认、判断的时间，提高了出、入车辆的车流速度。

图像识别与 IC 卡配合使用，能准确判断出 IC 卡和车牌是否吻合，杜绝了偷车者的盗车行径。

使用本系统可杜绝人为资金的流失，计算机及图像存档令停车场拥有者的每一投资都得到最高的回报，那些谎报免费车辆的现象将被杜绝。

常光照（100~800 lm）条件下，对车辆的综合识别概率不低于

99.5%。

系统工作环境温度 −20 ℃~+50 ℃ 条件下，能在小雾、小雨、小雪（能见度 50 m 外）及 7 级以下大风中可靠工作。

3. 汽车牌照识别原理和基本方法

汽车牌照识别（LPR）技术是车辆自动识别技术的一个关键组成部分，它的目的是对捕获的车辆图像进行处理和分析，从而自动识别车辆的牌照号码。一个典型的 LPR 系统由车辆检测、图像采集、汽车牌照识别等系统构成，其系统构成如图 5-20 所示。

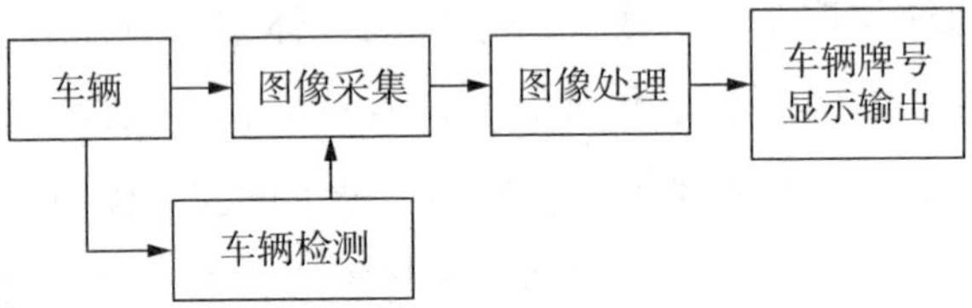

图 5-20　汽车牌照识别系统构成

LPR 的关键技术主要包括两个方面，主要是汽车牌照区域定位技术和车辆图像匹配技术。

（1）汽车牌照区域定位技术。汽车牌照区域定位技术是车牌识别过程的第一步，它的目的是从车辆图像中准确地定位牌照区域。这个过程通常包括图像预处理、边缘检测、形状分析和过滤等步骤。图像预处理通常包括灰度化、二值化和去噪等操作，以提高后续处理的效果。边缘检测可以识别图像中的边缘信息，形状分析可以识别矩形区域。通过过滤掉非车牌的矩形区域，最终确定车牌的位置。这个过程对于后续的字符识别和分析至关重要。

（2）车辆图像匹配技术。车辆图像匹配技术是通过计算机视觉和图像处理技术，对车辆图像进行相似度比较和匹配，该技术通常包括特征提取、特征向量生成和相似度计算等步骤。在特征提取阶段，系统会从车辆图像中抽取关键特征，如形状、颜色和纹理等；然后，将这些特征转化为特征向量；最后，通过计算两个特征向量的相似度，判断两个车辆图像是否匹配。这种技术在停车场管理、车辆追踪和车辆识别等场景中有着广泛应用。

（三）基于手机支付的停车场智能收费系统

基于手机支付的停车场智能收费系统是一个集成了手机支付技术、车辆识别技术和计算机网络技术的综合性停车场管理系统，在这个系统中，车辆进入停车场时，摄像头会自动识别车牌号，并记录进场时间。车辆离开时，系统会自动计算停车费用，并通过手机支付平台向车主发出支付请求。车主可以直接在手机上完成支付操作，无须现金或银行卡。此外，系统还可以提供实时的停车场空位信息，帮助车主快速找到停车位，整个过程自动化、高效、便捷，大大提高了停车场的管理水平和用户体验。通常情况下，基于手机支付的停车场智能收费系统基本结构和工作原理如下图 5-21 所示。

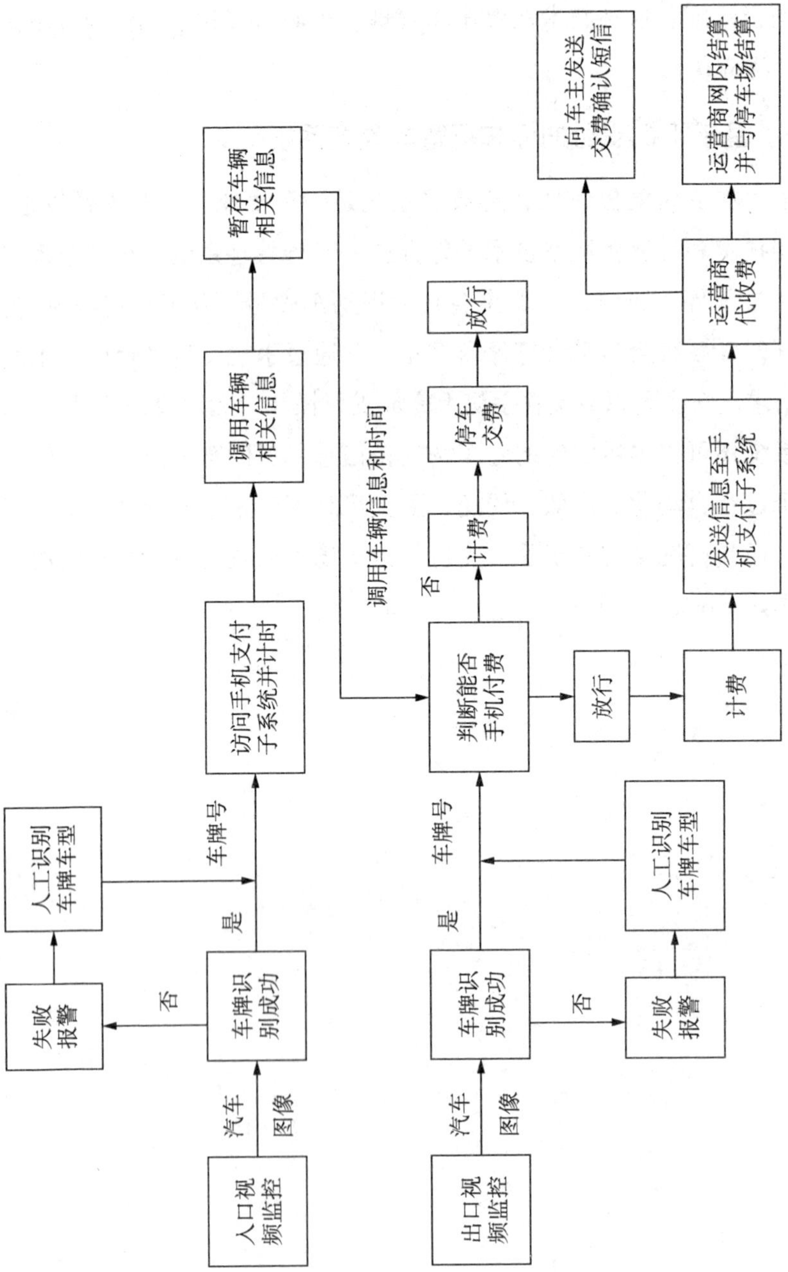

图 5-21　基于手机支付的停车场智能收费系统基本结构和工作原理

第四节　公共交通管理系统

城市常规公共交通运营管理系统是城市智能交通系统（智能交通系统）中一个关键的子系统。它的开发和运营融合了信息技术、数学优化、管理学和资源调度等多个学科的知识，并采用了通信、控制、计算机网络、GPS/GIS 等现代高新技术。

一、公交运营管理系统结构框架

智能公共交通系统是一个综合性的交通管理系统，利用 GPS 数据采集和公交出行调查，基于 GIS 平台进行公交线网布局、线路配置、站点布置、发车间隔和票价的优化设计。它实现了公交车辆的自动调度和准点运行，并通过电子站牌为乘客提供车辆到达时刻信息，节省乘客出行时间。此外，公交乘客可通过多种媒体（如可变信息牌、信息台、电话、互联网）获取公交信息（路线、换乘点、票价、车型等），鼓励更多人选择公交出行。最终，智能公交系统的社会效益、经济效益和服务水平都将得到提高。

对于国内的城市公交企业，将公交运行系统与公交企业管理系统结合起来可以实现公交信息资源的充分共享和利用，这两个系统可以通过公交通信子系统和数据中心进行数据共享和相关业务操作。

城市常规公交运营管理系统由运行系统和公交企业管理系统两部分构成，两个系统之间将通过公交通信子系统和数据中心实现数据的共享及其他相关业务的操作。

城市智能公交管理系统将管理信息系统集成于其中，不仅实现了对原有智能公交子系统的设备、信息和资源的集成，还实现了对公交企业管理和决策的整合。通过对车辆、人员、场站设施、公交专用道、信息技术、通信技术、管理技术和控制手段等相关要素的有效系统集成，城市智能公交管理系统将展现出巨大的整体效能。

公交运营管理系统使用先进的GIS技术和电子地图，通过采集、传输和处理公交车辆和客流信息，实现对公交车辆的实时监控和调度。这使公交企业能够快速调整车辆运营状况，提高车辆通行效率，实现资源的最佳分配和利用，从而达到运营的高效化。系统还通过与外部系统接口相连来提供安全协调、监控和紧急救援等服务。这一切都实现了公交运营调度的智能化和运营管理的现代化，显著提升了公交车的服务水平和公交企业的管理水平。

公交运行系统主要由八部分组成，分别为数据中心、公交GIS平台、公交通信子系统、公交调度子系统、公交评价子系统、公交信息采集子系统、公交信息服务子系统及公交收费子系统。

公交企业管理系统是公交公司的内部管理系统，集成了MIS和OA系统功能，主要用于实现企业自动化管理和无纸化办公。这个系统的主要功能包括线路运营评价、票务管理、日常事务管理、车辆维护管理、车队和场站管理、司乘人员管理以及财务评价分析。

二、物理结构体系

基于功能相似性原则和功能实现的位置，把由逻辑结构定义的各种功能分类为系统。

在实际的APTS中，P/A包括以下三个层次。

（1）移动层。这层主要由出行子系统、中心子系统（提供公共交通信息服务和公共交通管理）、路侧子系统和车辆子系统（公交车辆）四个部分组成。

（2）通信层。这层主要由广域无线通信、有线通信、车车通信和短程漫游无线通信四个部分组成。

（3）制度层。对公共交通系统所涉及诸多部门间的政策、费用负担加以制度化[①]。

三、智能公交运营管理系统网络拓扑结构

智能公交管理系统通过技术手段实施公共交通优先的策略，提升公共交通的服务和管理水平。它旨在使公共交通在城市客运中占有更大的份额，从而高效利用城市土地和能源资源，确保系统的安全运行，并提供高品质的客运服务，以达到更大的社会和经济效益。

公交智能调度系统是一个复杂的网络拓扑结构，包括出行者服务、公交车辆、前端无线通信网络、后端有线通信网络、总调度管理中心、公司级调度系统、线路/站调度点、无线远程维护系统及信息发布系统等组成部分。它的工作原理首先依赖车载终端传输的数据，这些数据被存储和解析，为前台提供可视化的数据支持。智能调度子系统会根据客流量和车辆行程状况的预测来确定未来的公交车辆调度。同时，系统也可以从终端传输的信息中解析出考核司乘人员、统计运效的功能。

终端定位信息传输系统将车载终端发送的信息传输到中央服务器，服务器将数据存储到基本信息库管理系统，并将调度信息传输到可视化调度系统。可视化调度系统会将调度指令通过终端定位信息传输系统传输到车载终端，同时会将调度指令传输到基本信息库管理系统进行存储。可视化调度系统在进行现场调度时需要参考配车排班管理系统的信息，而配车排班管理系统的生成则依赖行车计划编制系统。配车排班管理系统、基本信息库系统、可视化调度系统都为营业统计与信息查询管理系统提供了参考依据。这样的一个完整的系统架构能够让公交企业更加高效地管理和调度公交车辆，提高公交服务的品质和效率。

① 陈旭梅．城市智能交通系统[M]．北京：北京交通大学出版社，2013：165.

四、城市轨道交通运营管理系统

城市轨道交通运营管理与城市智能交通系统紧密相连。城市轨道交通智能化综合监控系统和列车运行自动控制系统是城市轨道交通运营管理智能化的典型子系统。

(一)智能化综合监控系统

智能化综合监控系统是通过网络将原本独立的各类设备控制系统有机地结合起来，实现对各相关子系统设备的监控和协调。这样的系统有助于提高设备使用效率，降低城市轨道交通运营成本，进而提高综合决策水平。它为乘客提供便利、快捷和舒适的乘车环境，并在灾害发生时最大限度地保护人员和财产安全。其目标是实现城市轨道交通的“高安全、高效率、高品质服务”。

1. 智能化综合监控系统结构

智能化综合监控系统在保留各子系统的数据采集、控制设备及各自操作员和调度员的基础上，将远程通信、实时数据、历史数据服务器和大屏幕显示设备集成为一个统一的系统。这样，各子系统能将所有实时和历史数据实现共享。同时，集成系统中的大屏幕被合并成一个超大屏幕，使得每个专业的操作员和调度员的观察视野更广。他们不仅可以通过超大屏幕了解自己专业关心的系统状态，还能了解其他专业的相关系统状态。这为操作员和调度员全面了解情况，及时做出正确判断提供了强有力的手段。

智能化综合监控系统从信息流角度分为三个层级：监控数据接入层、监控数据共享层和监控数据决策层。监控数据接入层是底层，包含列车运行自动监控、电力监控、环境和附属设备监控、售/检票监控系统和通信设备监控等。这些系统既涉及城市轨道交通运输调度、机车车辆、线路、电力、通信信号等各业务系统的静态数据，也包含这些业务系统的实时动态数据。监控数据共享层则包括数据共享平台和通信平台，用于实现不同通信制式、不同数据格式的数据源的统一传输和共享。智能化综合监控系统信息流分层结构如图 5-22 所示。

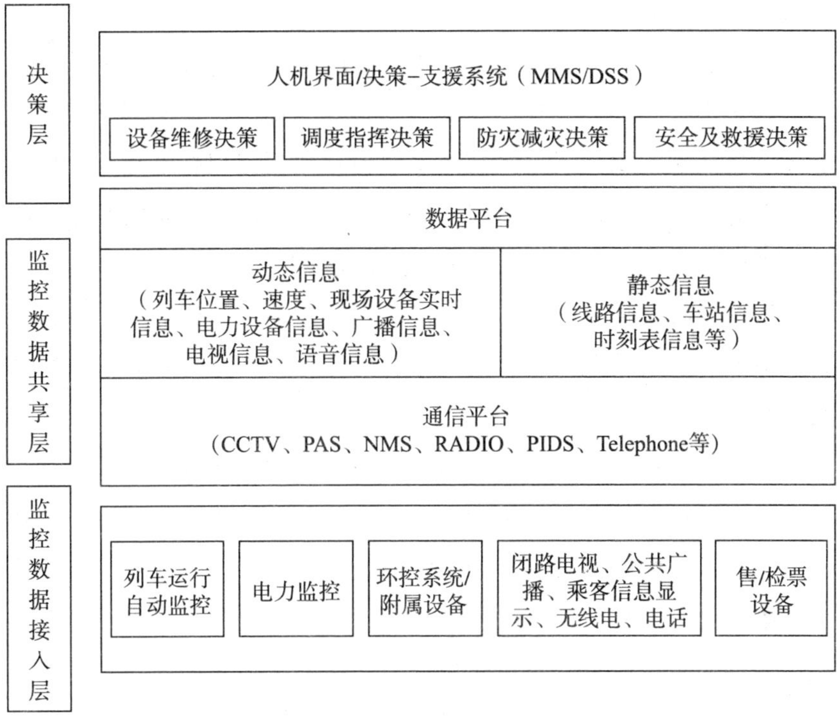

图 5 22　智能化综合监控系统信息流分层结构

2. 智能化综合监控系统的关键技术

智能化综合监控系统涉及的关键技术包括共享平台数据安全技术、信息源接口与信息标准技术、信息融合技术、中间件技术、数据挖掘技术、智能组态技术等。

（1）共享平台数据安全技术。智能化综合监控系统的共享平台数据安全技术是一种关键技术，它主要用于保护共享平台上的数据不在未经授权的情况下被访问、不被篡改或泄露。这个技术包括加密、身份验证、访问控制和网络安全等手段。加密技术可以确保数据传输的安全性；身份验证和访问控制可以阻止未经授权的用户访问数据；而网络安全则可以保护数据不受网络攻击的威胁。这些安全措施共同为共享平台上的数据提供了全面的保护。

（2）信息源接口与信息标准技术。智能化综合监控系统的信息源接口与信息标准技术涉及创建统一的数据接口和标准，使不同来源的数据能够无缝集成和互操作。这一技术主要包括数据接口标准化、数据格式统一和信息交互协议的制定，以确保来自不同系统、设备的数据能够顺利集成进监控系统，并实现有效的信息交流和共享。

（3）信息融合技术。对于来自多个模式和多个渠道的数据进行智能分析，进而完成决策和评估。信息融合的综合分析能力是影响数据共享平台运行效率的关键因素之一。

（4）中间件技术。在智能化综合监控系统中，集成了多种类型、操作平台和协议的数据库及应用程序，实现跨平台、透明数据库共享和通信，是这个系统成功的关键。为了解决这个问题，中间件技术是至关重要的。中间件是一种可以消除操作系统和网络协议差异，为异构系统之间提供通信服务的软件。它位于硬件、操作系统和应用程序之间，可以满足众多应用需求，运行在多种硬件和操作系统平台上，支持分布式计算，提供跨网络、硬件和操作系统平台的透明应用和服务交互，并支持标准接口和协议。

（5）数据挖掘技术。数据挖掘技术在智能化综合监控系统中用于从大量数据中自动提取有价值的信息和模式，这种技术能够帮助分析和预测系统行为，优化运营决策。数据挖掘采用统计学、机器学习和人工智能等方法来发现隐藏在数据中的关联和趋势。

（6）智能组态技术。包括智能化综合监控系统各业务信息系统的各类数据的组态接入，数据存储层次模型、结构的组态，城市轨道交通业务重构涉及的各类数据组态[①]。

（二）列车运行自动控制系统

现代列车运行控制系统以确保安全为核心，旨在提升列车的运行效率。它通过调整列车的运行间隔和时分，确保列车和乘客的安全。该系统实现了列车运行控制和行车指挥的自动化。

信号系统的核心是列车运行自动控制（ATC）系统，它去除了传统地面信号，改为以车载信号为主。该系统为列车提供了具体的速度或距离信息，这些信息是根据与前行列车的距离和进路条件连续在车内显示的。根据这些信息，列车可以自动控制运行速度，实现超速防护，自动调整行车间隔，并在车站实现程序定位停车。

1. ATC 系统的结构

列车运行自动控制系统是一个综合性的管理、控制和监督系统，包含列车自动监控（ATS）、列车自动防护（ATP）和自动运行（ATD）三个子系统。在管理层，ATS 子系统主要采用软件方法实现列车安全运行的联网、通信和指挥。ATP 子系统负责发送和接收各种行车命令，确保列车运行安全，并完成进路、速度和列车间隔控制。车载 ATP 子系统接收来自轨旁 ATP 设备的指令信息，执行列车运行的超速防护，经过校验的相关信息会传递到车载 ATP 子系统。车载 ATP 子系统与 ATO 子系统协同工作，自动调整列车运行速度并控制列车在车站的程序化定位停车。三个子系统既相对独立，又相互联系，以保证列车安全、快速、短间隔地有序运行。

ATC 系统的设备遍布控制中心、车站信号设备室、轨旁和车辆上。控制中心负责指挥列车运行，配备了作为 ATC 系统核心的系统控制服务器和调度控制工作站。数据传输系统，包括通信前置服务器、路由器和数据通信网络等，负责实现控制中心与沿线车站信号设备室之间的实时数据

① 陈旭梅．城市智能交通系统[M]．北京：北京交通大学出版社，2013：172.

信息交换。调度员通过工作站下达行车控制命令。车站信号设备室收集的实时列车在线信息、车次号信息以及道岔、信号机的状态信息等，均在控制中心的壁式大屏幕显示屏和调度员工作站的 CRT 显示器上展示。

设于联锁集中站设备室的服务器，接收调度员的控制指令，通过联锁装置，排列进路、开放信号，并将列车在线信息和信号设备的状态信息传送到控制中心。通过 ATP 子系统的轨旁设备，进行列车检测以确认轨道区段是否被列车占用，并向列车发送限速命令、允许运行的目标距离信息、门控命令和定位停车指令等。

车载 ATC 设备接收并解析地面发来的调度指令和 ATP 速度命令或距离信息，对速度进行自动调整并完成车站程序定位停车，实现列车的自动运行；然后将列车的运行状态和设备状态信息，经过车站服务器传送给控制中心。

2. ATC 系统功能

我们从控制中心、集中站信号设备室和车载三个部分来分析 ATC 系统所完成的主要功能。

控制中心是指挥整条线路列车运行的智囊，主要由 ATS 系统来完成这个功能，我们也可以理解为控制中心当中只有 ATS 这个子系统。集中站的信号设备主要用来执行控制中心的操纵指令，进而保证列车的安全运行，它能够完成与列车的信息交换，因此联锁集中站具有 ATC 系统的三个子系统，主要由 ATS、ATP、ATO 这三个子系统互相配合一起来完成这些功能。车载 ATP/ATO 子系统负责接收并执行地面发来的各种指令，确保列车按照预定的进路和运行时刻表安全、准时地运行。在车载 ATC 设备中，ATS 子系统接收的是控制中心的调度指令，可以将其归纳到 ATS 子系统当中；与行车安全相关的速度控制和超速防护则属于 ATP 子系统；车载 ATO 子系统是实现自动速度调整和确保列车在车站能够定位停车的重要系统。对于设置有站台屏蔽门的列车或需要实现“自动驾驶汽车”的自动折返，必须配置 ATO 子系统，从而拥有完整的 ATC 系统。

（1）控制中心的主要功能。

①列车运行控制和调整控制。

②时刻表的编辑、修改、存储及时刻表的调整控制。

③列车位置的实时监视和列车运行轨迹记录。

④运行图管理。

⑤列车运行进路的自动设置，车站联锁状态的监督。

⑥线路监控和报警控制、故障记录等。

（2）ATS 子系统。

①主要对列车的进路进行控制与表示。

②对遥控指令进行解译，并对相关的表示数据进行编辑。

③对折返站模式进行控制。

④对车—地信息进行编译和交换。

⑤对旅客的导向信息、目的地信息等进行显示。

⑥对运行速度的等级、停站时分进行及时调整等。

第五节　客货运管理系统

一、道路运政管理系统

（一）道路运政管理的信息化

道路运政管理是交通主管部门根据国家方针、政策和相关法规，对道路运输业进行各方面的管理工作，包括政策指导、计划调整、法规保障和行政指令等。这种管理旨在维护和推动市场竞争，通过制定道路运输竞争规则，培养和完善道路运输市场机制，促进市场机制功能的充分发挥，实现运输资源的优化配置。道路运政管理的最终目的是确保运输能力与运输需求相匹配，最大限度地满足国民经济发展对道路运输的需求。随着道路客货运输的迅速发展，道路运政管理逐步走向信息化。

计算机信息技术在运政管理中从无到有，主要经历了以下阶段。

（1）在静态管理阶段，业务管理相关信息会被录入到计算机中，进行单一业务的处理和简单信息的统计。

（2）在动态管理阶段，日常业务与计算机管理相融合，业务办理过程中自动记录信息。

（3）在联网信息共享阶段，各级管理机构和各个业务科室通过信息联网实现数据共享。这样，所有部门都能够访问同一台账，确保信息的一致性和完整性。

（4）在流程化管理阶段，业务办理采取流程化的方法，各个环节都能自动传递文档。这种管理方式使得不同科室和岗位之间能够有序地分工合作，有效地规范工作行为，避免管理缺陷，并确保管理工作的公开性、公正性和透明性。

（二）道路运政管理系统在交通政务网中的定位

我们以河南省运政管理信息系统为例进行说明。省道路运政管理系统的建设要按照流程化管理的思想，向一体化管理发展，建立省、市、县三级统一的信息管理平台。按照交通运输部的规定，就是要建立复合要求的统一的“三网一库”，相关信息要上报交通运输部；按照省交通厅的要求，运政管理系统要纳入河南省交通厅的政务管理系统。为充分利用现代信息技术提高管理效率，运政管理系统在建设省、市、县三级统一的道路运政管理系统时，不仅需要与上级的交通运输部联网，还要横向与其他相关企业联网，包括检测企业、维修企业、培训学校、货运配载企业和客货运输场站等。运政管理系统在整个交通网中的定位如图

5-23 所示。

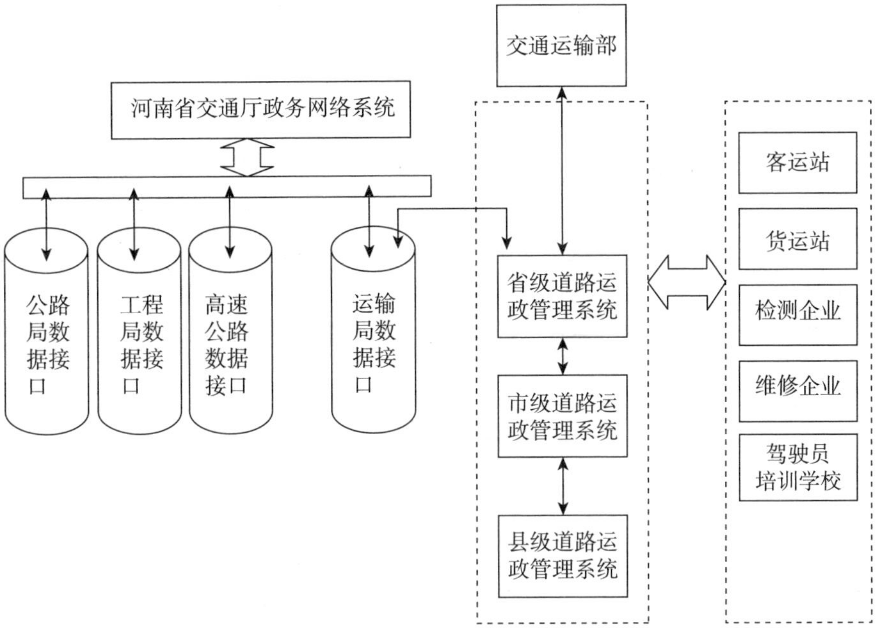

图 5-23　运政管理系统在交通网中的定位

（三）道路运政管理系统的架构

从数据信息集成应用的角度来讲，基于服务和应用松散耦合的道路运政管理软件的逻辑架构如图 5-24 所示。

自下而上各层具体描述如下。

（1）支撑平台层：包括各种系统软硬件平台、系统安全防护软件。

（2）数据集成服务层：这一层由数据管理和数据服务两部分组成。数据管理负责有效管理多源的运政数据资源，而数据服务组件采用服务封装技术，以避免产生“信息孤岛”。

（3）商业逻辑层：该层负责实现和维护多个运政管理业务逻辑，包括道路运输从业人员、驾校行政管理、水运海运管理、规范征收管理、稽查管理、道路客运管理和道路货运管理等。它将业务流程与底层服务连接起来，进行服务组合和流程编排，使得在面对业务需求变化时能够快速调整业务流程和规则。

（4）信息展现层：该系统提供了用于实现道路运政管理的交互信息显示，为各种用户提供了统一的操作界面。通过权限管理和角色分配，系统对访问进行控制。

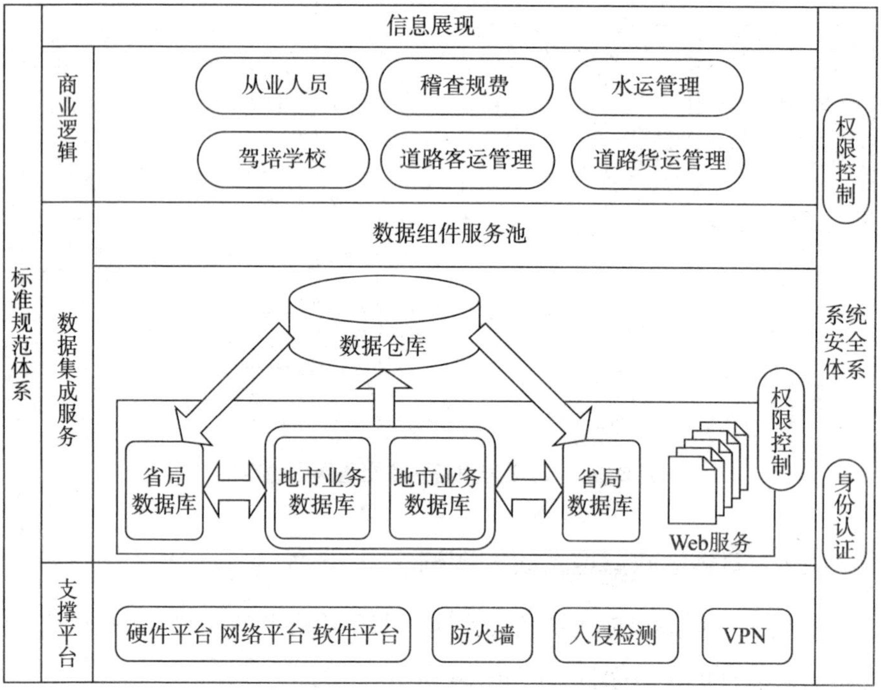

图 5-24　道路运政管理软件的逻辑架构

相应地，道路运政管理系统技术架构如图 5-25 所示。

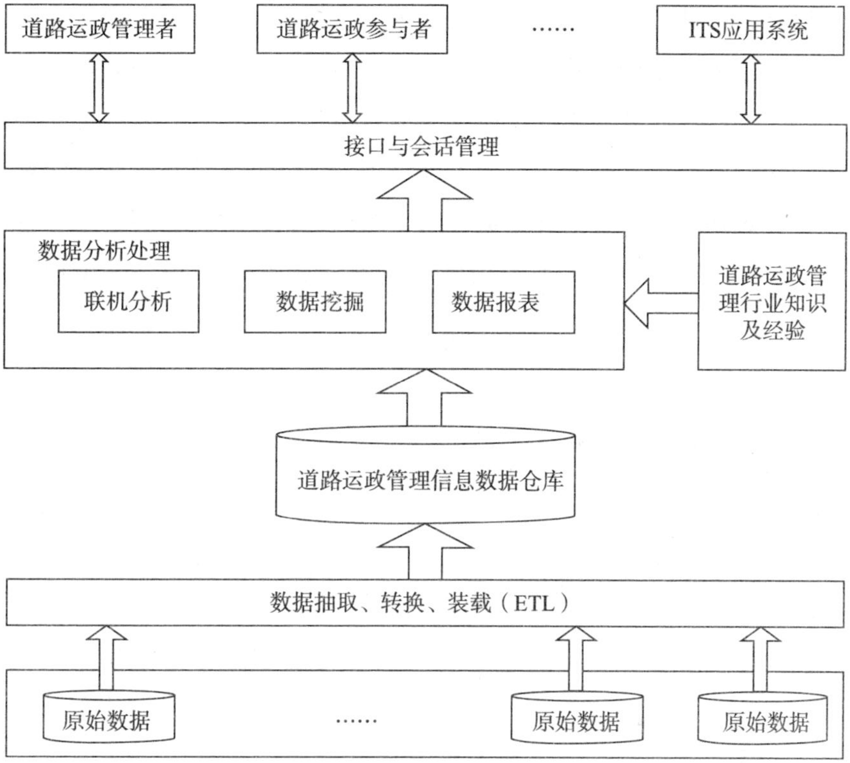

图 5-25 道路运政管理系统技术架构

二、客货运运营管理系统

（一）道路客运运营管理系统

道路客运是客运体系的重要部分，在提高人民生活质量、促进人员交流、加强地区间联系和合作、推动地区经济发展等方面具有日益重要的作用。在我国，已经基本形成了以大、中、小城市为中心，辐射广大农村的道路客运网络。鉴于网络的整体性，我们需要对道路客运运营实行统一管理，综合利用各种网络资源，开展高质量、高水平的网络化经营和集约化经营，以提高道路客运的规模经济效益、生产效率和管理效率。

道路客运是支持经济社会发展和满足人们出行需求的基础产业。以大型现代化客运站的运营管理系统为例，通常这类客运站的运营管理系统由多个不同性质和功能的子系统组成。运营管理的核心内容主要包括综合枢纽作业协调管理和组织服务性管理两大方面。从系统工程的角度出发，通过运用系统分析和集成方法，可以将大型现代化客运站的运营管理系统分解为由多个具有不同性质和功能的子系统，如图 5-26 所示。

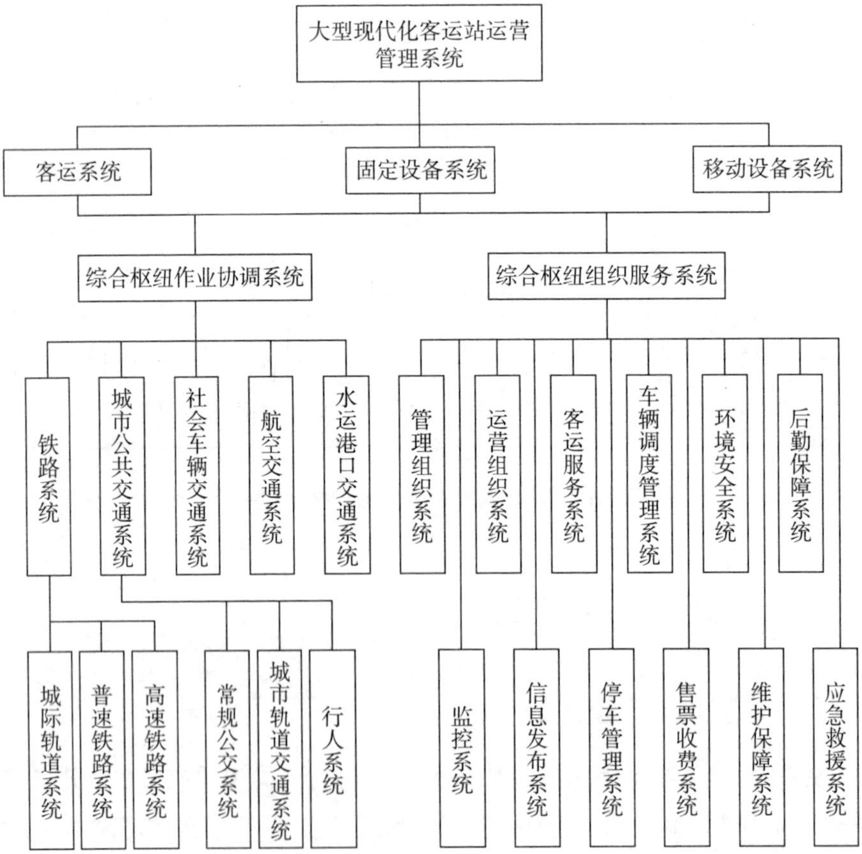

图 5-26　大型现代化客运站运营管理系统

（二）道路货运运营管理系统

道路货运运营管理是一个重要的手段，用于规范道路货物运输的经营活动，维护货物运输市场的秩序，确保货物运输的安全，并保护与道路货物运营相关各方当事人的合法权益。

一个典型的道路运输企业运营管理系统功能结构如图 5-27 所示，由系统由基础数据管理模块、任务生成与执行控制模块、车辆运行控制模块、驾驶员控制模块和企业生产运营评价模块五个部分组成。

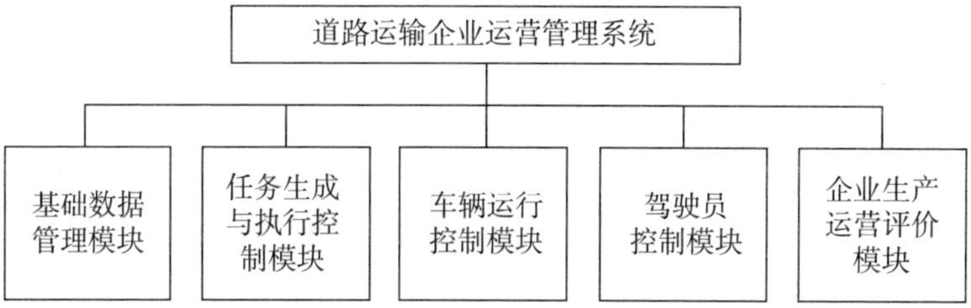

图 5-27　道路运输企业运营管理系统功能结构

第六章 智慧城市与智能交通

第一节 智能交通与智慧城市的融合

一、智能交通与智慧城市融合的必要性

智能交通与智慧城市融合的必要性体现在以下几个方面。

（一）提高交通效率

智能交通系统是现代交通技术与信息技术相结合的产物，能够实现实时监测和管理城市交通情况。利用智能交通系统，城市交通管理部门可以根据实时的交通数据进行精确的交通调度和规划。智能交通系统能够实时监测交通流量和路况，并将这些信息传递给交通管理中心；交通管理中心可以根据这些信息对交通信号灯进行调整，使之更加适应当前的交通流量。当交通流量较大时，可以相应增加绿灯时间，减少红灯时间，以缓解交通压力；反之，当交通流量较小时，可以相应减少绿灯时间，增加红灯时间，以确保交通安全。

智能交通系统还可以优化交通线路，交通管理中心可以根据实时交

通数据，预测未来交通流量的变化趋势，并据此进行交通线路的优化。例如，在交通高峰时段，可以增加公共交通的班次和开通临时专线，以缓解道路交通压力；在交通低峰时段，可以减少公共交通的班次和专线，降低交通运营成本。

智能交通系统还可以降低市民出行成本。由于智能交通系统能够实时监测交通情况和优化交通线路，市民可以更加快捷、方便地出行。不仅如此，智能交通系统还可以为市民提供实时的交通信息，如公交车、地铁的实时位置、预计到站时间等，有助于市民更加合理地安排出行时间和路线，从而减少等待时间、节省出行成本。

智能交通系统是现代交通管理的重要手段之一。通过实时监测交通情况、调整交通信号灯、优化交通线路等措施，智能交通系统不仅能够提高交通效率，缩短市民出行时间，还能够降低市民的出行成本。随着城市交通问题日益严重，智能交通系统的应用将更加广泛，为城市交通的发展和管理提供有力的支持。

（二）改善交通安全

智能交通系统的应用已经对城市交通产生了深远的影响。其中，提高交通安全性是其重要的功能之一。通过智能交通系统，交通管理部门可以实时监测道路上的各种异常情况，并采取相应的应对措施，保障交通顺畅、安全。

智能交通系统可以实时监测车辆违章行为，例如，通过摄像头、传感器等设备，智能交通系统可以实时捕捉车辆的违章行为，如闯红灯、逆行、超速等。一旦发现违章行为，系统会自动记录违章信息，并及时向交通管理部门发送警报，交通管理部门可以根据这些信息，对违章车辆进行罚款、扣分等处罚，从而有效地遏制违章行为，保障道路交通秩序。

智能交通系统还可以及时监测交通事故。当发生交通事故时，智能交通系统可以通过摄像头、传感器等设备，及时捕捉事故现场的情况，并向交通管理部门发送警报，交通管理部门可以根据这些信息，迅速派出交警、救援人员等前往事故现场进行处理。此外，智能交通系统还可以实时监测道路上的交通流量，预测交通堵塞的发生，一旦发现交通堵塞的迹象，系统会自动向交通管理部门发送警报。交通管理部门可以根据这些信息，及时调整交通信号灯、优化交通线路、采取交通疏导等措施，缓解交通压力，保障道路交通顺畅。

智能交通系统还可以提高交通管理效率。通过实时监测道路上的异常情况，并及时向交通管理部门发送警报，智能交通系统可以有效地减少交通事故的发生，保障交通安全。此外，智能交通系统还可以为交通管理部门提供实时、准确的交通信息，有助于交通管理部门更加科学、合理地制定交通政策和措施，提高交通管理效率。

智能交通系统已经成为现代城市交通管理的重要工具。通过实时监测道路上的异常情况，并及时向交通管理部门发送警报，智能交通系统不仅可以提高交通安全性，还可以提高交通管理效率，为城市交通的发展和管理提供有力的支持。

（三）减少能源消耗和环境污染

智能交通系统是一种运用现代信息技术手段进行综合管理和控制的交通系统，它为现代交通发展带来了很多益处。在日常的交通管理中，智能交通系统可以通过实时监测、数据分析和交通流控制等手段，优化交通流量，减少车辆的停滞时间，从而降低能源消耗和减少排放，有助于缓解交通拥堵和减轻环境压力。

通过智能交通系统，交通管理部门可以实时掌握交通流量情况，对交通信号灯进行调整，使得交通流量更加均匀、有序，有效缓解交通拥堵。此外，智能交通系统还可以根据交通流量的变化，自动调整交通线路，提高道路利用率，使得车辆能够更加顺畅地行驶，减少停滞时间，降低油耗和尾气排放。

智能交通系统可以推广电动汽车等新能源车辆。通过智能交通系统，电动汽车可以方便地找到最近的充电站进行充电，从而促进电动汽车的普及和应用。此外，智能交通系统还可以为电动汽车提供最优的驾驶路线，减少能源消耗。与传统汽车相比，电动汽车具有零排放、低噪音、低油耗等优点，有助于降低能源消耗和减轻环境污染。

智能交通系统可以实现交通资源的合理配置，通过智能交通系统，交通管理部门可以对交通资源进行合理配置，实现公共交通与私人交通的有机结合，使得交通资源得到更加高效、合理的利用。例如，通过智能交通系统，公共交通可以优先通过繁忙路段，提高公共交通的效率，鼓励更多的人选择公共交通，从而降低能源消耗和环境污染。

智能交通系统可以优化交通流量，减少车辆的停滞时间，降低能源消耗和排放，推广电动汽车等新能源车辆，进一步降低能源消耗和环境污染。智能交通系统为城市交通的发展和管理提供了有力的支持，有助于实现交通的绿色、可持续发展。

（四）提升城市形象

智能交通系统的应用不仅可以优化城市交通流量，减少停滞时间，降低能源消耗和排放，还可以进一步改善城市环境和提高城市形象。通过智能交通系统的全面运用，城市可以实现更高效、更安全的交通运行，从而为市民和游客提供更加便利、舒适的出行体验。这不仅有利于提升城市的形象，还可以增强城市的吸引力，吸引更多的投资和人才。

智能交通系统通过实时监控、数据分析、交通流控制等手段，可以有效地提高城市交通的效率。例如，通过智能交通信号控制系统，交通管理部门可以根据交通流量的变化自动调整交通信号灯的时序和周期，从而更加合理地调度交通流量，减少车辆的停滞时间，缓解交通拥堵。此外，智能交通系统还可以通过自动化、信息化等技术手段，为公共交通提供更加便捷、准确的信息服务，推动公共交通的发展，降低私人交通的比重，进一步提高城市交通的运行效率。

智能交通系统还可以实时监测道路上的异常情况，包括车辆违章、交通事故等，并能及时向交通管理部门发送警报，从而提高交通安全性。此外，智能交通系统还可以为驾驶员提供实时的交通信息和路况预测，帮助驾驶员选择最佳的驾驶路线，避开交通拥堵和事故高发路段，进一步提高交通安全性。

改善城市环境是智能交通系统的另一个重要优点。通过优化交通流量，减少车辆的停滞时间，降低能源消耗和排放，智能交通系统可以有效地减轻交通对城市环境造成的压力，减轻交通污染，改善城市空气质量，提高城市的生活品质。

智能交通系统可以有效地提高城市的交通效率和安全性，改善城市环境，从而提升城市形象，吸引更多的投资和人才。通过智能交通系统的全面应用，城市可以实现更加高效、绿色、安全的交通运行，为市民和游客提供更加便利、舒适的出行体验，进一步促进城市的发展和繁荣。

（五）促进经济发展

智能交通系统在现代城市中的应用对于推动城市的经济发展、产业创新和环境改善有着重要的作用。它能通过对交通数据的实时监测、分析和处理，有效地提升城市交通的效率和安全性。智能交通系统能够及时调整交通信号灯、优化交通路线和提供准确的交通信息服务，从而有利于缓解交通拥堵、减少车辆的停滞时间和降低交通事故发生率。这将有助于提高城市交通的运行效率，改善市民的出行体验，同时为商业和旅游活动创造更加便利的交通环境，从而促进城市的经济发展。

在节能和环保方面，智能交通系统的应用可以有效地降低交通的能源消耗和减轻环境污染。通过优化交通流量、减少车辆的停滞时间和推广新能源车辆等措施，智能交通系统能够降低交通对能源的需求和对环境造成的压力，从而有助于减轻城市的空气污染、降低碳排放，改善城市的生态环境和提高城市的生活品质。

智能交通系统的应用还有助于推动技术创新和产业发展，包括大数据、云计算、物联网、人工智能等，这将有助于促进相关技术的研发和应用，推动高新技术产业的发展。同时，智能交通系统的应用还将创造新的就业机会，包括交通数据分析、交通信息服务、交通设备制造和维护等领域，将有助于扩大城市的就业市场，增加城市的经济活力，推动城市的可持续发展。

二、智能交通与智慧城市融合的实施策略

智能交通与智慧城市融合的实施策略要求我们从多个层面和角度来考虑和制定相关计划。其中包括政策支持、技术发展、数据处理和利用、跨部门合作、用户需求和体验等多个方面。

政府和相关机构应该提供相应的政策支持和财政扶持，以促进智能交通与智慧城市的融合。这不仅包括政府对项目的资金投入，还包括出台一系列政策，支持科技创新和技术发展，鼓励相关企业积极参与，并督促各部门和单位加强协调与合作。

技术是实施策略的基础，我们需要在交通和城市管理的各个环节引入最新的技术，如物联网、人工智能、5G、云计算、大数据等。这些技术能够为智能交通与智慧城市提供强大的技术支撑，帮助我们更好地收集和处理数据，提高决策的准确性和效率，优化城市管理和服务。

数据是智能交通与智慧城市融合的重要资源，数据的收集、整合、分析和应用对于实施策略的成功至关重要。同时，要注意数据的共享和开放，让更多的部门和机构可以利用这些数据，促进资源的优化配置和利用。另外，要加强数据保护，确保公众的隐私权和数据安全不受侵犯。

各部门和机构的合作与协调在实施策略中也具有重要意义。智能交

通与智慧城市的融合涉及多个部门和系统，只有加强合作与协调，才能确保项目的顺利进行。同时，各部门和单位需要共同努力，确保项目的质量和效果。

用户体验和需求应该被视为实施策略的核心，智能交通与智慧城市的融合最终是为了服务于人。因此，要关注用户体验，了解公众的需求，提供高质量的服务。同时，要随时聆听公众的声音，及时调整策略，确保智能交通与智慧城市真正为公众带来便利和福祉。

智能交通与智慧城市的融合是一项复杂而庞大的工程。它需要多方面的努力和合作，包括政策支持、技术发展、数据处理和利用、跨部门合作、用户需求和体验等。只有将这些方面有机结合，才能成功实施融合策略，打造更高效、安全、环保和宜居的环境。

三、智能交通与智慧城市融合的社未来展望

（一）自动驾驶汽车与自动驾驶技术的发展趋势

自动驾驶汽车和自动驾驶技术是近年来汽车工业和人工智能领域的热点话题。随着科技的不断发展，这些技术逐渐从理论研究转向实际应用，主要表现在以下几个方面。

1. 自动驾驶等级的提升

自动驾驶技术的等级分为 0 至 5 级，代表着从完全手动驾驶到完全自动驾驶的过渡过程。0 级是完全手动驾驶，车辆没有任何自动化功能，驾驶员需要完全掌控车辆的所有操作。随着技术的不断进步，我们逐渐进入了更高等级的自动驾驶阶段。部分自动驾驶（如自动泊车、自动刹车等）可以被视为初级阶段的自动驾驶技术，属于 2 或 3 级自动驾驶。在这个阶段，车辆可以在某些特定场景下自动驾驶，但仍需要驾驶员的监督。随着技术的不断发展，我们正在朝着更高等级的自动驾驶前进。4

级自动驾驶将能够在更多的场景下实现自动驾驶，而 5 级自动驾驶将实现完全自动驾驶，无须驾驶员的参与。车辆将完全自主地完成所有驾驶操作，包括启动、加速、转向、刹车和停车。这将大大提高交通效率和安全性，同时将改变我们的出行方式和生活方式。随着技术的进一步发展，完全自动驾驶的实现将不再是遥不可及的未来。

2. 传感器技术的发展

自动驾驶汽车和自动驾驶技术的一个关键组成部分是对周围环境的感知能力，这主要依赖传感器技术。随着雷达、摄像头、激光雷达等传感器技术的不断发展和成本降低，自动驾驶系统的感知能力也将逐步增强。雷达和激光雷达能够在不同的环境和天气条件下为自动驾驶系统提供准确的距离和速度信息，有助于检测和跟踪周围的物体。摄像头则可以提供图像信息，有助于识别交通标志、车道线、行人和其他车辆。通过集成多种传感器，自动驾驶系统可以获得更加全面和精确的环境信息，有助于做出更加准确和安全的决策。随着算力的提升和机器学习技术的发展，传感器所获取的数据将被更加有效地利用，自动驾驶系统将能够更好地理解和处理复杂的交通场景。未来，随着传感器技术的不断进步和成本降低，自动驾驶系统的感知能力将越来越接近甚至超越人类驾驶员的水平，从而使自动驾驶更加安全和可靠。

3. 人工智能技术的应用

自动驾驶汽车和自动驾驶技术的实现需要对大量数据进行实时处理和决策。自动驾驶系统需要接收并处理来自传感器的海量数据，以此理解周围的环境并作出适当的驾驶决策。随着深度学习、计算机视觉、自然语言处理等人工智能技术的不断发展和成熟，自动驾驶系统将更加智能化，能够更好地处理复杂的驾驶情况。

例如，通过深度学习，自动驾驶系统可以更准确地识别和预测行人、车辆和其他物体的运动轨迹，从而做出更加合理的驾驶决策；计算机视觉技术可以帮助自动驾驶系统更准确地识别交通标志，从而更好地遵守交通规则；自然语言处理技术可以使自动驾驶系统更加自然地与人类驾驶员、乘客和行人进行交流，从而提高用户体验。

随着人工智能技术的持续发展和进步，自动驾驶系统将更加智能化和高效，能够更好地处理复杂的驾驶情况，为人们提供更加安全、便利和舒适的出行体验。自动驾驶汽车和自动驾驶技术的广泛应用将极大地改变人们的出行方式和生活方式，为社会带来巨大的经济和社会效益。

（二）5G 与物联网技术在交通管理中的应用

5G 和物联网技术在交通管理中的应用正逐渐成为一种趋势，这主要得益于 5G 技术提供的高速率、低时延和大连接数的特点，以及物联网技术能够实现物体与物体、物体与人之间的智能互联。以下是 5G 和物联网技术在交通管理中的一些应用。

1. 实时交通信息传输

通过在交通道路上部署大量的传感器和摄像头，可以实时收集和传输交通信息，包括车辆数量、速度、位置等。5G 技术可以实现快速的数据传输和处理，有助于实时掌握交通状况，为交通管理部门做出决策提供准确的数据支持。

2. 智能交通信号灯

利用物联网技术，可以对交通信号灯进行智能控制。通过收集车辆和行人的实时信息，可以实时调整信号灯的灯色时长，优化交通流量，减少拥堵，提高交通效率。

3. 车辆追踪和调度

通过在车辆上部署物联网设备，可以实时追踪车辆的位置和状态信息。这对于公共交通车辆的调度管理尤为重要，有助于优化车辆调度，提高运营效率。

4. 交通安全预警

通过物联网技术，可以对交通事故和违章行为进行实时监测和预警。5G 技术可以实现快速的数据传输和处理，有助于及时发现和处理交通问题，提高交通安全性。

5. 车联网应用

通过 5G 技术，可以实现车与车、车与基础设施、车与行人的高速、低时延的通信，支持车联网应用的实现，如自动驾驶、车辆云服务等，为人们提供更加安全、便捷的出行体验。

（三）融合更多智能技术以提升城市交通管理水平

随着城市规模的扩大和交通压力的加剧，传统的交通管理方式已经难以满足日益增长的交通需求。因此，利用智能技术提升城市交通管理水平变得愈发重要。

智能交通系统（ITS）通过信息化、自动化和智能化技术手段，实现了对交通流量的实时监控、对交通状态的分析预测和交通管理决策的自动化。通过集成各种传感器、通信技术和数据分析工具，智能交通系统可以有效地解决城市交通中的拥堵、事故和环境污染等问题。

通过部署大量的传感器和摄像头，智能交通系统可以实时收集交通信息，并通过大数据分析技术进行实时交通状态预测。这样，交通管理部门可以迅速应对突发情况，调整交通信号和线路，优化交通流量。利用地理信息系统（GIS）技术，智能交通系统可以实现对交通设施、道路网络和交通流量的可视化管理。交通管理部门可以根据 GIS 图层的展示，快速掌握交通状况，进行有针对性的交通调度和疏导。

通过车联网技术，智能交通系统可以实现车与车、车与基础设施之间的通信。这有助于提高道路交通的安全性和效率。例如，通过车联网技术，交通管理部门可以迅速向车辆驾驶员发送交通警报和路况信息，提醒驾驶员注意安全。利用人工智能技术，智能交通系统可以实现对交通数据的深度学习和分析，自动识别交通问题，自动制定交通管理策略。这将大大提高交通管理的效率和准确性。

通过融合更多的智能技术，我们可以更加有效地应对城市交通的挑战，提升城市交通管理水平，创设更加智能、绿色、安全、便捷的城市交通环境。

第二节　车载网络

一、车载网络简述

在早期生产的汽车上，只有一个电子控制单元（ECU），其信息传输量较小，主要采取传统布线方式（1 对 1 布线），即线束一端与开关相接，另一端与控制单元、用电设备相连，其连接线束的数量也不是太多。

随着电子技术在 21 世纪的快速发展，汽车逐渐变得更加电子化。各种电子系统被广泛应用于汽车的各个部分，从发动机和传动系的控制，到行驶、制动、转向等系统的控制，再到安全保障系统、仪表报警系统和电源管理等功能，形成了一个庞大而复杂的电子系统网络。这些系统不仅需要各自的电源、传感器和执行器，还需要进行相互通信，并处理大量信息。如果继续使用传统布线方式，车上线束数量将急剧增加，占据整车质量的约 4%，降低了车辆电气系统的可靠性，增加了故障率。因此，车载网络技术应运而生，以应对这些挑战。

现在的车载网络技术，其信息的传输主要是基于数据总线（ Data Bus, DB ）原理进行的。所谓数据总线技术，简单地说，就是指一种能在一条（或几条）数据线上，同时（或分时）传输大量的、按照一定规律进行编码的数据（信号）的技术。

二、控制器局域网

（一）控制器局域网（CAN）概述

CAN 总线是德国博世公司在 20 世纪 80 年代初开发的一种串行数据通信协议，旨在解决现代汽车中各种控制和测试设备之间的数据交换问题。这是一种多主总线，其通信介质可以是双绞线、同轴电缆或光导纤维，最高通信速率可达 1 Mb/s。CAN 总线是目前车载网络系统中应用最广泛的总线技术之一。

CAN 总线是一种数据通信技术，具有以下特点：它无主从之分，任何节点都可以与其他节点进行数据通信，通信次序由节点信息的优先级决定，高优先级的信息可在 134 μs 内完成通信。当多个节点同时发起通信时，低优先级节点会避让高优先级节点，防止线路拥塞。它的通信距离可达 10 km（速率小于 5 Kb/s），最高速率可达 1 Mb/s（通信距离小于 40 m）。CAN 总线传输介质可以是双绞线或同轴电缆，适用于大数据量短距离通信或小数据量长距离通信，实时性较高，适用于多主多从或各节点平等的场景。

CAN 总线的基本系统是由多个控制单元和两条数据线组成的，这些控制单元通过所谓的收发器并联在总线导线上，如图 6–1 所示。

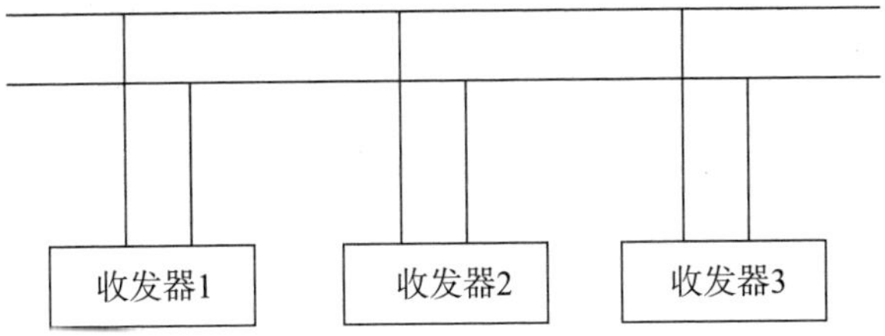

图 6–1　CAN 总线基本系统结构

上面各个收发器的条件是相同的，也就是说，所有收发器的控制单元的地位都是相同的，没有哪个控制单元有特权。从这个意义上来说，

CAN 总线也被称为多主机结构。

CAN 总线所传输的每条完整信息是由 7 个部分构成的，信息最大长度为 108 bit。而且在两条 CAN 导线上，所传输的数据内容是相同的，只是两条导线上电平状态相反。CAN 总线的数据结构如图 6–2 所示。

开始区（1）	状态区（12）	检验区（6）	数据区（64）	安全区（16）	确认区（2）	结束区（7）

图 6–2　CAN 总线的数据结构

（1）开始区：长度为 1 bit，标志数据的开始。

（2）状态区：长度为 12 bit，用于确定所传数据的优先级。也就是说，假如在同一时刻，两个收发器控制单元都想发送数据，则优先级高的数据优先发送。

（3）检验区：长度为 6 bit，用于显示数据区中的数据数量，以便让接收端控制单元检验自己所接收到的数据是否完整。

（4）数据区：最大长度为 64 bit，该区是信息的实质内容部分。

（5）安全区：长度为 16 bit，用于检验数据在传输中是否出现了错误。

（6）确认区：这是一个 2 bit 的确认信号，由数据接收器发送给数据发送器。它表明接收端已正确且完整地接收到发送器的数据。如果接收器检测到数据传输错误，将通知发送器重新发送该数据信息。

（7）结束区：长度为 7 bit，标志数据的结束。

（二）CAN 总线的数据传输过程

CAN 总线的数据传输过程即发动机控制单元（ECU）接收和处理发动机转速信息（转速值）的过程。发动机转速信息会以固定周期传输到 ECU 的输入存储器。这个转速值不仅可以用于控制发动机的运转和变速器的换挡，还可以用于其他控制单元。为了实现信息共享，这个值需要通过 CAN 总线传输。因此，该转速值将被复制到发动机控制单元的发送存储器，准备通过 CAN 构件的发送邮箱对外发送。在发送这个转速值之前，需要根据 CAN 总线通信协议将该数值转换成标准的数据格式进行发送。

当控制单元的邮箱中有信息需要发送时，该控制单元需要通过 RX 接收线检查总线上是否有其他信息正在传输。如果总线上有其他信息正在传输，那么该控制单元应等待，直到总线变为空闲状态后再进行发送。

最后是接收处理过程，主要分成下面两个步骤。

1. 检查信息是否正确

收发器控制单元能接收 CAN 总线上发送的所有信息，并通过监控层进行正确性检查，主要利用循环冗余校验码（CRC）校验和接收到的信息进行校验和检查。发送端在发送 CAN 信息前会计算所有数据位的 16 位校验和值；接收端在接收数据时也会计算一个校验和值。接收系统会比较接收到的校验和值与计算出的实际校验和值，如果两者相等，则确认数据传送无误，并将正确的信息传送到 CAN 构件的接收层。

2. 检查信息是否有用

接收层主要负责判断接收到的信息是否有用。如果本控制单元认为数据有用，则接收该数据并存放到接收邮箱中；否则，拒绝接收该数据信息。当多个发送控制单元同时发送数据时，会发生数据冲突。为解决这个问题，CAN 总线设有冲突仲裁机制，按照信息的重要程度分配优先权。对于非常紧急的信息，将设定较高的优先权，确保该信息能优先发送。

三、局部连接网络

（一）简述

局部连接网络（LIN）是一种新型的低速串行总线和车载总线子系

统，特点是结构简单、配置灵活、成本低廉。它采用主从节点架构，一个主节点可以支持最多 16 个从节点。

LIN 协议是一种基于 UART/SCI 接口的协议，具有非常低的硬件和软件成本。它的信号传播时间是可预测的，确保了传输的确定性。该协议的最大传输距离约为 40 m，数据传输率可达 20 Kb/s。LIN 总线系统是单线式总线，只需要一根导线就能传输数据。

自 1999 年推出 LIN1.0 版本以来，LIN 总线的版本不断更新，例如 LIN1.3、LIN2.0 等，逐步改进了 LIN 总线的性能和适用性。国际自动机工程师学会的车辆架构任务组根据 LIN2.0 提出了 J2602 规范，从而缩短了 LIN 从节点所需的软件代码长度，降低了 LIN2.0 中软件单元的复杂性，提高了系统配置的有效性。同时，主流厂商也会针对 LIN 的性能推出改进版本或技术，如意法半导体公司推出的 LINSIC。

LIN 主要作为 CAN 等高速总线的补充网络或子网络使用，为不需要使用 CAN 协议的设备提供相对完善的网络功能。它可以用于空调控制、后视镜、车门模块、座椅控制、智能交换器和低成本传感器等应用。在对带宽要求不高、功能较简单、实时性要求低的场合和设备中，如车身电器控制中等，使用 LIN 总线可以有效简化网络线束和降低成本。

（二）LIN 总线系统的组成

LIN 总线系统主要由三部分组成：LIN 上级控制单元（即 LIN 主控制单元）、LIN 下级控制单元（LIN 控制单元）和单根导线。其系统结构如图 6-3 所示。

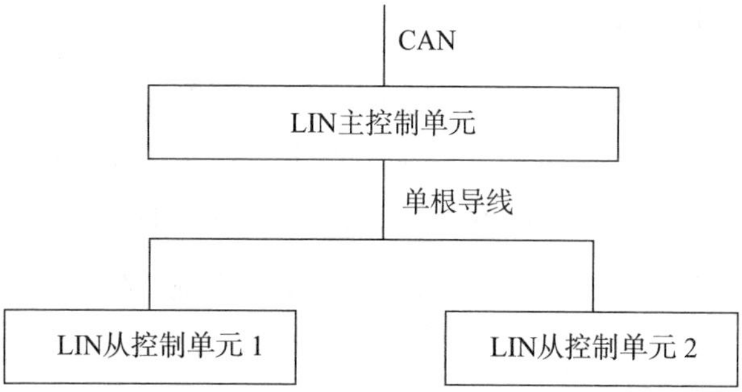

图 6-3 LIN 系统结构

1. LIN 主控制单元

LIN 主控制单元在上游与 CAN 数据总线相连，能够与 CAN 总线上的其他设备或收发器进行通信。在下游，它主要通过单根导线与一个或多个 LIN 从控制单元进行通信，实现多个功能。

（1）监控数据传输过程和数据传输速率，发送信息标题。

（2）LIN 主控制单元的软件内已经设定好一个周期时间，该周期用于决定何时将哪些信息多少次发送到 LIN 数据总线。

（3）LIN 主控制单元在 LIN 数据总线系统的 LIN 控制单元与 CAN 总线之间起“翻译”作用，它是 LIN 总线系统中唯一与 CAN 数据总线相连的控制单元。

（4）通过 LIN 主控制单元进行与之相连的 LIN 从控制单元的自诊断。

LIN 总线的信息结构如图 6-4 所示。

同步区域	起始位	标识符	停止位	数据区域	校验区	信息标题	信息段

图 6-4 LIN 总线的信息结构

其中，标识符字节包含了 LIN 从控制单元地址、信息长度以及用于信息安全的两个位等信息。

2. LIN 从控制单元

在 LIN 数据总线系统中，每个独立的控制单元、传感器或执行元件都可以视为 LIN 从控制单元。通常情况下，LIN 从控制单元不会主动与 LIN 主控制单元通信，而只会等待主控制单元的指令。但在需要结束休眠模式的情况下，LIN 从控制单元可以主动发送唤醒信号。

3. LIN 总线的数据传输

在 LIN 总线数据传输过程中，首先是 LIN 主控制单元通过信息标题发起请求或主动向 LIN 从控制单元发送数据信息，其具体过程如图 6-5 所示。

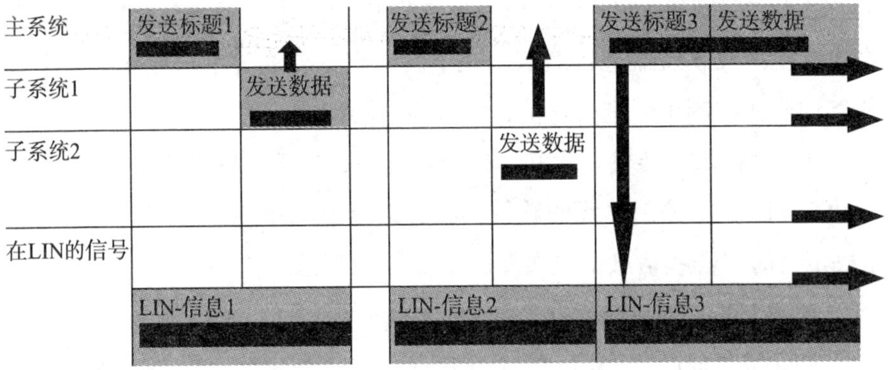

图 6-5　LIN 总线的数据传递流程

对于 LIN 总线的子系统而言，只有在接收到主系统发送的相应信息标题请求时，它才会向 LIN 总线发送数据。发送到总线上的数据可被每个 LIN 数据总线控制单元接收。对于图 6-5，在 LIN 总线系统中，当主系统需要子系统 1 发送相关数据时，主系统首先向 LIN 总线发送标识子系统 1 的请求信息。子系统 1 接收到请求信息后，向 LIN 总线发送数据信息，所有 LIN 总线系统都能接收到这些数据。同样，主系统也可以要求子系统 2 发送数据信息。对于 LIN- 信息 3，主系统直接向 LIN 子系统发送数据信息。

第三节　自动驾驶汽车

一、自动驾驶汽车简述

百度成功地进行了自动驾驶汽车的路试，并随后成立了自己的自动驾驶汽车事业部。在美国拉斯维加斯的国际消费类电子产品展览会（CES）消费电子展上，多家知名汽车制造商和创新公司，如奥迪、宝马、大众和 Faraday Future，发布了全新的自动驾驶车型。随后，谷歌、福特、优步、来福车和中国吉利控股旗下的沃尔沃宣布联合成立一个自动驾驶汽车联盟，以推动自动驾驶技术的普及和应用。同时，谷歌为了加强自动驾驶汽车的开发，宣布与意大利菲亚特汽车公司合作。近年来，许多知名的汽车制造商和互联网公司，如奥迪、大众、奔驰、谷歌和百度等，都在积极进入智能汽车领域，竞相开发自动驾驶汽车技术。无疑，自动驾驶汽车的发展将加速汽车行业的进步，并带来一次重要的变革。

汽车的诞生极大地便利了社会，推动了经济的发展和人类创新的进程。随着人们需求的不断增加，汽车的年产量和保有量也在持续上升。因此，研发更加便捷和安全的汽车成为当务之急。随着科技的不断发展，计算机控制技术也在不断取得突破，现在的汽车制造中越来越多地采用计算机自动控制技术。这使得自动驾驶技术得到不断的完善，提高了汽车的运行效率、安全性和节能性。

自动驾驶技术是通过应用先进的传感技术、通信技术、计算机技术和检测技术等，将其配备于车辆和公路系统中，并利用车路通信和车车通信实现车辆自动控制方向、速度和车间距等，从而使汽车能够自动行驶在智能化公路上。自动驾驶系统的核心是让公路系统智能化，并依赖车辆的智能系统实现车辆的自动驾驶，将交通流调整到最佳状态，减少人工驾驶导致的交通问题，提高公路系统的安全性和运行效率。自动驾驶系统是一个技术性强、涉及领域广泛、具有巨大挑战和市场潜力的研究领域。技术上看，自动驾驶系统是公路系统发展的方向，因此也是各国政府、工业界和学术界共同致力研究的领域。

二、关键技术及工作原理

自动驾驶技术是一门涉及传感器、计算机、信息通信、自动控制、导航定位、机器视觉、人工智能等诸多前沿学科的综合技术。根据智能车的功能需求，可将自动驾驶技术分为如下几项关键技术：环境感知技术、定位导航技术、路径规划技术和决策控制技术。

环境感知技术是通过多种传感器来感知车辆周围环境的信息。这些信息包括车辆自身的状态信息，如速度、转向、位置、倾角和加速度等，以及周围环境的状态信息，如道路位置、道路方向、障碍物位置、障碍物速度和交通标志等。为了获得这些信息，通常需要多种不同的传感器。例如，车辆速度可以使用车轮编码器测量，车辆方向和倾角可以使用磁场计和陀螺仪测量，位置信息需要使用 GPS 设备测量。对周围环境的探测通常使用主动型传感器，例如，激光雷达和超声波雷达用于探测车辆周围的距离信息，摄像头用于探测交通标志等。虽然多个传感器可以提供丰富、细致的环境信息，但如何统一处理这些数据并生成准确有用的信息仍是环境感知技术中的一个重要研究问题。可分为以下几个方面：

（一）数据精度

传感器在测量时可能会存在误差，这是因为制造工艺本身的限制。同时，外部环境的变化也会对传感器的数据采集产生重大影响。例如，磁场计是通过感应地磁场来指示方向的，但外界的磁场干扰会对其造成很大的影响。摄像头在强光、黑暗或遮挡等情况下的图像效果会大打折扣。

（二）数据协调

不同传感器的数据之间需要进行协调处理，因为它们的可信度可能不同，并且可能相互补充或相互冲突。例如，GPS 传感器和磁场计都可以提供车辆的行驶方向信息，但它们的可信度有很大的差异。

（三）数据融合

多个传感器收集的数据需要通过适当的方式进行统一处理。例如，不同位置的雷达数据需要转换到同一坐标系下进行分析；同样，摄像头和雷达获取的道路信息也应该转换到同一坐标系下进行处理和分析。

路径规划技术是智能车辆用来确定最佳行驶路线的技术。在智能车辆行驶过程中，行驶路线的选择、障碍物的躲避和路口转向等都依赖路径规划技术。根据适用范围的不同，路径规划技术通常分为全局路径规划和局部路径规划。全局路径规划适用于已知环境中的智能车辆，它需要依赖已经建立好的地图数据。基于地图数据，全局路径规划可以规划出全局路径。但是，因为这种路径是基于地图数据的，它无法反映实时的障碍物和道路边界等局部数据，所以，需要配合局部导航技术进行辅助。局部导航技术通过传感器获取车辆周围的局部环境信息，并在全局路径的指导下完成局部路线的规划。常用的路径规划算法包括栅格法、人工势场法、向量场直方图算法（VFH）和神经网络法等。

决策控制技术是智能车辆的核心技术，它相当于智能车辆的大脑。通过综合分析环境感知系统提供的信息，决策控制技术能够对车辆的行为做出决策。决策过程需要考虑车辆的机械特性和动力特性，以制定合适的控制策略。常用的决策技术包括机器学习、神经网络、贝叶斯网络和模糊逻辑等。根据决策技术的不同，控制系统可以分为反射式、反应式和综合式三种类型。反射式控制系统通过硬件电路实现，是一种简单快速的控制方式，适用于处理突发事件。反应式控制系统是一个闭环反馈过程，它通过不断感知外界环境来调整车辆的状态，以达到目标。综合式控制系统将系统进行层次划分，对数据进行逐层处理，同时在处理过程中对数据进行挖掘和学习，以获得最优控制方法。

智能车辆在行驶时，利用感知系统包括车载雷达、激光测距仪、视频摄像头等测量传感器的共同作用来感知车辆周围环境，这些测量传感器能够对行人、道路上的行车状况以及交通信号灯等进行分辨，并将识别出的信息传送到控制系统，控制系统根据感知系统所获得的道路、车辆位置和障碍物信息，控制车辆的行车路径和速度，从而使车辆能够安全、可靠地在道路上行驶。

自动驾驶汽车使用激光测距仪和车载雷达来感知车辆与周围物体的距离和位置。激光测距仪位于车顶，通过发射激光射线并计算其反射时间来确定与物体的距离。车载雷达用于探测行驶中车辆周围的固定路障，采用前“三后一”的布局方式。车后方的雷达探测变换车道时左、右、后方是否有车，并补充激光测距仪的盲点区域，防止侧面撞击和倒车碰撞。车前的三个雷达可以探知前方是否有路口和其他车辆的刹车动作，将探测信息传递给车载计算机，系统对信息进行判断和处理，并发出相应的操作指示。

车辆底部配备有雷达、超声波和摄像头等设备，能够检测车辆行驶方向上的角速度和加速度等重要数据。通过与卫星定位系统 GPS 传输的数据整合处理，可以精确计算行驶车辆的具体位置。车辆上的微型传感器可以监控车辆是否偏离 GPS 导航仪指定的行驶路线。车辆行驶的道路宽度、交通信号灯以及道路信息是通过判断和分析处理车载摄像机捕获的图像进行获取的。

自动驾驶汽车需要在车头安装摄像头，对道路地面进行分析和判断，确保车辆遵守交通法规，避免占道、偏离路线和行驶入错道等行为。当车辆经过交通岗时，车载雷达对周围的人、车和物体进行分析判断，预防交通事故。车辆对车载摄像机捕获的实时图像和雷达测量的路口距离进行综合分析处理，根据分析结果做出停车、行驶、加速或减速的指示，从而提高交通效率，实现自动驾驶。

三、自动驾驶技术发展方向

自动驾驶技术的技术方案因应用场景而异。当前，自动驾驶技术的发展主要集中在三个方向：高速公路环境、城市低速环境和特殊环境。无论哪种场景，相较于传统的汽车驾驶技术，车联网都是自动驾驶在各种场景中应用的基础条件。

车联网是指利用无线技术将车上的电子设备与信息网络平台连接，从而实现对所有车辆静态和动态信息的提取和有效利用。根据不同的功能需求，人们可以对所有车辆的运行状态进行有效监管，并提供综合服务。

车联网作为物联网的一个延伸，与物联网具有相似的架构。因此可将车联网的系统分为三个层次，即感知层、网络层和应用层。

车联网感知层：感知层是车联网的基础，它由多种传感器和传感器网关组成，包括车载传感器和路侧传感器。这一层负责收集信息，可以提供车辆行驶状态、运输物品相关信息、交通状态和道路环境等信息。它相当于车联网的神经末梢，是信息的来源。

车联网网络层：网络层在车联网中起到神经中枢和大脑的作用，由车载网络、互联网、无线通信网和网络管理系统组成。它负责传递和处理来自感知层的信息，并已制定了针对车载环境的无线接入相关协议。

车联网应用层：应用层在车联网中主要负责与其他子系统的接口，并根据用户的不同需求提供多种应用，包括道路事故处理、紧急事故救援、动态交通引导、停车引导和危险品运输监控等。

高速公路环境的特点在于路面环境的规范性。由于高速公路是结构化道路，道路标线、交通标志都非常规范，而且障碍物种类较少，所以车辆在高速公路环境中对于道路信息的检测相对比较简单。难点在于高速公路对车辆行驶速度要求较高，算法和控制策略需要具有较高的实时性和可靠性。

城市低速环境通常指的是车辆行驶速度较低的半结构化路面，包括城市道路、企业园区、校园、机场、住宅区和公园等。由于城市环境复杂性较高，自动驾驶技术面临着较大挑战。准确性、安全性、交互性和舒适性是自动驾驶技术在城市环境中普及的关键因素。为应对这些挑战，不仅需要高可靠的环境感知和控制算法，还需要解决交通调度和多车协调等问题。

特殊环境主要指非结构化道路或特定应用场景的道路环境，如场景复杂、环境恶劣或存在强干扰的军事环境，也包括一些封闭或固定的环境，如仓储物流行业区域、农业自动驾驶车辆工作区域和局部封闭场所（如度假村、旅游景区、机场、矿区、码头、建筑工地等），其中的车辆多为特种车辆，如挖掘机、起重机、小型电动车等。由于这些环境的特殊性，自动驾驶的实现难度相对较小。随着技术进步，更多自动驾驶场景将成为可能，如城市公交系统和商业运营车辆（如出租车、公司班车等）。

自动驾驶汽车目前虽已走进人们的视线，但其技术还在探索和完善当中，因为自动驾驶的相当多的科学技术还处于概念阶段以及研发测试过程中，需要一定的时间才能达到真正的推广。随着科学技术的不断发展以及政策的大力支持，自动驾驶汽车的量产可能已经提上日程，其中中国自动驾驶汽车量产时间更是指日可待。2015 年底，百度公司便制定了自动驾驶汽车的量产时间，其目标为三年能够商用，五年可达量产。长安汽车对自动驾驶汽车项目制定实现量产时间的目标为 2018 年。美国谷歌公司对其自动驾驶汽车项目制定的目标为 2020 年能够实现商业化，2025 年能够达到量产。目前仍有三大因素制约着国内外自动驾驶技术的发展：

第一，技术安全；第二，法规伦理；第三，过度风险。

尽管自动驾驶汽车仍在研发和测试阶段，技术不成熟且存在一些问题，但它已经成为汽车产业的热点和前沿技术。许多公司和企业对其前景持乐观态度，认为自动驾驶产业的发展已超出市场预期。未来，安全、高效、节能的自动驾驶汽车将普及，使城市和交通更加智能。让我们期待自动驾驶汽车的真正到来。

第四节　车辆云

一、车辆云基本概述

车辆云是近年来随着云计算、物联网和车联网技术的发展而产生的新型技术应用，其核心思想在于将车辆连接到云计算平台上，从而实现对车辆数据的集中管理、分析和利用。这种技术在车辆信息技术、安全性、维修与维护以及交通管理等领域具有较大的应用潜力。

从定义上讲，车辆云不仅仅是一种技术，更是一种理念，它代表了未来交通的方向。传统的车辆在其使用过程中产生的数据大多数情况下并没有被充分利用，而车辆云通过实时收集、传输和分析这些数据，为不同的使用者提供更多有价值的信息。例如，车辆制造商可以通过分析车辆运行数据优化设计，保险公司可以根据车辆使用情况为车主提供更合理的保费，政府和交通管理部门可以通过分析交通流数据更合理地进行交通规划。

车辆云的应用领域非常广泛。首先，对于车主而言，通过车辆云可以实时了解车辆的状态，如油量、轮胎压力、发动机温度等，并可以远程控制车辆的某些功能，如解锁、启动、调整车窗等。此外，车辆故障时，通过车辆云可以实时地将故障信息传输到维修中心或制造商，以便得到及时的故障分析和维修建议。车辆在行驶过程中产生的行驶轨迹、速度、油耗等数据也可以上传到云端，为车主提供行驶报告，帮助他们了解并优化驾驶习惯。

在更宏观的层面，车辆云也为城市交通管理、交通规划以及智慧城市建设提供了有力的技术支持。通过对大量车辆的实时数据分析，交通管理部门可以更加精确地掌握交通流情况，在拥堵路段采取相应的交通引导措施，或者提前预测并防范可能出现的交通事故。

车辆云的市场前景充满希望。随着互联网、物联网和车联网技术的不断成熟，以及 5G、人工智能等新技术的逐渐应用，车辆云将会变得更加完善和智能。对于车辆制造商、服务商、软件开发商以及相关政府部门而言，车辆云无疑为他们提供了巨大的市场空间。预计在未来的几年内，随着技术的进一步完善和应用的不断拓展，车辆云将成为车辆信息技术领域的一个重要分支，并为车辆产业链的各个环节带来巨大的变革。

二、车辆云关键技术分析

车辆云的关键技术是实现其功能的基础，涉及多个领域的技术融合与应用。以下对车辆云的关键技术进行详细分析。

（一）车载传感器和数据采集技术

车辆云作为一个重要的技术应用，依赖庞大的车辆数据来实现其功能。这些数据主要来源于车辆上搭载的各种传感器。车载传感器是车辆云的重要数据源，它们可以实时监测和收集车辆的多种信息，包括速度、加速度、轮胎压力、油量、发动机温度、位置等。此外，车载传感器还可以监测车辆的刹车、转向、燃油效率等信息。这些数据对于了解车辆的实时运行状态非常关键。

为了获取准确和可靠的车辆数据，车载传感器需要具有高精度和高稳定性。这些传感器通常采用高精度的检测元件和先进的数据处理技术，可以精确地监测和记录车辆的各种参数。同时，车载传感器需要具有良好的抗干扰能力和稳定性，确保在各种工况下都能正常工作。

通过高精度和高稳定性的传感器和数据采集技术，车辆云可以实时获取车辆的运行状态信息，这些信息对于车辆管理和维护非常重要。车辆管理者可以根据这些信息对车辆进行实时监控和诊断，提前发现和处理潜在的问题。此外，车辆云还可以将这些数据上传到云平台，进行大数据分析和挖掘，为车辆制造商、保险公司、政府等提供有价值的数据和服务。

（二）通信技术

车辆云的通信技术是其核心组成部分，它能够实现车辆数据的上传和云平台服务的传输。这一技术包括车载通信、车与车通信和车与基础设施通信等。在车辆云的通信中，4G、5G 和专用短程通信（DSRC）等技术得到了广泛应用。

车载通信主要用于将车辆的状态信息和运行数据传输到云平台；车与车通信可以实现车辆之间的信息互通，为智能交通和自动驾驶提供支持；车与基础设施通信则可以实现车辆与交通信号灯、道路传感器等基础设施的信息交换。随着 5G 技术的普及和成熟，车辆云的通信速率和稳定性将得到显著提升。5G 通信技术能够实现更高的数据传输速率、更低的延迟和更高的连接稳定性，为车辆云提供更加高效和稳定的通信服务。这将使车辆云能够更好地支持高精度的车辆定位、高速的数据传输和实时的车辆管理等应用。

（三）云计算技术

云计算技术是车辆云系统的核心技术，主要用于数据存储、分析和服务的实现。车辆云的云平台能够集中存储和处理大量的车辆数据，并通过云计算技术为车主、企业和政府提供多种服务。

云计算技术具有高效、灵活和可靠的特点，使得车辆云能够更加高效地处理车辆数据和提供服务。随着云计算技术的不断发展和完善，车辆云的数据处理能力和服务水平将不断提高。云计算技术还可以帮助车辆云实现更加灵活的数据存储和访问、更加高效的数据分析和处理、更加可靠的数据安全和保护。此外，云计算技术还可以帮助车辆云实现更加高效的资源利用和成本控制、更加灵活的服务扩展和更新、更加快速的服务响应和交付。

云计算技术是车辆云实现数据存储、分析和服务的核心技术，随着云计算技术的不断发展，车辆云将能够更高效、灵活和可靠地处理车辆数据和提供服务，为车主、企业和政府提供更加优质的服务。

（四）数据分析和挖掘技术

数据分析和挖掘技术在车辆数据处理中具有重要作用，能够将车辆数据转化为有价值的信息和服务。通过这些技术，车辆云能够识别出数据中的模式和规律，为车辆管理和维护提供有益参考。例如，对车辆行驶轨迹、速度、油耗等数据进行分析，可以生成行驶报告，为车主形成好的驾驶习惯提供数据支持，并协助优化驾驶行为。这种方法有助于提升驾驶安全性和燃油效率，为用户提供更智能的驾驶体验。

（五）安全技术

安全技术是确保车辆云数据和服务安全的关键手段。它涵盖了数据加密、身份认证、严格的访问控制等关键技术。通过这些安全措施，车辆云能够有效地防止敏感数据的泄露、遭受篡改以及未经授权的访问，从而保障车辆数据和服务的完整性与可靠性。数据加密保障了信息在传输和存储过程中的保密性，认证技术确保只有经过授权的用户才能访问系统，而严格的访问控制机制则限制了数据的访问权限，避免了潜在的风险。这些安全措施共同构建了一个稳固的保护层，使得车辆云能够为用户提供安全可靠的数据存储和服务交付，为整个车联网生态系统的发展提供了有力的支持。

（六）平台和应用开发技术

平台和应用开发技术是实现车辆云功能和服务的关键环节，通过这些技术，车辆云能够为车主、企业和政府提供丰富多样的应用和服务。车辆云为车主提供了诸如远程控制、行驶报告等便捷应用，让他们能够轻松管理车辆；对于企业而言，平台和应用开发技术支持车辆管理、维护等关键服务，提升了运营效率和资源利用率；同时，车辆云也能为政府提供交通流数据、交通规划等战略信息，助力城市交通管理和规划的精细化。

在平台开发方面，构建稳定可靠的基础架构和高效的数据存储是关键，而应用开发技术则着重创建用户友好、功能丰富的应用程序，以满足各类用户需求。这些技术的综合应用推动了车辆云在智能交通领域的创新，为用户提供了智能、便捷、高效的车联网服务。这种技术融合不仅满足了多样化的用户需求，同时推动了交通系统的现代化转型，为未来交通发展开辟了更广阔的前景。

第七章　智能交通与可持续发展实践路径

第一节　智能交通技术创新实践路径

随着城市化的加速和交通需求的不断增长，传统交通系统面临着越来越大的挑战。在这种背景下，智能交通技术成为提高交通效率、提升出行体验的关键途径。智能交通技术的创新实践路径涵盖了多个层面，从数据采集与分析，到智能交通基础设施的建设，再到交通管理与服务的优化，不断演进和创新。在前面章节，我们已经对部分智能交通技术创新实践路径进行了研究，下面将对智能交通技术创新实践路径作一个简单概括。

一、数据采集与分析阶段

智能交通技术的创新实践始于数据的采集与分析阶段，这一阶段在现代交通系统中扮演着至关重要的角色。通过广泛应用传感器、摄像头、GPS 等高科技设备，海量的交通数据得以准确地采集，包含了车辆位置、速度、交通流量等重要信息。这些数据的收集形成了智能交通系统的基础。

为了更好地利用这些海量数据，现代交通系统采用了车辆云等高效平台进行数据整合。借助先进的数据分析技术，这些数据得以被深入挖掘和分析。数据分析后得出交通流模式、拥堵状况、交通事故等关键信息，为进一步的交通优化提供了有力支持。通过对交通数据的深刻理解，交通管理者能够更准确地掌握交通状况，制定相应的应对策略。例如，交通管理者可以根据实时的交通流量信息，调整信号灯的周期，以减少交通拥堵。同时，数据分析还能够帮助交通管理者识别交通事故的高发地点和时段，以便采取预防措施，提升道路安全性。

通过深刻理解交通数据的趋势和模式，交通管理者能够更好地进行交通规划和决策，从而改善交通流动性，并为城市居民创造更顺畅、高效的出行环境。这一数据驱动的交通分析方法，成为现代智能交通系统中不可或缺的一环，使交通领域有了更为智能化和可持续的发展。

数据的采集与分析是智能交通技术创新实践的起点，通过先进的技术手段将对海量数据进行整合和分析，为交通管理和优化提供了有力的支持。这种数据驱动的方法不仅为交通系统带来了更高效的管理方式，也为城市居民的出行提供了更为便捷和舒适的体验。

二、智能交通基础设施的建设

在智能交通技术的发展中，数据采集只是第一步，其后智能交通技术实践路径延伸至基础设施的建设，这包括交通信号灯的智能化、道路感知设备的广泛布设以及智能停车系统的引入等。

交通信号灯的智能化是智能交通基础设施建设的重要组成部分，利用实时交通数据分析，智能交通信号灯可以根据交通流量实时调整信号灯的周期，从而有效缓解拥堵状况，提升道路通行效率。此外，道路感知设备如智能摄像头和传感器的广泛布设，使交通管理者能够准确获取道路上的车流和交通情况。这些数据通过网络连接和共享，支持实时的交通状态监测和优化控制，使交通基础设施能够更加智能地响应交通需求。

智能停车系统也是智能交通基础设施的一部分。通过车位检测技术，智能停车系统能够指引驾驶员找到可用停车位，减少寻找停车位的时间和交通拥堵。这不仅提高了城市停车位的利用率，还减轻了环境污染、减少了交通混乱现象。通过这些智能化的基础设施建设，交通系统能够实现实时的交通状态监测和优化控制，这有助于减少交通拥堵，提升道路通行效率，为出行提供更好的保障。此外，智能交通基础设施的建设还能够提高道路安全性，交通数据分析可以帮助交通管理者更精准地识别交通事故的高发地点和时段，以便采取相应的预防措施。

智能交通技术实践路径的拓展与基础设施建设相结合，为城市交通提供了更为智能、高效、安全的解决方案。这些创新措施将在未来推动交通系统的现代化升级，为城市居民带来更加舒适和便捷的出行体验。

三、无人驾驶技术的创新

随着人工智能和自动驾驶技术的不断发展，无人驾驶技术正逐渐成为智能交通技术创新的重要方向之一。无人驾驶技术将车辆与智能交通系统紧密连接，实现自动驾驶、自动泊车等功能，从而根本性地改变了传统的交通方式。

无人驾驶技术的核心在于感知技术、人工智能和实时数据分析的综合应用。通过激光雷达、摄像头、超声波传感器等装置，无人驾驶车辆能够准确地感知周围环境，识别道路、障碍物、行人等信息。这些感知数据被传输到车载计算机，经由人工智能算法进行处理和分析，实时做出决策和规划行驶路径。无人驾驶技术的不断演进，使得车辆能够适应各种路况和情景，实现高度自动化的驾驶。

无人驾驶技术作为智能交通技术创新的重要方向，为交通系统带来了巨大的变革。通过感知技术、人工智能和数据分析的综合应用，无人驾驶车辆实现了更高的安全性、交通效率和出行便利性，为未来交通领域带来了崭新的前景。

四、数据隐私与安全保障

在智能交通技术创新实践的道路上，数据隐私与安全保障问题显得尤为重要。随着大量个人和车辆数据的采集与共享，如何在数据流动中保护用户的隐私成为一项重大挑战。

隐私保护需要综合考虑技术、法律和伦理等多个层面。在技术层面，安全技术起着关键作用。数据加密是其中的核心环节，将敏感数据加密传输和存储，确保只有授权人员能够解密和访问。身份认证技术保障只有合法用户才能访问数据，访问控制机制则限制数据的访问范围。此外，匿名化技术能够在数据分析过程中隐藏个人身份，保护个人隐私。

除技术手段外，法律法规和标准的制定也是确保数据隐私与安全的重要手段。隐私保护法律要求企业和组织在数据采集、存储和使用过程中遵循隐私保护原则，明确个人数据的归属和使用权。同时，行业标准和规范也有助于规范数据处理流程，确保数据在合法、安全的框架内流动。

数据隐私与安全保障不仅涉及个人隐私，还关系到整个社会的信任和稳定。合理的数据隐私保护措施不仅是用户权益的保障，而且是智能交通系统可持续发展的基础。在数据共享的过程中，建立透明的数据使用政策、提供用户选择权和主动权是维护隐私的重要手段。政府部门、企业和用户应共同参与，形成隐私保护的多方合力。

五、跨界合作与生态建设

智能交通技术创新实践路径需要政府部门、科研机构、企业和技术开发者等多方的紧密合作，这种跨界合作是推动智能交通技术发展的关键所在。建立开放的生态系统，促进数据共享、技术创新和应用落地，是实现智能交通技术创新的核心。

政府部门在制定政策法规、规范市场秩序方面发挥着重要作用；科研机构负责推动前沿技术研究，为技术创新提供基础支撑；企业则能够将研究成果转化为实际应用，推动智能交通技术落地；技术开发者在开发创新解决方案方面具有关键作用。这些各方的协同合作，有助于加速技术的迭代和应用，从而推动整个交通系统的现代化升级。

开放的生态系统能够促进知识、数据和资源的共享。通过数据共享，各方可以充分利用大数据分析，提升交通管理和服务水平。技术创新的合作能够加速技术突破，推动更高效、更安全的交通解决方案的出现。此外，应用落地的合作能够实现技术的商业化，创造更大的社会价值。

智能交通技术创新实践路径需要各个领域之间的合作，政府、科研机构、企业和技术开发者等不同角色的紧密合作，将加速智能交通技术的发展，使城市交通更加智能、高效、安全。

六、社会接受与政策支持

智能交通技术的创新实践路径不仅需要技术和合作，还需要社会的广泛接受和政策的积极支持。在技术推广和应用过程中，公众的态度和政府的政策都扮演着关键的角色。

公众对于新技术的接受程度直接影响着技术的推广和应用。因此，智能交通技术在实践中应当重视公众的意见和需求，开展科普宣传活动，加深公众对智能交通技术的了解，有助于减少不必要的疑虑和误解。此外，技术的安全性和可靠性是公众信任的基础。通过严格的测试和验证，确保技术的稳定性和安全性，可以增加公众的信心，促进技术的广泛应用。

政府的积极政策支持对于智能交通技术的创新和发展至关重要。政府可以制定相关政策，为技术创新提供资金支持和研发环境。同时，政府的政策引导能够推动产业链各环节的协同发展，促进技术的商业化和应用落地。政府还可以推动标准制定，明确技术规范和安全要求，为技术发展提供有力保障。

然而，在技术创新和应用过程中，还需要充分考虑社会伦理和法律法规。隐私保护、数据安全、人机交互等问题都需要得到妥善解决。要制定合适的法律法规，保障技术的合理、可持续发展，同时保护用户的权益和数据隐私。

智能交通技术的创新实践路径需要社会的广泛接受和政策的积极支持，公众的理解和支持，以及政府的政策引导和法律保障，将共同推动智能交通技术的发展，使城市交通更智能、高效、安全。

第二节　智能交通人才培养实践路径

智能交通是交通工程领域一个新兴的技术方向。随着技术的不断发展，人工智能、大数据、5G、物联网等新一代信息技术在交通领域的应用日益广泛，智能交通成为现代交通体系中不可或缺的一部分。在智能交通领域，需要大量具备多学科知识、实际操作能力和创新精神的高水平人才。因此，智能交通人才培养的实践路径十分重要。

一、构建并优化课程体系

智能交通是未来交通发展的重要方向，因此培养具备智能交通知识与技能的专业人才成为当务之急。而实践路径中的第一步就是构建与优化课程体系。课程体系的设计应围绕智能交通的技术需求，设定与之相匹配的课程。

有针对性地设置课程是至关重要的。例如，设置“交通信号与控制”课程可以帮助学生了解交通信号的种类、原理和控制策略，为将来研究交通信号控制技术打下基础；设置“智能交通系统”课程可以使学生更好地了解智能交通系统的构成、工作流程、关键技术等，为将来研究交通管理、交通信息服务、交通安全等方面的问题打下基础；设置“交通数据挖掘与分析”课程则可以帮助学生掌握交通数据的收集、清洗、挖掘和分析技能，为将来研究交通流量预测、交通事故分析、交通规划等问题打下基础。

课程设置要注重实践性，除了设置以上提到的理论课程外，还需要设置更多的实验课程和实践课程。实验课程可以通过模拟实验、仿真实验等方式，帮助学生更加直观地理解和掌握所学理论知识；实践课程则可以通过实地考察、项目实践等方式，使学生亲身体验交通工程的实际问题，培养学生的实践能力和创新思维。鼓励学生将理论知识运用到实际工作中，是构建课程体系的重要目标。

构建与优化课程体系是智能交通人才培养实践路径中的第一步。设置有针对性的课程、加强课程的实践性，将有助于培养更多具有实际操作能力和创新精神的智能交通专业人才。

二、教学方法要创新

在智能交通领域的教育中，传统的教学方式可能无法满足学生对于新兴技术的学习需求。因此，教育者需要运用创新性的教学方法，以激发学生的实践能力和创新精神。

创新性教学方法之一的方法是采用项目驱动的教学方式，即将课程内容与实际项目相结合。学生可以参与课程相关的实际项目，从项目的设计、开发、测试到最终的实施，全面参与项目的整个过程。这种教学方式能够培养学生的团队合作能力和工程实践能力，同时能够加强学生对于课程知识的掌握和应用。

工程实践是另一种有效的教学方式，教师可以将真实的工程问题引入课堂，引导学生针对这些问题提出解决方案，并在课堂上讨论、验证。通过这种方式，学生可以将所学知识应用于实际工程中，培养自己的实践能力和解决实际问题的能力。

案例分析也是一种很好的教学方法。教师可以将智能交通领域的经典案例引入课堂，引导学生对这些案例进行分析、讨论和评价；通过案例分析，学生可以加深对于智能交通知识的理解，培养自己的分析和评价能力。

除了以上教学方法外，教育者还可以通过开展国内外学术交流、组织学生参加科技竞赛、开展暑期实习等方式，加强学生的实践和创新能力。学术交流可以让学生与其他学校、研究机构的学者进行交流，开阔视野，增进学术水平；科技竞赛可以激发学生的创新精神，培养学生的竞争能力和团队合作能力；暑期实习可以让学生深入企业，了解实际工作情况，加强自己的实践能力。

三、深化校企合作

加强学校与企业的合作对于智能交通领域的人才培养具有重要意义。通过与企业共建实验室、研究中心等方式，学校可以为学生提供更加广泛的实践机会，让学生在真实的企业环境中亲身体验智能交通技术的应用，这种校企合作模式有利于学生深入了解智能交通领域的前沿技术和管理理念，加强自身的实践能力和创新精神。

学生在企业实习期间可以接触到最新的技术和管理理念。这不仅有助于提高学生的技能水平，还能增强学生对智能交通领域知识的理解。与此同时，企业可以将自己的技术需求传达给学校，这有助于学校及时了解企业和市场的需求，根据需求调整课程体系和教学方法，更好地培养符合市场需求的人才。

在共建实验室或研究中心中，学生可以参与实际的研究项目，与企业专家一起探讨技术问题，解决实际应用中遇到的难题。这种实际参与研究的经历对于培养学生的实践能力和创新精神是非常有益的。通过参与实际项目，学生可以将自己所学的理论知识与实际应用相结合，增强自己的实际操作能力，提高自己的技能水平。

通过校企合作，学校可以为企业培养更多的高水平智能交通专业人才，满足企业的人才需求；同时，企业也可以为学校输送最新的技术需求和市场信息，促使学校更好地调整课程体系，培养更多符合市场需求的人才。这种互相合作、互利共赢的模式对于推动智能交通领域的发展具有积极的作用。

四、建设与完善实践基地

学校在培养智能交通专业人才的过程中，应该加强实践基地的建设与完善，为学生提供更多的实践机会，实现对其实际操作能力和创新精神的有效培养。其中，学校可以选择建设实验室、实习基地、科研项目等多种形式的实践基地，让学生有更多的机会将所学的理论知识应用到实际操作中。

实验室是一个适合学生进行实践活动的场所，通过在实验室中进行模拟实验、仿真实验等方式，学生可以更加直观地理解和掌握所学的理论知识。同时，实验室还可以为学生提供一个自主研究和探索的空间，激发学生的创新精神。

实习基地是一个更加接近实际工作环境的实践场所。学校可以与企业合作，建立实习基地，让学生有机会在真实的企业环境中接触到最新的技术和管理理念，提高自己的实际操作能力。通过参与企业实习，学生可以更好地了解智能交通领域的实际应用，加强自身的实践能力和创新精神。

科研项目是一个可以让学生深入研究技术问题的实践平台。学校可以组织学生参与科研项目，与企业、研究机构等合作开展研究。参与科研项目不仅可以让学生加深对技术问题的理解，还可以培养学生的科研能力和团队合作能力。

实践基地的建设应该与课程体系相结合，围绕智能交通的技术需求，为学生提供更多的实践机会。通过实践活动，学生可以更好地掌握智能交通的关键技术，培养自己的实践能力和创新精神。加强实践基地的建设与完善，将有助于培养更多的高水平智能交通专业人才，促进智能交通领域的发展。

第三节　智能交通产业政策实践路径

智能交通产业政策实践路径是一个复杂而重要的话题。在制定和实施智能交通政策时，应当充分考虑各个方面的利益，确保政策的有效性和可行性。

一、定义政策目标和战略方向

在制定智能交通政策时，明确政策目标和战略方向是至关重要的，这不仅有助于政策的顺利实施，还可以保证政策的有效性和可持续性。对于智能交通政策来说，目标应当是具体、可量化和可实现的。例如，政策可以设定明确的目标，如提高交通效率 10%、减少交通拥堵 15%、降低交通事故 20%、减少交通污染 25% 等。

在设定战略方向时，政策制定者应该从长远的角度考虑智能交通的发展。将智能交通技术与自动驾驶技术相结合，推动交通系统的自动化和智能化，是一个重要的战略方向，这不仅有助于提高交通系统的效率和安全性，也有助于解决交通拥堵和污染问题。

此外，政策制定者还应该重视技术研发和创新。智能交通的发展离不开新技术的不断涌现。因此，政府应该扶持和鼓励企业、高校和研究机构加大技术研发和创新的投入，推动智能交通技术的持续进步。同时，政策制定者还应该关注智能交通的社会效应。智能交通技术的广泛应用将对交通行业的就业、社会经济发展、环境保护等方面产生深远的影响。因此，政策制定者应该全面评估智能交通的社会效应，制定相应的配套政策，确保智能交通的健康、可持续发展。

在制定智能交通政策时，明确政策目标和战略方向是非常重要的。只有这样，智能交通政策才能够有效地推动智能交通的发展，为交通行业带来真正的变革。

二、激励企业研发和创新

政府在推进智能交通技术的发展上起到了关键的作用。鼓励企业进行研发和创新是政府的重要任务之一，因为它直接影响着智能交通技术的进步和应用。政府可以通过多种方式激励企业进行技术研发和创新。

激励企业进行技术研发和创新的一种有效的方法是为企业提供研发补贴。这种补贴可以直接降低企业的研发成本，使得企业更有动力进行技术研发和创新。政府还可以通过优惠税率，进一步降低企业的经营成本，鼓励企业加大研发和创新的投入。政府采购也是一种重要的激励措施。通过政府采购，企业可以获得稳定的订单，增加企业的收入，从而有更多的资金进行技术研发和创新。

同时，政府应该鼓励企业与高校、科研机构合作，加强技术交流和合作。高校和科研机构拥有丰富的科研资源和专业知识，企业与高校、科研机构的合作可以帮助企业更快地获取和掌握新技术，促进技术的迅速发展。政府可以通过提供资金支持、优惠政策、合作平台等方式，推动企业与高校、科研机构的合作。

除了以上措施外，政府还应该为企业提供良好的创新环境。例如，政府可以加强知识产权保护，鼓励企业进行技术创新；政府可以提供技术转移服务，促进技术的应用和推广；政府还可以为企业提供市场信息、政策信息等，帮助企业更好地进行技术研发和创新。

三、加强政策监管和评估

在智能交通产业政策实施过程中，政府对政策的监管和评估显得尤为重要。为了有效地进行监督和评估，政府需要设立专门的机构来负责这些工作。这些机构通常由多个部门或机构组成，如交通、科技、经济、环保等部门。它们有责任监测政策的执行情况，对政策的效果进行定期评估，并向上级报告。

同时，政府应当定期向社会发布政策实施报告，公开政策的实施情况和取得的成果。这些报告应当详细说明政策的实施措施、所取得的效果、面临的困难与问题等。通过发布报告，政府可以展示政策取得的成果，赢得社会的认可和信任。同时，公开的报告也有助于政府听取社会各界对政策实施的意见和建议，提升政策的公信力。

评估结果是政策调整的重要依据。政府在收到评估结果后，应当及时调整政策措施，使其更加贴合实际情况，更有针对性地解决问题。政策的调整应当充分考虑评估结果中的反馈信息，并结合实际情况制定合理、有效的措施。政府应当采纳社会各界的意见和建议，将其纳入政策的调整过程中。调整后的政策措施应当更加贴近实际需求，更有利于实现政策目标。政府应当加强对智能交通产业政策的监管和评估，设立专门机构进行监督和评估，并定期向社会发布政策实施报告。政府应当根据评估结果，及时调整政策措施，确保政策的有效性。这是推动智能交通产业健康、快速发展的关键。

四、推广智能交通技术应用

政府在智能交通技术的应用方面发挥着重要的作用。推广智能交通技术的应用，不仅可以提高交通系统的效率，还能够提高交通安全性、减少交通事故和减轻污染。

政府可以开展宣传和推广活动，制作相关的宣传材料，如宣传册、宣传片等，介绍智能交通技术的概念、优点和应用场景。政府还可以在社交媒体、电视、广播等平台上发布相关信息，进一步扩大宣传的覆盖范围。此外，政府还可以组织各类活动，如讲座、研讨会、展览等，向公众普及智能交通技术的知识。这些宣传和推广活动有助于提高公众对智能交通技术的认识和接受程度，为智能交通技术的应用创造良好的社会环境。

同时，政府还可以制定相关的政策和措施，推动智能交通技术在交通系统中的广泛应用。可以定期为企业提供技术研发、应用推广等方面的支持，如提供研发补贴、优惠税率、政府采购等措施，激励企业进行技术研发和应用。政府还可以制定相关的技术标准和应用规范，确保智能交通技术的应用达到预期的效果。此外，政府还可以与国际组织、其他国家政府等合作，引进先进的技术和经验，促进智能交通技术的发展和应用。

智能交通产业政策实践是一个复杂的过程，需要政府、企业、科研机构等多方的共同努力。通过制定和实施合理的政策措施，可以有效促进智能交通技术的研发和应用，推动交通系统的智能化和现代化。

参考文献

[1] 汪晓霞. 城市智能交通系统技术及案例［M］. 北京：北京交通大学出版社，2014.

[2] 邵春福等编著. 城市交通概论［M］. 北京：北京交通大学出版社，2016.

[3] 秦勇. 计算智能与交通运输工程应用［M］. 北京：中国铁道出版社，2022.

[4] 陈旭梅. 城市智能交通系统［M］.2 版 北京：北京交通大学出版社，2022.

[5] 王江锋. 智能交通理论与实践［M］. 北京：中国铁道出版社，2020.

[6] 钟力. 电子信息技术在智能交通信号控制系统中的有效运用［J］. 软件，2023，44（3）：176-178.

[7] 卢晖. 智能交通系统在交通运输管理中的应用效能［J］. 运输经理世界，2023（8）：63-65.

[8] 李志伟. 智慧城市建设中智能交通系统关键技术研究［J］. 信息与电脑（理论版），2023，35（4）：38-40.

[9] 梁泽龙. 基于区块链的智能交通信息管理系统设计［J］. 设备管理与维修，2023（3）：92-94.

[10] 张晓春，孙超，邵源，等. 新时期中国智能交通发展战略思考［J］. 城市交通，2023，21（1）：1-6，59.

[11] 徐凯凯. 智能交通对道路交通安全的作用分析［J］. 运输经理世界，

2022（34）：74-76.

[12] 李靖博 . 移动互联网技术在高速公路智能交通中的运用［J］. 信息记录材料，2022，23（12）：186-188.

[13] 陈信强，郑金彪，陈伟平，等 . 新时代“智能交通系统”课程改革研究[J]. 科教导刊，2022（32）：130-132.

[14] 秦媛媛 . 大数据技术在智能交通中的应用分析［J］. 大众标准化，2022（21）：26-28.

[15] 匡军 . 大数据技术在城市智能交通中的应用刍议［J］. 办公自动化，2022，27（19）：10-12，58.

[16] 李然，郭谨玮，李子焱，等 . 基于多传感融合的智能交通仿真系统[J]. 电脑知识与技术，2022，18（27）：82-85.

[17] 王伟瀚 . 智能交通系统中信息通信系统的应用研究［J］. 运输经理世界，2022（24）：78-80.

[18] 宋罡 . 基于大数据的智能交通系统研究与应用［J］. 交通世界，2022（24）：1-3.

[19] 王旭，葛智，石伟华，等 . 智能交通类通识教育课程混合式教学探索——以“智能交通系统”课程为例[J]. 教育教学论坛，2022（30）：96-99.

[20] 马晓东 . 数字图像处理技术在智能交通中的应用［J］. 电脑知识与技术，2022，18（21）：123-124.

[21] 赵涵 . 基于电子信息技术在智能交通信号控制系统中的研究与应用［J］. 石河子科技，2022（03）：12-13.

[22] 胡觉鹤 . 公路智能交通监控系统的发展现状与对策［J］. 运输经理世界，2022（15）：74-76.

[23] 董伟 . 城市智能交通系统的发展现状与趋势［J］. 科技资讯，2022，20（10）：31-33.

[24] 刘玉强，吕玉花 . 智能交通系统对交通运输经济发展的影响［J］. 中国市场，2022（11）：158-160.

[25] 刘慧慧，陈瑾瑾 . 数字图像处理技术在智能交通领域中的应用［J］.

无线互联科技，2022，19（7）：121-122.
[26] 张毅 . 智慧城市中智能交通建设的应用研究［J］. 价值工程，2022，41（10）：163-165.
[27] 高雁强 . 智能交通技术在改善道路交通安全中的优势分析［J］. 中国航务周刊，2022（12）：53-55.
[28] 聂冰花 . 基于物联网技术的智能交通控制系统研究［J］. 科技资讯，2022，20（2）：28-30.
[29] 苏丹，闫坤，李文宇 . 智能交通技术专利态势分析［J］. 信息通信技术与政策，2022（1）：84-88.
[30] 杨谦 . 大数据与智能交通企业商业模式研究［J］. 现代雷达，2021，43（11）：98-99.
[31] 潘黎琼，刘翔 . 人工智能技术在城市智能交通系统中的应用［J］. 信息记录材料，2021，22（10）：136-137.
[32] 徐晓贝，张继锋 . 大数据在智能交通系统中的应用探究［J］. 数字通信世界，2021（10）：192-193.
[33] 张伟，高乐，邱刚，等 . 基于大数据的城市智能交通信号灯系统研究［J］. 西部交通科技，2021（9）：165-168.
[34] 马向东 . 对智能交通保险的思考［J］. 中国保险，2021（8）：33-37.
[35] 吉高卿，郑运昌，张连连，等 . 基于大数据的智能交通系统设计［J］. 科技与创新，2021（15）：143-144.
[36] 刘瑜 . 探究大数据背景下的智能交通系统的平台构建［J］. 电脑知识与技术，2021，17（22）：164-165，172.
[37] 陈怀婷 . 民用航空智能交通管理分析［J］. 中国航务周刊，2021（30）：50-51.
[38] 李燕妮 . 大数据技术在智能交通领域的应用［J］. 西部交通科技，2021（7）：143-146.
[39] 史殊姝，史经允 . 物联网技术在城市智能交通中的应用［J］. 中小企业管理与科技（上旬刊），2021（9）：188-190.

[40] 黄静 . 浅谈大数据背景下的智能交通系统应用与平台构建［J］. 网络安全技术与应用，2021（7）：143-144.

[41] 关积珍 . 中国智能交通的创新发展成就与未来展望［J］. 可持续发展经济导刊，2021（Z2）：45-48.

[42] 李瑞敏，王长君 . 智能交通管理系统发展趋势［J］. 清华大学学报（自然科学版），2022，62（3）：509-515.

[43] 李燕妮 .AI 技术在智能交通辅助系统中优化控制体现［J］. 机械设计，2021，38（6）：160-161.

[44] 荆方，瞿华峰 . 人工智能技术在城市智能交通系统中的应用分析［J］. 运输经理世界，2021（17）：96-98.

[45] 石向萍 . 电子信息技术在智能交通信号灯控制中的应用［J］. 电子技术与软件工程，2021（12）：58-59.

[46] 叶竹辉 . 城市智能交通管理系统的研究与设计［J］. 无线互联科技，2021，18（10）：58-59.

[47] 王斌柘 . 电子信息技术在智能交通信号控制系统中的应用分析［J］. 电子元器件与信息技术，2021，5（5）：212-213.

[48] 韩轶 . 基于大数据技术的智能交通管理模式探析［J］. 黑龙江交通科技，2021，44（5）：163-164.

[49] 喻思南 . 智能交通 前景广阔［N］. 人民日报，2021-07-19（019）.

[50] 张宏鹏 . 基于关键链的 H 公司智能交通设计项目群进度管理研究［D］. 北京：北京交通大学，2022.

[51] 吴云 . 基于 BP 神经网络的智能交通项目绩效评价体系研究［D］. 济南：齐鲁工业大学，2022.

[52] 廖慕钦 . 基于深度学习的智能交通车辆检测与跟踪［D］. 长沙：中南林业科技大学，2021.

[53] 李泽平 . 基于用户画像的 ZJGT 智能交通系统集成企业营销方案研究［D］. 郑州：河南工业大学，2021.

[54] 孔利媛 . AI 驱动下城市智能交通产业生态风险管理研究［D］. 北京：北京邮电大学，2021.